Ursula Brechbühl
Lucienne Rey

Natur als kulturelle Leistung

Zur Entstehung des modernen Umweltdiskurses in der mehrsprachigen Schweiz

Seismo Verlag
Sozialwissenschaften und Gesellschaftsfragen
Zürich

Die Deutsche Bibliothek – CIP-Einheitsaufnahme

Brechbühl, Ursula:
Natur als kulturelle Leistung : zur Entstehung des modernen Umweltdiskurses in der mehrsprachigen Schweiz / Ursula Brechbühl ; Lucienne Rey. - Zürich : Seismo-Verl., 1998
    ISBN 3-908239-64-8

Copyright © 1998, Seismo Verlag, Sozialwissenschaften und Gesellschaftsfragen, Postfach 313, CH-8028 Zürich

Das Werk ist urheberrechtlich geschützt. Jede Verwertung (Vervielfältigungen, Übersetzungen, Mikroverfilmung u. a. m.) dieses Werkes oder einzelner Teile ist ohne Zustimmung des Verlages unzulässig.

ISBN 3-908239-64-8

Umschlaggestaltung: C. Wirth, PC Grafik AG, Wetzikon
Druck: Druckerei Schüler AG, Biel

Inhaltsverzeichnis

Dank 9

1 Streit, Indifferenz oder Harmonie? 11
Die Schweiz, ein vielsprachiges Land
1.2 Natur, Kultur und Sprache 13
   1.2.1 Innersprachliche Beziehungen: Opposition, 14
       Assoziation und Syntagma
   1.2.2 Die theoretische Basis in ihrer empirischen Anwendung 15
   1.2.3 Bildhafte Sprache, Wortverwendung im übertragenen Sinn 17
   1.2.4 Zur Dynamik der Sprache: Die Verschränkung von 19
       Synchronie und Diachronie
   1.2.5 Wortverdrängung und Wortneuschöpfung 20
   1.2.6 Sprache als Basis der kulturellen Identität 22
1.3 Die Zeitungen als Spiegel des Alltagsgesprächs 24
   1.3.1 Textkorpus und ergänzende Literatur 24
   1.3.2 Wahl der Stichprobe und empirisches Vorgehen 26
   1.3.3 Stärken und Schwächen der verwendeten Methode 27
1.4 Quantitative Datenübersicht 28
   1.4.1 Das öffentliche Interesse an der Natur 31
   1.4.2 Methodische Bemerkungen zur qualitativen Analyse 33

2 Natur – nature – natura: Merkmale und 35
Bildhaftigkeit eines zentralen Begriffs
2.1 Aspekte der schönen Natur 37
   2.1.1 Schöne Natur und Poesie 37
   2.1.2 Die unberührte Natur 45
2.2 Die Bildhaftigkeit von Natur-nature-natura 51
   2.2.1 Die Natur als Person 52
   2.2.2 Die Natur als Rechtsperson 54
2.3 Unterschiedliche Naturvorstellungen der einzelnen 55
   Sprachräume
   2.3.1 Deutschsprachige Eigenheiten des Naturbezugs 55
   2.3.2 Französischsprachige Eigenheiten des Naturbezugs 59
   2.3.3 Italienischsprachige Eigenheiten des Naturbezugs 60

2.4	Die Zuschreibung von „Natürlichkeit" als Eigenschaft	62
2.5	Neue Wortschöpfungen im deutschen Sprachraum	64
2.6	Der Zusammenhang von sprachlicher Unzugänglichkeit und abnehmender Gesprächsbereitschaft	66

3 „Natur und Heimat": die spezifisch schweizerischen Ausprägungen eines Wortpaars   67

3.1	Ergänzendes Textmaterial und Vorgehen	68
3.2	Die unterschiedlichen sprachlichen Mittel zur Erfassung von „Heimat"	70
3.3	‚Heimat' im Umweltdiskurs der letzten 90 Jahre	73
3.4	Dimensionen im Diskurs über Natur und Heimat: Zeit, Raum, Moral, Ästhetik	74
	3.4.1 Die Zeit	74
	3.4.2 Der Raum	76
	3.4.3 Sittlichkeit, Moral und Ethik	81
	3.4.4 Die Schönheit der Heimat	87
3.5	Die Alpen als Schweizermacher	95
	3.5.1 Die heimatlichen Dimensionen in der Alpenrhetorik	96
3.6	Relikte des frühen Natur- und Heimatschutzdiskurses in der heutigen Auseinandersetzung um die Umwelt?	103

4 Tödliche Sicherheit: Zur Entwicklung der Un-Natur   107

4.1	Der Wandel in der Wahrnehmung von Beton	108
	4.1.1 Beton als Zeichen des Fortschritts	108
	4.1.2 Beton als Schutzschild	111
	4.1.3 Erste Kritik am Beton	112
	4.1.4 Die ambivalente Sicht von Beton	113
4.2	Deutschschweiz, Romandie und Tessin im Vergleich	117
4.3	Betonöde durch Betontechnik: die ideologische Tendenz deutscher Komposita	120
4.4	Sonderfall Tessin	121
4.5	Beton und Natur: Gegensatz oder Komplementarität?	122

5 Schlüsselwörter des gegenwärtigen Umwelt- 123
diskurses: ‚Umwelt', ‚Öko-', ‚Bio-', ‚Grün'

5.1 Umwelt – environnement – ambiente: 124
Entstehung der Ausdrücke

    5.1.1 Gemeinsamkeiten im ‚Umwelt'diskurs der drei 127
untersuchten Sprachräume

    5.1.2 Komposita und Wortverbindungen mit ‚Umwelt': 131
„Durchsichtige Wörter"

    5.1.3 Die Widersprüchlichkeit des deutschen Redens über 133
‚Umwelt'

5.2 Ökologie und Ökologisches 136

    5.2.1 Wissenschaftlichkeit oder politische Aktion? 137

    5.2.2 ‚Ökologie' in Wortfügungen 141

5.3 Biologie – biologisch – bio 142

    5.3.1 ‚Ökologisch' vs. ‚biologisch': der engere Geltungs- 143
bereich des „Biologischen"

    5.3.2 Kompositaformen mit ‚Bio-' 146

5.4 „Die grüne Welle" 147

    5.4.1 Vom Sinneseindruck zur Ideologie 148

5.5 Übersetzungsschwierigkeiten und Worthülsen 157

6 Fremd- und Eigenbilder der drei Sprach- 159
gemeinschaften in bezug auf die Natur

6.1 Die grossen Nachbarn 160

    6.1.1 Frankreich, Deutschland und Italien als Bezugsraum 160

6.2 Die Situation der Deutschschweiz 166

    6.2.1 Deutschland und die Deutschen in den Deutsch- 166
schweizer Zeitungen

    6.2.2 Deutschland und der Natur- und Umweltschutz 169

    6.2.3 Das Bild Frankreichs aus Deutschschweizer Perspektive 171

    6.2.4 Die Romandie in der Deutschschweizer Berichterstattung 177

    6.2.5 Italien – das Land deutscher Sehnsucht 181

    6.2.6 Das Tessin – Italiens kleiner Bruder 183

    6.2.7 Eigenbild und Fremdbilder in den Deutschschweizer 187
Zeitungen: Gesamtschau

6.3 Die Zeitungen der Romandie 188

    6.3.1 Frankreich aus Sicht der Romandie 188

    6.3.2 Das Eigenbild der Romandie: Zwischen Anpassung 191
und Widerstand

	6.3.3 Welsche Korrekturen am schönfärberischen Bild des deutschen Umweltschutzes	198
	6.3.4 Italien und das Tessin im Spiegel der welschen Presse	200
6.4	Die Tessiner Zeitungsberichterstattung	201
	6.4.1 Das Tessiner Eigenbild: von der Rückständigkeit zur Aufgeschlossenheit	201
	6.4.2 Italien aus Sicht des Tessins: Vorbild oder „schlechter Umgang"?	208
	6.4.3 Deutschland und die Deutschschweiz: Treue Gäste aus dem Norden	213
	6.4.4 Frankreich und die Romandie	215
6.5	Retouchierte Fremd- und Eigenbilder	217

7 Naturbilder der drei grossen Schweizer Sprachräume: eine Gesamtschau   219

7.1	Drei verschiedene Diskurse im Wandel: Gleich- oder Gegenläufigkeit?	219
	7.1.1 Wissenschaft und Technik als Triebkraft der Konvergenz	219
	7.1.2 Divergenz durch die verfügbaren sprachlichen Mittel	221
7.2	Widersprüchlichkeit versus Einheitlichkeit: Zwei Konzepte von Natur	223
	7.2.1 Das Naturkonzept der deutschen Schweiz: Widersprüchlichkeit und Weite	224
	7.2.2 Das lateinische Konzept: Kohärenz und Menschennähe	226
7.3	Plädoyer für die Widersprüchlichkeit	228
7.4	„Miteinander statt Nebeneinander"	228

Literatur   231

Dank

Das vorliegende Buch wäre ohne die Unterstützung unserer beiden Betreuer, Paul Messerli (geographisches Institut, Universität Bern) und Iwar Werlen (Institut für Sprachwissenschaft, Universität Bern), nicht zustande gekommen: Wir danken ihnen für ihre Offenheit und Risikofreude, die sie in dieser „interdisziplinären Begegnung" von Geographie und Sprachwissenschaft an den Tag legten – und für ihre Gelassenheit und den Humor, mit denen sie auftretenden Verständigungsschwierigkeiten begegneten.

Zu danken haben wir auch den Mitarbeiterinnen und Mitarbeitern der schweizerischen Landesbibliothek. Sie halfen uns stets bereitwillig bei unserer Suche nach Literatur und unterbrachen gelegentlich mit einem freundlichen Gespräch den monotonen „Erhebungsalltag" unter den Neonröhren des unterirdischen Zeitungsarchivs.

Impulse erhielten wir zudem von den Kolleginnen und Kollegen des Schwerpunktprogramms Umwelt: Insbesondere Ruth Kaufmann-Hayoz (interfakultäre Koordinationsstelle für allgemeine Ökologie, Universität Bern) und ihr Team haben mit grossem Einsatz zahlreiche Anlässe organisiert, die manche anregende Diskussion auslösten. Unseren Kollegen aus der Arbeitsgruppe „Naturbilder" – Christian Jäggi, David Krieger, Walter Lesch und Christian Thomas – möchten wir für ihre wertvollen Gedankenanstösse ebenfalls herzlich danken.

Auch unseren Kolleginnen und Kollegen aus dem geographischen Institut danken wir herzlich. Sie gewährten uns Gastrecht und sorgten für die freundliche Stimmung, die zum Gelingen unserer Arbeit beitrug.

Zu grossem Dank verpflichtet sind wir schliesslich den folgenden Institutionen, welche die Druckkosten übernommen haben:

– der Örtli-Stiftung Zürich

– der Schweizerischen Akademie für Geistes- und Sozialwissenschaften (SAGW)

– der Schweizerischen Akademie der Naturwissenschaften (SANW)

Bern, im Februar 1998   Lucienne Rey
                                            Ursula Brechbühl

1 Streit, Indifferenz oder Harmonie? Die Schweiz, ein vielsprachiges Land

Das Verhältnis zwischen der deutschen und der französischen Schweiz gleicht einer Ehe, in der ein Partner dem andern seine Liebe erklärt, ohne sich ernsthaft für ihn zu interessieren, während der andere nie behauptet hat, den einen zu lieben, sich aber wohl oder übel für ihn interessieren muss. Da die Ehe unauflöslich ist, bleiben die sachgebundenen Kontakte erhalten. Man tritt öffentlich gemeinsam auf, man spricht auch über das Haushaltsbudget, bemüht sich um Billigkeit mit den Ansprüchen des andern, und im übrigen geht man seiner Wege.

(Muschg, 1990: 125)

Die Beziehung zwischen den verschiedenen Sprachgruppen in der Schweiz gibt Kulturschaffenden, Wissenschaftlern und Politikern immer wieder zum öffentlichen Nachdenken Anlass: Einmal soll das (leidlich) friedvolle Zusammenleben der verschiedenen Kulturen innerhalb enger Landesgrenzen beweisen, dass es auch im Grossen – etwa im „Haus Europa" – möglich sein müsste, kulturelle Verschiedenheiten zu überbrücken. Ein andermal gelten die Querelen zwischen den Sprachgruppen als Alarmsignale einer möglichen Spaltung der Schweiz.

Dass gegenwärtig jene Stimmen überwiegen, die vor einer zunehmenden Kluft zwischen den Sprachräumen warnen, ist nicht neu. Bekannt sind auch die heissen Themen, an denen sich die geladene Atmosphäre zu entzünden droht: So nimmt die französische Schweiz in aussenpolitischen Fragen eine deutlich offenere Haltung ein als die deutsche, welche sich von den grossen ausländischen Nachbarn abzugrenzen trachtet. Diese unterschiedliche Haltung rückte durch die Abstimmung über den Beitritt zum Europäischen Wirtschaftsraum am 6. Dezember 1992 abrupt ins allgemeine Bewusstsein, als die beitrittsfreudige Romandie von der euroskeptischen Deutschschweiz überstimmt wurde. Dieses Datum steht seither für eine eigentliche schweizerische Denk- und Sprachen-Krise, der man auf parlamentarischer Ebene durch die Einsetzung zweier Verständigungskommissionen entgegenzutreten versuchte.

Kulturell bedingte Unterschiede manifestieren sich jedoch nicht allein bei aussenpolitischen Themen: Im Gegensatz zur Deutschschweiz setzt etwa die Romandie in der Drogenfrage mehr auf Repression, lässt sich die Automobilität nur ungern beschneiden (NZZ Folio, 1993: 75–76) und neigt gegenüber technischen Grossprojekten und technischem Fortschritt zu grösserer Akzeptanz (Meier-Dallach und Nef, 1995: 83).

Vor diesem Hintergrund soll die vorliegende Arbeit einen Beitrag zum besseren gegenseitigen Verständnis der Schweizer Sprachgemeinschaften leisten. Dass dieser Versuch vom Deutschschweizer Standpunkt ausgeht, mag das Bestreben zum Ausdruck bringen, die – nach Muschg – verbal bekräftigte „Liebe" durch aufrichtiges Interesse zu ergänzen.

Der Gesprächs- und Streitgegenstand, der bei unserer Auseinandersetzung im Zentrum steht, ist die ökologische Problematik: Auch bei der Umweltfrage scheiden sich die Meinungen nämlich immer wieder entlang der Sprachgrenzen. Das landläufige Cliché zeigt dabei einen gewissenhaften Deutschschweizer, der sich das Waldsterben zu Herzen nimmt, während der lebensfrohe Lateiner seine Leichtlebigkeit nicht einmal angesichts der Umweltkrise verliert. Die sprachliche Zugehörigkeit – so legen es diese Stereotypen nahe – entscheidet auch über den Grad an Umweltbewusstsein.

Die vorliegende Studie wird sich allerdings nicht darauf beschränken, in einer Momentaufnahme des gegenwärtigen Diskurses die empirisch schon oft nachgewiesenen unterschiedlichen Sichtweisen in Sachen Umweltschutz zu bekräftigen. Vielmehr liegt der Schwerpunkt auf der *Genese des heutigen Umweltdiskurses*, indem der Frage nachgegangen wird, ob schon früher die Natur in den drei Sprachräumen je unterschiedlich zur Sprache gebracht wurde oder ob es sich beim „Röstigraben" in der Umweltfrage um eine neuere Erscheinung handelt.

Im folgenden werden wir zunächst darlegen, inwiefern zwischen Sprache, kultureller Identität und Natur ein Zusammenhang hergestellt werden darf. Diese Erörterungen münden in einen kurzen Abriss der sprachtheoretischen Grundlagen, welche das empirische Vorgehen untermauern (Unterkapitel 1.2; Natur, Kultur und Sprache).

Daran schliesst die Beschreibung der angewandten Methoden und des erhobenen Textmaterials an (Unterkapitel 1.3; Zeitungen als Spiegel des Alltagsgesprächs).

Das Kernstück der Arbeit besteht aus vier in sich geschlossenen Kapiteln, die ein je unterschiedliches Fenster auf den Gesprächsgegenstand „Natur" öffnen. Gleich zu Beginn setzt sich das 2. Kapitel mit Verwendung und Wandel des zentralen sprachlichen Ausdruckes ‚Natur' im Lauf des 20. Jahrhunderts auseinander. Weil angesichts des vielschichtigen Themas die

Gefahr gross ist, sich in einem diffusen und letztlich nichtssagenden Reden über Gott und die Welt zu verlieren, beruht das empirische Vorgehen der folgenden Kapitel darauf, die Natur mit anderen Themen in Zusammenhang zu stellen. So postuliert Kapitel 3 eine Komplementarität von Natur und Heimat, während Kapitel 4 von einer Opposition zwischen Natur und Beton ausgeht. Kapitel 5 schliesslich zeichnet die Entstehung der modernen Terminologie von Natur- und Umweltschutz nach und befasst sich mit den Schlüsselwörtern ‚Umwelt‘, ‚Ökologie/ökologisch‘, ‚Biologie/biologisch‘ und ‚grün‘.

Auch Kapitel 6 beruht auf dem erhobenen Textmaterial, konzentriert sich dabei aber nicht mehr auf die Betrachtung der Natur, sondern auf die Beobachtung der „Nachbarn", der anderen Kulturen, im Hinblick auf deren Einstellung zur Natur: Es stellt sich hier also die Frage nach dem Fremd- und dem Eigenbild der Sprachgemeinschaften, nach ihrer Eigendefinition und der Wahrnehmung der anderen in ihrem Verhältnis zur und ihrem Verhalten gegenüber der Natur.

Kapitel 7 schliesslich versucht, die Ergebnisse der vorangegangenen empirischen Kapitel zu bündeln und geht das Wagnis einer synthetischen Betrachtung der herausgearbeiteten „Naturbilder" ein.

Abschliessend drängt sich an dieser Stelle eine kurze Erläuterung darüber auf, wie im vorliegenden Werk die Anführungsstriche verwendet werden: Einfache Anführungsstriche (‚ ‘) kennzeichnen einen Wechsel in die Metasprache, d. h. sie beziehen sich auf jene Fälle, wo die Sprache selber zur Sprache kommt (z. B. das Wort ‚Wort‘ besteht aus vier Buchstaben). Im Unterschied dazu kommen zweigestrichene Anführungszeichen („ ") bei Zitaten und uneigentlichem Wortgebrauch (Ironie, gewagte Metaphern usw.) zur Anwendung.

1.2 Natur, Kultur und Sprache

Unsere Auffassung der Sprache nimmt Grundgedanken von Ferdinand de Saussure auf, dessen postum veröffentlichter „Cours de linguistique générale" für die strukturale und semiologisch ausgerichtete Sprachtheorie des 20. Jahrhunderts entscheidend war. Auf der Suche nach dem konstituierenden Objekt der Sprachwissenschaft unterscheidet Saussure zwischen Sprachsystem (langue) und Sprachverwendung (parole): Die Sprache (langue) wird als abstraktes, überindividuelles und soziales System von Zeichen definiert, während die Sprachverwendung (parole) als individuelle und konkrete Realisierung der langue verstanden wird. Methodisch gesehen ist die langue nicht unmittelbar zugänglich – sie muss aus Daten der parole abgeleitet werden.

Dass wir uns bei unserer Arbeit auf eine etwas ältere Sprachtheorie stützen, die wesentlich semiologisch ausgerichtet ist, und nicht auf heute prominentere Ansätze wie jene der Universalen Grammatik von Noam Chomsky, hängt mit der zentralen Rolle der Syntax in dessen Theorie zusammen, die für unser Thema wenig ergiebig ist. Wir ziehen jedoch durchaus Arbeiten aus dem Umfeld der kognitiven Linguistik von George Lakoff und anderen bei.

1.2.1 Innersprachliche Beziehungen: Opposition, Assoziation und Syntagma

Was Saussures Annahmen von früheren Sprachauffassungen unterscheidet, ist der relationale Charakter des Sprachsystems. Schon das einzelne Sprachzeichen selbst ist relational aufgebaut: es besteht aus einer Beziehung zweier Seiten, der Inhalts- und der Ausdrucksseite, oder – wie Saussure das nennt – des *signifié* (Bezeichnetes) und des *signifiant* (Bezeichnendes). Eine Trennung der beiden Seiten würde der Auflösung des Zeichencharakters gleichkommen. Weiter ist das einzelne sprachliche Zeichen nur in der Gegenüberstellung zu allen anderen sprachlichen Zeichen definiert, und zwar indem es sich von diesen unterscheidet. Und gerade dieses Unterscheidende ist konstitutiv für die sprachlichen Zeichen: „Tout ce qui précède revient à dire que *dans la langue il n'y a que des différences.* […] la langue ne comporte ni des idées ni des sons qui préexisteraient au système linguistique, mais seulement des différences conceptuelles et des différences phoniques issues de ce système. Ce qu'il y a d'idée ou de matière phonique dans un signe importe moins que ce qu'il y a autour de lui dans les autres signes" (Saussure, 1915/1985: 166, kursiv im Original).

Daraus lassen sich zwei grundlegende Aspekte gewinnen, die für die strukturale Sprachwissenschaft bezeichnend geworden sind: sprachliche Zeichen lassen sich auf der Grundlage von *Oppositionen* analysieren und sie stehen in vielfältigen *Relationen* zueinander. Opposition bezogen auf das signifié etwa besagt: die zwei deutschen Sprachzeichen ‚Hund' und ‚Hand' unterscheiden sich nur durch ihren Vokal: die beiden Vokale bilden eine Opposition, die für die Unterscheidung der beiden Sprachzeichen konstitutiv ist: „[…] la langue a le caractère d'un système basé complètement sur l'opposition de ses unités concrètes" (Saussure, 1915/1985: 149). Opposition beruht auf einer Relation der Zeichen, die Saussure assoziativ nannte. Jedes Sprachzeichen hat vielfältige assoziative Beziehungen zu anderen Sprachzeichen. Im Cours (Saussure, 1915/85: 175) wird das am Beispiel des französischen Zeichens ‚enseignement' demonstriert: es steht in Relation zu sinnverwandten Ausdrücken wie *apprentissage*, *éducation* usw., zu grammatisch anders zugeordneten Zeichen wie *enseigner*, zu morphologisch gleich gebildeten wie ‚changement' und zu lautlich ähnlichen wie *clément*.

Aus diesen vielfältigen Beziehungen bauen sich die Werte der sprachlichen Zeichen durch Gegenüberstellung auf. Es entstehen dabei sprachliche Werte, die allein auf dem systematischen Charakter der Sprache beruhen. Ein Beispiel ist das grammatische Geschlecht: nichts an den deutschen Sprachzeichen ‚Tisch', ‚Krug' und ‚Stuhl' deutet darauf hin, dass sie maskulines Geschlecht haben – das ist allein eine Sache der Sprache als System; das französische Sprachsystem unterscheidet nur zwei Genera und verteilt sie anders auf die sprachlichen Zeichen, als das Deutsche das tut.

Eine andere Art von Beziehung im sprachlichen System nennt Saussure die syntagmatische. Hier geht es um die Gegenüberstellung des Zeichens mit dem, was ihm vorausgeht und was ihm folgt. Im eben erwähnten Wort ‚Gegenüberstellung' verbinden sich die sprachlichen Zeichen ‚gegen', ‚über', ‚stell-' und ‚-ung' zu einer Einheit, in der ihre Bedeutung zu etwas Neuem zusammengebaut wird. Wir werden sehen, dass eine gleichartige Ausnützung von syntagmatischen Bildungsmustern im Französischen so nicht möglich ist. Auch hier ist es wiederum das Sprachsystem, das bestimmt, was geschehen kann.

Unklar ist, inwieweit den Angehörigen einer Sprachgemeinschaft solche Gegenüberstellungen und Beziehungen bewusst sind. Wie immer sich das verhält, zentral für uns ist, dass solche im sprachlichen System virtuell angelegten Oppositionen in der Sprachverwendung aktualisiert und aufgrund der Verwendung von der Sprachwissenschaft methodisch nachgezeichnet werden können.

1.2.2 Die theoretische Basis in ihrer empirischen Anwendung

Die Empirie der vorliegenden Studie greift die Vorstellung innersprachlicher Beziehungen mehrmals und in unterschiedlichen Zusammenhängen auf. So setzt Kapitel 4 bei der Opposition an, die zumindest im gegenwärtigen deutschsprachigen Umweltdiskurs zwischen der Natur und dem Beton gesetzt wird – in dieser Vorstellung verdrängen „Asphaltwüsten" und „Betonöden" die „grüne Natur". Methodisch gesehen siedelt sich unsere Analyse vorerst auf der Ebene der *parole*, der Sprachverwendung, an: Anhand konkreter Äußerungen in deutschen, französischen und italienischen Texten sammeln wir die Ausdrücke ‚Beton', ‚Zement', ‚Asphalt' und ‚Teer' und vergleichen sie, um schliesslich zu Aussagen über die Stellung dieser Ausdrücke im jeweiligen sprachlichen System zu gelangen. Es muss unbedingt betont werden, dass die Gegenüberstellung von Beton und Natur, der Ausgangspunkt der Analyse, *nicht* als sprachliche Opposition im eigentlichen Sinne aufgefasst werden darf: es geht um ein kulturell verankertes Gegensatzpaar und dessen Ausdruck in sprachlichen Äusserungen, genauer in Texten. Dabei sind es vor allem methodische Gründe (insbesondere das fragmentarisch und zufällig gebildete Korpus), die ein vollständiges Vorgehen nach der Art strukturaler Sprachwissenschaft ausschliessen.

Assoziative Beziehungen, welche wir empirisch aufspüren und analysieren, beziehen sich primär auf die Inhaltsebene, also auf die Semantik. Wir übernehmen dabei gewisse Vorstellungen der sogenannten Wortfeldtheorie, die davon ausgeht, dass die Bedeutung eines einzelnen sprachlichen Ausdruckes abhängig ist von der Zahl und den gegenseitigen Beziehungen der übrigen Wörter des gleichen Begriffsfeldes. Auch hier ist es nach Saussure das Spiel der *langue*, das die Werte festlegt und nicht die aussersprachliche Wirklichkeit. Saussure verwendet dafür den Ausdruck ‚Willkür' (frz. *arbitraire*). Seine Beispiele können zur Illustration herangezogen werden: das Französische kennt drei sprachliche Zeichen, um Angst und Befürchtung auszudrücken, nämlich *redouter*, *craindre* und *avoir peur*. Saussure führt dazu aus: „si *redouter* n'existait pas, tout son contenu irait à ses concurrents. [...] Ainsi la valeur de n'importe quel terme est déterminée par ce qui l'entoure" (Saussure, 1915/85: 160). Im Sprachvergleich werden solche unterschiedlichen sprachlichen Setzungen deutlicher. Das Englische unterscheidet die zwei sprachlichen Zeichen ‚*sheep*' (Schaf als Tier) und ‚*mutton*' (Schaffleisch) und trifft damit eine systematische Unterscheidung, welche das Französische nicht kennt, weil es hier nur das eine Sprachzeichen ‚*mouton*' gibt. Nun ist es natürlich nicht so, dass französischsprachige Personen nicht zwischen dem Tier „Schaf" und seinem essbaren Fleisch unterscheiden könnten. Aber ihre Sprache zwingt sie nicht, diese Unterscheidung zu treffen, während eine englischsprachige Person dazu gezwungen ist.

Unsere Untersuchung geht in zwei Fällen von der Vorstellung sprachlicher „Felder" aus; da wir aber keine Wortfeldanalyse im eigentlichen Sinne durchführen, und die von uns anvisierten sprachlichen Zusammenhänge eine Mittelposition zwischen den Wortfeldern und den *rapports associatifs* einnehmen, verwenden wir dafür den Term ‚assoziatives Feld'. Konkret setzen wir in Kapitel 3 über Natur und Heimat induktiv bei der Feststellung an, dass in deutschen Texten aus dem frühen 20. Jahrhundert die Ausdrücke ‚Natur' bzw. ‚Naturschutz' eng mit den Wörtern ‚Heimat' bzw. ‚Heimatschutz' verbunden sind und oft im gleichen Atemzug genannt werden. In den romanischen Texten hingegen ist eine entsprechende Verknüpfung nicht auszumachen. Vor diesem Befund drängt sich deshalb die Frage auf, ob die unterschiedliche sprachliche Verankerung des Konzeptes von Heimat und die entsprechend unterschiedliche Kopplung an den Ausdruck ‚Natur' einen Einfluss auf das Phänomen des „Röstigrabens" in der Umweltfrage haben könnte.

Kapitel 5 über die Schlüsselwörter des modernen Umweltdiskurses lehnt sich noch enger an die Wortfeldtheorie an, wird doch hier der Frage nachgegangen, in welchen Fällen die Ausdrücke ‚Umwelt-', ‚Ökologie/ökologisch', ‚Biologie/biologisch' und ‚grün' (bzw. die entsprechenden französischen und italienischen sprachlichen Zeichen) synonym sind und allenfalls gegeneinander ausgetauscht werden können. Zudem wird auch untersucht, ob diese Wörter in den letzten 90 Jahren einen Bedeutungswandel erfahren haben, der zu namhaften Verschiebungen im assoziativen Feld des Naturdiskurses geführt hat.

1.2.3   Bildhafte Sprache, Wortverwendung im übertragenen Sinn

Sprachliche Zeichen verfügen häufig nicht nur über einen begrifflichen Gehalt (die Referenzbedeutung oder Denotation), sondern auch über eine bewertende oder affektive Färbung (Konnotation). „Zwei Wörter [...] können die gleiche referentielle Bedeutung haben, aber sich in ihrer emotiven Bedeutung unterscheiden: z. B. ‚Pferd' und ‚Ross'. [...] Die Opposition zwischen einer zentraleren oder stilistisch neutralen Bedeutungskomponente und einer mehr peripheren oder subjektiven ist in Diskussionen über Synonymie gang und gäbe" (Lyons, 1980: 188). Wenn wir also etwa im Kapitel 4 über den Gegensatz von Natur und Beton bei der heutigen Gesprächssituation im Alltag ansetzen, sind weniger die (kognitiven) Bezeichnungen der modernen Werkstoffe Beton, Zement und Asphalt und der thematische Zusammenhang von Belang, in welchem sie Erwähnung finden, sondern es sind gerade die affektiven Nebenbedeutungen, welche Aufschluss über die dahinterliegenden Wertvorstellungen geben. Wir betrachten ‚Beton' und seine Entsprechungen also nicht so sehr im zentralen, wörtlichen Sinn, als vielmehr im peripheren, bildlichen. Der mittlerweile feststehende Ausdruck ‚die politischen Verhältnisse sind zementiert' mag illustrieren, auf welche Weise unterschwellige Wertungen über ein sprachliches Bild mitgeteilt werden: laut Duden (1983) wird damit ausgedrückt, dass „etwas, was als nicht günstig, gut o. ä. angesehen wird, unverrückbar und endgültig (gemacht wird)". Auch die umgangssprachliche Bildung ‚Betonkopf' (für eine sture Person) enthält eine derart negative Wertung. Die kommunikativen Akte prägen so gesehen semiotische

Werte, die mit der Zeit in das (abstrakte) Sprachsystem übergehen und zu einem festen Bestandteil davon werden können.

In Kapitel 2, das die Verwendung des Ausdruckes ‚Natur' nachzeichnet, nimmt die Auseinandersetzung mit sprachlichen Bildern (Metaphern) eine prominente Stellung ein. Metaphern fassen wir in Anlehnung an Bussmann (1983/1990: 322) auf als „sprachliche Bilder, die auf einer Ähnlichkeitsbeziehung zwischen zwei Gegenständen bzw. Begriffen beruhen, d. h. aufgrund gleicher oder ähnlicher Bedeutungsmerkmale findet eine Beziehungsübertragung statt." Sehr oft werden dabei alltägliche oder zumindest gesellschaftlich verbreitete Beobachtungen und Sachverhalte auf fremdartige oder abstrakte Tatbestände übertragen. In jenen Fällen dienen Metaphern dazu, ausgehend von der menschlichen Alltagserfahrung einen komplizierten Sachverhalt auf verständliche Art zu beschreiben. Den sprachlichen Bildern kommt so auch eine wichtige Funktion beim Übersetzen von (wissenschaftlichen) Fachsprachen in die Alltagssprache zu, indem etwas Neues mit altvertrauten Sachverhalten in Beziehung gesetzt wird: Albrecht Dürer beispielsweise soll zu einer Zeit, als sich die mathematische Terminologie eben herauszubilden begann, die Ellipse als „Eierlinie" bezeichnet haben, *darum, dass sie schier einem Ei gleich* sei (Petrus, 1995: 310). Namentlich bei abstrakten Vorstellungen wie „Natur", die sich kaum präzise umreissen und definieren lassen und daher förmlich nach Veranschaulichung verlangen, erschliessen sich aus den geläufigen Metaphern grundlegende Werthaltungen der jeweiligen Sprachgemeinschaft. Im Zusammenhang mit dem Ausdruck ‚Natur' (bzw. ‚nature' und ‚natura') erweisen sich insbesondere personifizierende Metaphern als wichtig, in welchen der Natur anthropomorphisierend menschliche Eigenschaften und Tätigkeiten zugeschrieben werden.

Während Metaphern traditionell vor allem im Bereich der Literatur untersucht wurden, schreiben ihnen der Sprachwissenschaftler George Lakoff und der Philosoph Mark Johnson (1980) eine weit grundlegendere Bedeutung zu. Sie postulieren, dass Metaphern nicht bloss rhetorische Figuren sind, die dazu dienen, literarische Verfremdungseffekte zu erzielen oder Sachverhalte zu veranschaulichen, sondern, dass Metaphorik ein wesentlicher Faktor in unserer Konzeptualisierung der Welt darstellt. Am Beispiel der räumlichen Dimension soll diese Grundidee erläutert werden: Das Verhältnis des Menschen zu seiner physischen Umgebung, die er in bezug auf die Lage und die Ausrichtung des eigenen Körpers einordnet, scheint nämlich auch für die (metaphorische) Einordnung anderer, nicht räumlich erfahrbarer Einheiten eine zentrale Rolle zu spielen. Gerade die Zeit wird mit Vorliebe im Zusammenhang mit horizontalen, räumlichen Dimensionen dargestellt:

- Sie ist *vor* ihm eingetroffen.
- Die Vergangenheit *hinter* mir.
- Wir haben noch viel Zeit *vor uns*.
- Gott sei Dank ist diese Zeit *hinter* uns.

Es gibt eine ganze Reihe anderer, nicht-räumlicher Konzepte, die anhand der Raum-Metaphorik erst wirklich fassbar werden: Gefühlslagen beispielsweise werden mit Vorliebe vertikal gegliedert, wobei „oben" mit „gut" und „unten" mit „schlecht" gleichgesetzt wird:

- Sie war *hoch*erfreut.
- Er fühlte sich *spitze*.
- Ihre Gefühle hatten den *Tiefstpunkt* erreicht.
- Er war *nieder*geschlagen.

Die beiden Autoren sind schliesslich der Auffassung, dass die Grundwerte einer bestimmten Kultur mit der metaphorischen Struktur der Basiskonzepte dieser Kultur übereinstimmen. Unsere eigene Analyse kann allerdings nicht so umfassend sein, dass sie die metaphorischen Basiskonzepte der drei untersuchten Sprachkulturen vollständig erfassen könnte. Wir werden uns vielmehr auf die Untersuchung personifizierender Metaphern im Kontext von Natur beschränken.

1.2.4 Zur Dynamik der Sprache: Die Verschränkung von Synchronie und Diachronie

Saussures Auffassung der *langue* führte zur methodologischen Unterscheidung von synchroner und diachroner Sprachwissenschaft. Synchronie – die Betrachtung einer Sprache als Zustand zu einem bestimmten Zeitpunkt – war für ihn dabei die konstituierende Sichtweise. Diachronie – die Entwicklung von Sprachen in der Zeit, vor Saussure die dominierende methodische Sicht der Sprachen – war für ihn klar nachgeordnet. Sie konnte nur als Vergleich verschiedener synchroner Zustände geschehen. Diese strikte Trennung der beiden Gesichtspunkte lässt sich heute nicht mehr aufrechterhalten: zu deutlich ist, dass sich in jedem Sprachzustand ältere und neuere Bestände gegenüberstehen. Deswegen verbindet unser Ansatz die synchrone mit der diachronen Betrachtungsweise: Zum einen streben wir einen synchronen Vergleich der Art und Weise an, wie ausgewählte Schlüsselwörter (etwa: ‚Beton', ‚Heimat', ‚Umwelt', ‚grün') in den verschiedenen Sprachräumen der Schweiz zur Sprache gebracht werden. Zum anderen versuchen wir aber auch, in der Diachronie den Wandel der Konnotationsketten nachzuzeichnen, dem diese Ausdrücke im Lauf der letzten 90 Jahre unterworfen waren.

Bei der diachronen Betrachtung erweitern wir unser Blickfeld und orientieren uns an der Semiotik, wie sie von Roland Barthes und Umberto Eco vertreten wird. Namentlich Eco setzt eine enge Beziehung zwischen (sprachlicher) Semantik und Kultur voraus: „[...] jeder Aspekt der Kultur wird zu einer semantischen Einheit" (Eco, 1972/1991: 36). Diese enge Beziehung führt jedoch nicht dazu, allfällige Analysen zu vereinfachen: Nach Eco erweist sich das Aufschlüsseln der massgeblichen kulturellen Begriffsfelder in der Praxis insofern als schwierig, als *in einer bestimmten Kultur einander widersprechende semantische Felder existieren können*" (Eco, 1972/1991: 94, kursiv im Original) – man denke an die unterschiedliche Bedeutung der radioaktiven Bestrahlung im Kontext der medizinischen Krebsbehandlung und im Kontext der Energiegewinnung. Die Berücksichtigung der Diachronie drängt sich aus Ecos Sicht auf, weil sich ein semantisches Feld in ein- und derselben Kultur „[...] äusserst schnell auflösen und in ein neues Feld umstrukturieren (kann)" (ebd.).

1.2.5 Wortverdrängung und Wortneuschöpfung

Sprache ist nicht statisch, sondern befindet sich in stetem Umbruch. Saussure selber weist darauf hin, wie sich im Lauf der Zeit das Verhältnis zwischen der Lautform des sprachlichen Zeichens und seiner Bedeutung ändert: Das lateinische *necare* (töten) wurde zum französischen *noyer* (ertränken): „Image acoustique et concept ont changé tous les deux; mais il est inutile de distinguer les deux parties du phénomène; il suffit de constater in globo que le lien de l'idée et du signe s'est relâché et qu'il y a eu un déplacement dans leur rapport" (Saussure, 1915/1985: 109). Abgesehen von den oben skizzierten Verschiebungen im Verhältnis von Lautbild und Bedeutung verändert sich das Sprachsystem auch, indem einzelne Ausdrücke im Lauf der Zeit weniger häufig verwendet werden und gleichsam „aus der Mode kommen", andere wiederum neu entstehen und im Alltagsgespräch ihren festen Platz einnehmen. Auch die Zuschreibung positiver oder negativer Eigenschaften zu bestimmten Ausdrücken kann sich innerhalb weniger Jahre ändern.

Im Zusammenhang mit der Umweltproblematik, einem Gesprächsgegenstand, der erst in den letzten 20 Jahren weitere Verbreitung fand, sind nicht so sehr die langfristigen Verschiebungen im Sprachsystem von Interesse, als vielmehr die Schaffung und Verbreitung eines der neuen Problemlage angemessenen Wortschatzes. Und da spielen nun die Struktur und Funktionsweise der drei untersuchten Sprachen Deutsch, Französisch und Italienisch eine wichtige Rolle.

Die Wortneuschöpfungen, die im Zusammenhang mit der ökologischen Problematik auftreten, sind nirgends so zahlreich wie im deutschen Sprachraum. Begünstigt wird diese Leichtigkeit bei der Prägung neuer Wörter durch die Möglichkeiten, die der deutschen Sprache bei der Bildung von Komposita gegeben sind und die den romanischen Sprachen weitgehend fehlen. „Der Hauptunterschied zwischen diesen beiden Sprachen [...] besteht gewiss darin, dass im Deutschen die Häufigkeit und die Möglichkeit der Wortzusammensetzung in allen Bereichen der Sprache auch heute noch so ungleich viel grösser ist als im Französischen. Der in grammatischer Hinsicht bedeutsamste Zug des deutschen Kompositums besteht nun gerade in der absoluten Festgelegtheit und Unumkehrbarkeit der Aufeinanderfolge Sekundärwort + Primärwort: dies gehört [...] zum unabdingbaren Bestandteil jenes Wissens, welches jeder Deutschsprechende über seine Sprache besitzen muss. Die Aufeinanderfolge ist im Deutschen sprachlich „relevant": Vaterhaus, Hausvater; Bierfass, Fassbier; Glasfenster, Fensterglas; Kuhmilch, Milchkuh" (Gauger, 1971: 151, Hervorhebungen original). Im Deutschen gilt also die regressive Folge Sekundärwort + Primärwort; das Primärwort (auch Determinatum genannt) bestimmt den Inhaltsbereich, der durch das Determinans eingeschränkt bzw. näher spezifiziert wird. Im Französischen verhält es sich genau umgekehrt: „[...] on constate que tous les composés français non empruntés au latin et au grec (*agriculture*, *anthropophage*, etc., ...) suivent l'ordre progressif: *porte-plume, brun foncé, pêcher à la ligne,* etc. C'est là une des différences fondamentales qui séparent le français et l'allemand, plus généralement les langues romanes et les langues germaniques (comparez *porte-plume* et *Federhalter, brun foncé* et *dunkelbraun*)" (Bally, 1932/1965: 238).

Gauger (ebd: 158) spricht in bezug auf Wörter, die ausgehend von anderen (Primär)wörtern gebildet oder aus ihnen zusammengesetzt werden, von einem „durchsichtigen Wort". Durchsichtige Wörter bestehen aus Bestandteilen, die selbst schon eine Bedeutung haben. So ist ‚Apfelbaum' durchsichtig, ‚Fichte' dagegen nicht. Nicht nur Zusammensetzungen, sondern auch Ableitungen (Verschiebungen oder Variationen; Gauger 136) können zur Entstehung durchsichtiger Wörter führen; zu denken ist dabei an Fälle wie ‚jardinier' (Gärtner), der von ‚jardin' (Garten) abgeleitet wird, oder an ‚prunier' (Pflaumenbaum), der auf ‚prune' (Pflaume) zurückgeführt werden kann. Wenn auch in allen untersuchten Sprachen Ableitungen und durchsichtige Wörter vorkommen, so zeichnet sich das Deutsche mit seiner Fähigkeit zur Kompositabildung wie gesagt durch eine besonders grosse Dehnbarkeit aus.

Indessen hängen Anpassungsfähigkeit und Wandelbarkeit einer Sprache nicht allein mit ihrer Struktur und Funktionsweise zusammen. Auch soziopolitische Rahmenbedingungen üben ihren Einfluss aus. Von den drei untersuchten Sprachen kennt einzig das Französische mit der Académie française eine Instanz, die über Reinheit und korrekte Verwendung der Sprache wacht. (dazu etwa Knecht, 1990: 133). Wenn der Einfluss der Académie seit deren Gründung auch nachgelassen haben mag, kann man doch mit gutem Grund vermuten, dass die vergleichsweise eingeschränkten Möglichkeiten des Französischen zur Wortneubildung oder zur Übernahme fremder Lehnwörter – etwa aus dem Englischen – durch dieses kulturpolitische Gremium zusätzlich beschnitten werden.

1.2.6 Sprache als Basis der kulturellen Identität

Das eben Dargelegte unterstreicht die Bedeutung, welche der Sprache als Grundlage für kulturelle Identität und gesellschaftlichen Zusammenhalt zukommt. Die Vorstellung einer Nation als souveräner Staat umschliesst die gemeinsame Sprache: „Der lateinischen Grundbedeutung des Wortes entsprechend, verstand man seit der Antike und dem Mittelalter unter Nation eine Gemeinschaft von gleicher Abstammung. Als Kriterium dieser abstammungsmässigen Zugehörigkeit galt vor allem die gemeinsame Sprache, bald auch eine gemeinsame Geschichte, die man in der Form von Nationalgeschichten seit dem Spätmittelalter erforschte. Nationen in diesem Sinne wurden zu Subjekten einer eigenen Geschichte" (Dann, 1991: 58). Unter den Nationen Europas nimmt die offiziell viersprachige Schweiz lange Zeit eine Sonderstellung ein, die in der helvetischen Selbstschau gerne mit der Bezeichnung der ‚Willensnation' bekräftigt wird – nicht „naturgegebene", weil sprachlich konsolidierte, Einheit sei hier staatstragend, sondern eben der Wille zu Pluralismus und Toleranz.

Tatsächlich schien Helvetiens Mehrsprachigkeit während langer Zeit – weit bis ins 19. Jahrhundert – keine besonderen Probleme aufzuwerfen; Jean-Pierre Vouga beschreibt die Schweiz als „Nebeneinander von fünfundzwanzig Staaten, deren jeder seine eigene Armee unterhält, seine eigenen Münzen prägt und wo nur wenige Männer, die Stapfer, Ruchonnet, Welti, Numa Droz ohne Unterlass auf der Suche nach einem Zusammenhalt sind, der bis 1874 auf sich warten lässt. Da es an Beziehungen zwischen den Landesteilen fast völlig fehlt, ist es verständlich, dass das Nebeneinander von drei Sprachen wohl erwähnt wird, aber nie im Sinn eines Nachteils" (Vouga, 1980: 20).

Während des Ersten Weltkrieges brachen dann allerdings die Meinungsverschiedenheiten zwischen Romandie und Deutschschweiz hervor: ‚Graben', ‚Kluft', *abîme* und *fossé* wurden zu Leitmotiven des Zeitungsvokabulars von 1914 (Du Bois, 1983: 65). Die Romandie sympathisierte mit Frankreich und empörte sich über die Verletzung der belgischen Neutralität durch das deutsche Reich, während die Deutschschweiz die Position Deutschlands verteidigte oder zumindest entschuldigte. Diese unterschiedlichen Haltungen prallten auch innerhalb der Schweizer Armee aufeinander und leisteten weiteren Missverständnissen Vorschub – Pierre Du Bois spricht von einer nationalen Krise im Oktober 1914 (ebd: 68). Paradoxerweise verstärkte die aussenpolitische Bedrohung zugleich den inneren Zusammenhalt: „Ainsi amour de la patrie d'une part, reproches, ressentiments, suspicions d'autre part constituent-ils une combinatoire caractéristique des attitudes des Suisses durant la Grande Guerre. [...] Ce n'est pas sans paradoxe que le mal suisse pendant la Première Guerre mondiale confirme pour ainsi dire la Suisse dans ses fondements" (Du Bois, 1983: 91).

Dass das Verhältnis der Sprachgruppen innerhalb der Schweiz von den Beziehungen zum umliegenden Ausland massgeblich geprägt wird, bestätigten die Ereignisse während des Zweiten Weltkrieges. Die kollektive Ablehnung der Achsenmächte und das Gefühl, von einer Übermacht feindlicher Kräfte umschlossen zu sein, begünstigte den sprachübergreifenden helvetischen Patriotismus, der zudem mit General Henri Guisan eine in allen Landesteilen populäre Leitfigur erhielt. Während des Zweiten Weltkrieges wurden die Weichen für die künftige Entwicklung der Schweizer Sprachgemeinschaften gestellt: Auch in der Nachkriegszeit blickte die deutsche Schweiz mit einer gewissen Befangenheit nach Deutschland und sicherte sich ihre Eigenständigkeit, indem sie auf der schweizerdeutschen Mundart beharrte: Die „Mundartwelle", welche – zum Leidwesen der lateinischen Schweiz – die audiovisuellen Medien der Deutschschweiz überflutet, ist mit ein Ausdruck der distanzierten Haltung, welche diese noch heute gegenüber dem mächtigen deutschen Nachbarn einnimmt. In der französischen Schweiz dagegen scheint sich kein ausgeprägtes Bedürfnis nach Distanz zur gleichsprachigen Nachbarnation zu regen: Kriesi et al. (1995: 116 ff.) bestätigen, dass rund drei Viertel der Romands eine gewisse Nähe zu Frankreich bekunden, während kaum ein Drittel der Deutschschweizer Zugehörigkeitsgefühle zu Deutschland entwickelt.

Paradoxerweise sorgt gerade der Abstand, den die deutsche Schweiz gegenüber Deutschland mit der Mundart zu bewahren trachtet, auch für Spannungen innerhalb der Schweiz: Romands und Tessiner, die das Deutsche mühevoll als erste Fremdsprache in der Schule lernen, fühlen sich vor den Kopf gestossen, wenn ihnen aus Deutschschweizer Medien und im Alltagsgespräch das „Schwizertütsch" entgegenschallt. Anderseits verhindert es der Mundartgebrauch, dass sich die Deutschschweizer überhaupt je als Mehrheit wahrnehmen – herrscht doch überall der „Kantönligeist" vor, so dass sich die meisten eher als Zürcher, Berner Oberländer oder Appenzeller denn als Deutschschweizer verstehen. Pointiert formulieren Kriesi et al. (1995: 20): „[...] nous pouvons affirmer que pour la „majorité" alémanique la langue censée être la langue dominante (le Hochdeutsch), est une langue étrangère." So betrachtet, stellt sich das Verhältnis der verschiedenen Schweizer Sprachgruppen als ein Spannungsfeld zwischen den gegenläufigen Kräften des Auseinanderstrebens auf der einen und des Zusammenfindens auf der anderen Seite dar.

Eine Untersuchung, die sich mit der Frage auseinandersetzt, wie ein bestimmter Gegenstand in den verschiedenen Schweizer Sprachräumen vermittelt und behandelt wird, kann sich daher nicht damit bescheiden, Wortwahl und Wortgeschichte zu untersuchen; vielmehr gilt es, den politischen Hintergrund des Sprechens stets mitzubedenken. In diesem Sinne stellt das letzte empirische Kapitel eben dieses Zusammenspiel von Zentrifugal- und Zentripetalkraft ins Zentrum, das Wechselspiel von sprachbedingter Orientierung zum Ausland versus traditionell-heimatverbundenem Streben nach innen, und mündet damit in eine Analyse der Fremd- und Eigenbilder der Schweizer Sprachgemeinschaften in bezug auf die Natur.

1.3 Die Zeitungen als Spiegel des Alltagsgesprächs

Wenn untersucht werden soll, wie Natur und Gefährdung der Natur im Laufe dieses Jahrhunderts zur Sprache gebracht wurden bzw. noch immer im Gespräch sind, muss man auf ein Textkorpus zurückgreifen können, das die Sprache einer möglichst breiten Öffentlichkeit wiedergibt und sich gleichzeitig historisch genügend weit zurück verfolgen lässt. Die Wahl fiel deshalb auf Tageszeitungen.

1.3.1 Textkorpus und ergänzende Literatur

Es wurden für die deutsche, französische und italienische Schweiz je drei Tageszeitungen ausgesucht, die zudem das Meinungsspektrum der wichtigsten Parteien (freisinnig, katholisch-konservativ und neutral) abdecken. Da die (links)grüne Presse erst in der Nachkriegszeit in Erscheinung tritt, konnte sie nicht in die Untersuchung miteinbezogen werden. Das Korpus beruht auf folgenden Zeitungen:

	Deutschschweiz	Romandie	Tessin
katholisch	Vaterland	Liberté	Popolo e libertà/Giornale del Popolo
freisinnig-liberal	Neue Zürcher Zeitung	Journal de Genève	Il Dovere
neutral	National-Zeitung ab 1977: Basler Zeitung	Feuille d'avis de Lausanne ab 1972: 24 heures	Corriere del Ticino

Zwei der untersuchten Titel änderten im Lauf des Erhebungszeitraums ihren Namen. Aus der *Feuille d'avis de Lausanne* wurde 1972 die *24 heures*, während sich die *National-Zeitung* 1977 mit den *Basler Nachrichten* zur *Basler Zeitung* zusammenschloss. Die grösste katholische Zeitung aus dem Tessin, der *Giornale del Popolo*, erscheint erst ab 1916 (Bolliger, 1986: 9), so dass wir für die ersten zwei Zeitschnitte (1904 und 1913) auf den ebenfalls katholischen Titel *Popolo e libertà* ausweichen mussten.

Der zu erforschende Zeithorizont erstreckt sich von der Jahrhundertwende bis in die Gegenwart. Angesichts des für die Untersuchung zur Verfügung stehenden Zeitbudgets mussten wir uns damit bescheiden, stichprobenweise relevante Zeitschnitte (ZS) zu analysieren und auf eine Gesamterhebung zu verzichten; wir setzten zwischen den einzelnen Stichproben einen Abstand von ca. 10 Jahren. Bei der Bestimmung der Zeitschnitte gingen wir bewusst von der modernen Perspektive eines problematischen Verhältnisses zwischen Mensch und Umwelt aus; dies führte dazu, dass auch Artikel erhoben wurden, die zum Zeitpunkt ihres Erscheinens noch nicht explizit mit Natur in Verbindung gebracht wurden, obwohl sie sich aus heutiger Sicht auf wichtige umweltrelevante Sachverhalte beziehen; insbesondere betrifft dies Artikel über Automobilverkehr, Strassenbau, Energiegewinnung und -verbrauch sowie über Kriegstechnologien (insbesondere atomare Waffen).

Da diese Arbeit einer strengen empirischen Vorgehensweise verpflichtet ist und das Augenmerk sich strikte auf die Alltagssprache richten sollte, wurden Sekundärquellen nur dann herbeigezogen, wenn sie zur Erläuterung eines Befundes unabdingbar waren. Auch mussten wir aus Gründen der Arbeitsökonomie darauf verzichten, neben jenen historischen Werken, die sich mit der Umweltgeschichte im engeren Sinne auseinandersetzen, auch weiterführende historische Literatur beizuziehen, die es gestattet hätte, einzelne Zeitungszitate in ihren breiteren geschichtlichen Kontext einzubetten.

Ergänzend griffen wir hingegen wiederholt auf amtliche Übersetzungen zurück, um die Übertragbarkeit bestimmter, für einzelne Sprachgruppen spezifischer, Formulierungen zu überprüfen.

1.3.2 Wahl der Stichprobe und empirisches Vorgehen

Im praktischen Vorgehen wurden die Zeitschnitte gezielt anhand von umweltrelevanten Ereignissen unterschiedlichster Grössenordnung und Reichweite festgelegt, die vorgängig in amtlichen Publikationen, Umweltchroniken und Bulletins von Umweltschutzvereinen ermittelt worden waren. Diese Ereignisse dienten als Ersatz für eine zufällige Selektion, denn somit konnte erwartet werden, dass sich zumindest das ausgewählte Ereignis in den Zeitungen wiederfinden liesse. Mindestens ebenso wichtig, wenn nicht gar wichtiger, war jedoch die Erhebung der anderen, neben dem erwarteten Ereignis in der Zeitspanne von einer Woche erschienenen „Natur"-Meldungen. Das so zustandegekommene Textkorpus, das 3'587 Artikel umfasst, beruht auf folgenden Zeitschnitten und Ereignissen.

Zeitpunkt:	Ereignisse:
1. September 1904:	Abschuss des letzten wilden Bären in der Schweiz
2. November 1913:	Erste internationale Naturschutzkonferenz in Basel
3. Juni 1925:	Erlass des neuen schweizerischen Jagdgesetzes
4. Mai 1935:	Debatte über die Verankerung des Natur- und Heimatschutzes in Bundesgesetzgebung
5. Juli 1946:	Ausgangspunkt wäre hier eine zweite internationale Naturschutzkonferenz gewesen, die im Juli stattgefunden hat, indessen in kaum einer Zeitung erwähnt wurde; hingegen stiessen wir (bei der Suche nach Meldungen über besagte Konferenz) auf den ersten experimentellen Atombombenabwurf im pazifischen Ozean, der uns insbesondere wegen der neu entstehenden Fachterminologie interessierte
6. Juni 1958:	Bauern protestieren gegen die Fluorgas-Emissionen aus dem Aluminiumwerk Badisch-Rheinfelden.
7. November 1967:	Ölunfall im Wallis (fällt mitten in die Auseinandersetzung um Wasserqualität und Gewässerschutz und darf deshalb als eines der Schlüsselereignisse für die Umweltprobleme jener Zeit gewertet werden)
8. April 1979:	Reaktorunfall in Three Miles Island, Pennsylvania/ USA
9. Oktober 1989:	Erste Internationale Alpenkonferenz

1.3.3 Stärken und Schwächen der verwendeten Methode

Der grösste Vorteil des bei der qualitativen Textanalyse verwendeten methodischen Ansatzes liegt in seiner soliden theoretischen Grundlage: Mit dem Rückgriff auf die systemische Sprachauffassung von Saussure wird es möglich, über die kontextuelle Einbettung der untersuchten Schlüsselwörter Rückschlüsse auf die Werthaltungen zu gewinnen, die hinsichtlich dieser Wörter in der entsprechenden Sprachgemeinschaft vorherrschen.

In der praktischen Anwendung der Methode mussten aber aus pragmatischen Gründen Abstriche in Kauf genommen werden, die es bei der Interpretation der Ergebnisse zu berücksichtigen gilt.

So mussten wir uns damit bescheiden, beispielhaft einige ausgewählte Zeitschnitte auszuwerten, die weit auseinander liegen. Kurzfristige Schwankungen – sei es bei der Themenwahl, sei es bei der Verwendung einzelner Wörter – wurden dadurch nicht erfasst. Zugleich besteht die Gefahr, dass Einzelerscheinungen zu stark gewichtet werden, wenn sie zufällig in einen der Erhebungszeiträume fallen. Insbesondere dann, wenn in der vorliegenden Untersuchung Brüche und abrupte Veränderungen festgestellt werden, ist zu bedenken, dass die allmählichen Übergänge womöglich im weitmaschigen Erhebungsnetz verloren gegangen sind.

Eine weitere Einschränkung ergibt sich dadurch, dass mit den Zeitungstexten gewissermassen ein „Ersatz" für die Alltagssprache der breiten Bevölkerung erhoben wurde. Da unser Textkorpus für jede Sprache immerhin von mehreren Journalisten alimentiert wird, dürfte dennoch eine gewisse „Intersubjektivität" gewährleistet sein, die sicherstellt, dass stilistische Eigenheiten einzelner Schreiber nicht allzu stark ins Gewicht fallen. Auch wenn im folgenden die Ergebnisse unserer Untersuchungen jeweils auf einen ganzen Sprachraum bezogen werden, darf man nicht völlig ausser acht lassen, dass es allenfalls einen Unterschied zwischen der Sprache professioneller Schreiber und jener der breiten Bevölkerung geben könnte.

Auf eine quantitative Erhärtung der Ergebnisse wurde aus zwei Gründen verzichtet. Neben den allzu weit auseinanderliegenden Erhebungszeiträumen lässt nämlich auch der gewählte theoretische Ansatz eine quantitative Auswertung der Daten fragwürdig scheinen. Insbesondere die Ausführungen über die unterschiedliche „Wertigkeit" (Kapitel 1.1.2), welche den einzelnen Wörtern in den verschiedenen Sprachen zukommt, machen deutlich, dass eine vergleichende „1:1-Auszählung" einzelner Schlüsselausdrücke wenig Sinn machen würde: Die nachfolgenden Analysen zeigen, dass selbst bei vordergründig deckungsgleichen Wörtern wie z. B. ‚grün', ‚verde' und ‚vert' der Wert *(la valeur)* innerhalb der sprachlichen Systeme bei weitem nicht der gleiche ist: Je unterschiedliche Synonyme und Homophonien (Gleichklänge) legen nämlich die Position der Wörter in Bezug auf die anderen Ausdrücke im jeweiligen Sprachsystem unterschiedlich fest.

So gesehen, ist die nachfolgende quantitative Auszählung eher als Übersicht über das erhobene Material gedacht und nicht so sehr als inhaltliche Auswertung zu verstehen.

1.4 Quantitative Datenübersicht

Die Erhebung einiger quantitativer Daten soll wie gesagt den Überblick über das gesamte Korpus sicherstellen: Zu diesem Zweck wurde jeder Artikel ausgemessen und inhaltlich grob klassifiziert. Wir unterschieden dabei neun verschiedene Klassen beziehungsweise verschiedene Arten von thematischen Bezügen, in welche „Natur" gestellt werden kann: Namentlich kann sie in Erscheinung treten als:

- Objekt der Kontemplation
  (z. B. Reisebeschreibung, Tierbeobachtung, aber auch Artikel über sportliche Betätigungen in der Natur wie Bergsteigen und Wandern)
- wirtschaftliche Ressource
  (z. B. Land- und Forstwirtschaft, Natur als Energiequelle, Berichte über Nutztiere, Jagd und Fischerei)
- Objekt wissenschaftlicher Forschung
  (z. B. geographische Entdeckungen, Entdeckungen von Tier- und Pflanzenarten oder neue Erkenntnisse darüber, Weltraumfahrt)
- bedrohliche bis gar tödliche Kraft, welcher der Mensch ausgeliefert ist
  (z. B. Unwetter, Lawinen, Erdbeben, Vulkanausbrüche, gefährliche Tiere, Erdrutsche)
- störende Kraft, die der Mensch aber in die Schranken zu verweisen vermag
  (z. B. allgemeine technische Vorhaben, Lawinenverbauungen, Schädlingsbekämpfung, Hygiene und Seuchenbekämpfung)
- durch den Menschen bedrohte Grundlage/Kreatur
  (z. B. gefährdete Flora und Fauna, Klima und Ozon, bedrohte menschliche Gesundheit, Erschöpfung der Ressourcen, Abfallprobleme)
- Gegenstand einer Ausstellung, eines Kurses, d. h.: als sozial vermittelte Natur
  (z. B. Berichte über Landschaftsmalerei, Tier-, Mineralien- und Pflanzenausstellungen, Vorträge über Natur, Veranstaltungen, Kundgebungen, Protestaktionen, Gesetzgebung und Massnahmen hinsichtlich der Natur)
- Kuriosum

(z. B. skurrile Geschichten im Zusammenhang mit natürlichen Gegebenheiten, Sensationen).

Auch wenn die Datenbasis nicht ausreicht, um detaillierte quantitative Auswertungen vorzunehmen, vermag sie doch, eine grobe Übersicht über das gesamte Material zu geben und einzelne auffällige Entwicklungen deutlich zu machen.

Absolut betrachtet, stammen die meisten der 3'587 erhobenen Umweltmeldungen aus der Nachkriegszeit. Da der Umfang der Zeitungen kontinuierlich zunimmt, erstaunt es wenig, wenn von 1904 bis 1989 die Anzahl Naturmeldungen ebenso stetig ansteigt. Einzig im Jahr 1935 findet ein Einbruch statt. Dieser lässt sich mit dem erhöhten Interesse für Themen im Bereich der Aussenpolitik begründen.

Die nachfolgende Grafik 1 zeigt auf, wie sich die erhobenen Artikel auf die einzelnen Zeitschnitte verteilen. Sie umfasst auch „Technik-Meldungen", die nur indirekt mit der Natur in Zusammenhang stehen. Am kontinuierlichen Verlauf der Zunahme ändert sich hingegen auch dann nichts, wenn sich die Betrachtung auf die Naturmeldungen im engeren Sinne beschränkt.

Grafik 1: *Absolute Anzahl aller 3'587 erhobenen Artikel über „Natur" (inklusive Meldungen über Technik), verteilt auf die verschiedenen Zeitschnitte*

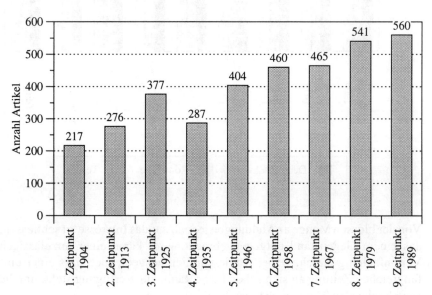

Grafik 2 klammert die Berichte über technische Errungenschaften aus und schlüsselt die Daten zudem nach Sprachgruppen auf. Der stetige Anstieg an Naturmeldungen ist für die deutsche und die italienische Schweiz nach wie vor ersichtlich. Abweichungen verzeichnet hingegen die Romandie, welche den Höchstwert von 1967 nicht wieder erreicht. Auch dieser Befund lässt sich durch den Zusammenhang zwischen Umfang der Zeitungstitel und Anzahl an Naturberichten erklären, fallen doch die beiden grössten Titel, die National-Zeitung und die Neue Zürcher Zeitung, beide in den deutschen Sprachraum.

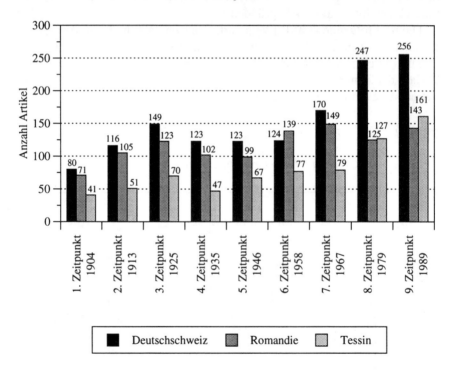

Grafik 2: *Absolute Anzahl Artikel, ohne Technik-Meldungen, nach Zeitschnitt und Sprache*

Von der blossen Menge an Meldungen jedoch auf das Interesse zu schliessen, das einem Gegenstand entgegengebracht wird, käme einer unzulässigen Vereinfachung gleich. Dabei würde nämlich ausgeblendet, dass einer umfangreichen Zeitung an sich schon mehr Raum zur Verfügung steht, um die verschiedensten Themen abzuhandeln.

1.4.1 Das öffentliche Interesse an der Natur

Geht man davon aus, dass eine Zeitung die ihr zur Verfügung stehende Fläche prioritär auf Themen von öffentlichem Interesse aufteilt, dann stellt der Anteil, der durch „Natur"-Artikel belegt wird, einen ersten Indikator für die Aufmerksamkeit dar, die diesem Thema zu einer gegebenen Zeit von einer bestimmten Leserschaft entgegengebracht wird. Grafik 3 beschränkt sich wie Grafik 2 auf die Naturmeldungen im engeren Sinn. Sie schliesst jene Artikel aus, die sich auf technische Vorhaben beziehen, welche zwar aus heutiger, nicht jedoch aus damaliger Sicht mit der Natur(problematik) in Zusammenhang gebracht werden. Berechnet wurde dabei der prozentuale Anteil, der am gesamten redaktionellen Teil (verstanden als bedruckte Fläche abzüglich Werbung und Sportteil) durch Naturartikel belegt wird.

Grafik 3:   Anteil an Naturmeldungen am gesamten redaktionellen Teil in Prozent

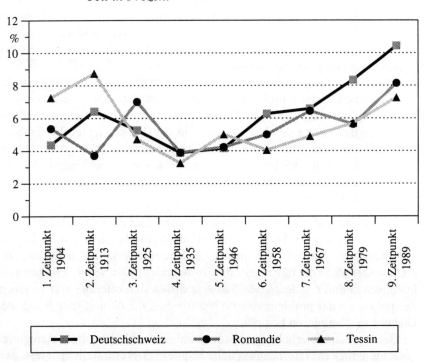

Es drängt sich auf, den Verlauf der drei Kurven in drei Segmente zu unterteilen, die durch einen je unterschiedlichen Naturdiskurs geprägt sind:

1. Phase: Kennzeichnend für die ersten drei Jahrzehnte unseres Jahrhunderts sind einerseits eine gesamthaft grosse Bereitschaft, sich mit der Natur auseinanderzusetzen, sowie andererseits die beträchtlichen Schwankungen, denen die Gewichtung der Umweltthematik in den drei Sprachräumen unterliegt. Dies führen wir darauf zurück, dass zu jener Zeit eine Naturbetrachtung im Vordergrund stand, die sich stark auf lokale Ereignisse und Gegebenheiten bezog; vor dem Zweiten Weltkrieg fiel das *Agenda setting* der verschiedenen Sprachräume uneinheitlich aus, weil die Zeitungen relativ eigenständig thematische Schwerpunkte setzten, die sich in erster Linie auf das eigene Verbreitungsgebiet bezogen.
2. Phase: Für die Jahrzehnte um den Zweiten Weltkrieg treten keine markanten Unterschiede zwischen den Sprachräumen mehr auf; entsprechend der Anzahl an Naturmeldungen stabilisiert sich auch das Gewicht, das dem Naturdiskurs zugestanden wird, auf einem niedrigen Niveau, was mit der Hypothese von U. Beck (1988) in Einklang steht, dass in wirtschaftlich angespannten Zeiten der Luxus einer kontemplativen Naturbetrachtung und die Sorgen um Natur und Umwelt von ökonomischen Zwängen in den Hintergrund gedrängt werden.
3. Phase: Die fünfziger Jahre schliesslich leiten die heutige Debatte ein: das Bewusstsein für Umweltprobleme nimmt zu, gleichzeitig konsolidiert sich die nach Sprachraum systematisch unterschiedliche Bewertung des Naturthemas: in der Tat gewichtet die deutsche Schweiz jetzt den Gesprächsgegenstand „Natur" durchgehend höher als die lateinischen Sprachräume, wobei anzumerken ist, dass diese ebenfalls einen steigenden Anteil an Naturartikeln aufweisen.

Aus diesen Befunden kann geschlossen werden, dass der vielbeklagte „Röstigraben" in der Umweltfrage zumindest quantitativ betrachtet keine historische Konstante darstellt. Vielmehr ist er eine relativ neue Erscheinung, die nicht weiter als in die fünfziger Jahre zurückreicht: Die Schere zwischen der lateinischen und der deutschen Schweiz öffnet sich offenbar erst zu jenem Zeitpunkt, als der problematisierte Naturbezug, die ökologische Krise, den Diskurs zu dominieren beginnt.

Ordnet man die erhobenen Naturartikel schliesslich in die 8 Kategorien unterschiedlichen Naturbezugs (siehe Kapitel 1.3.1) ein, stellt man fest, dass keine grossen Gewichtungsunterschiede spezifischer Themen durch die drei Sprachgruppen auszumachen sind – abgesehen von zwei Ausnahmen: So nähert sich die deutsche Sprachgemeinschaft bis in die fünfziger Jahre dem

Thema Natur mit Vorliebe unter dem Aspekt der Kontemplation, während der Anteil der Kategorie „Natur als Bedrohung für den Menschen" im deutschsprachigen Raum *unter* jenem der Romandie liegt. Da das Tessin in beiden Kategorien eine Mittelposition zwischen welscher und deutscher Schweiz einnimmt, ist die Annahme eines bipolaren Konstrukts im Sinne von „lateinischer Kultur" versus „deutscher Kultur" hingegen nicht zulässig. Zudem bleibt anzumerken, dass seit den späten sechziger Jahren die Kategorie „Natur als vom Menschen bedrohte Ressource/Kreatur" in allen Landesteilen den grössten Anteil an Naturmeldungen stellt.

1.4.2 Methodische Bemerkungen zur qualitativen Analyse

Während sich die quantitativen Auswertungen auf das gesamte Textkorpus beziehen, stützt sich das hier angewendete qualitative Verfahren jeweils auf eine gezielte Auswahl von Textpassagen: Da alle erhobenen Zeitungsmeldungen auf Datenträger gespeichert sind, konnten mittels Suchbefehl all jene Textstellen ermittelt werden, die einen bestimmten sprachlichen Ausdruck enthalten. Dadurch wurde es möglich, der kontextuellen Verwendung ausgewählter Wörter (etwa: ‚Umwelt', ‚grün' usw.) nachzugehen. Dieses Vorgehen gestattete es weiter, begründete Hypothesen über den spezifischen Wortgebrauch eines Sprachraums zu erstellen.

Um diese Hypothesen zu erhärten, wurden zur Ergänzung ausgewählte Übersetzungen hinzugezogen, die jeweils den direkten Vergleich von Wortwahl oder Umschreibung zuliessen.

Schliesslich griffen wir auch auf Lexika zurück, um Auskunft über die offizielle Wortverwendung einzuholen.

Die einzelnen Kapitel sind voneinander unabhängig und können daher in beliebiger Reihenfolge gelesen werden. Alle bestehen sie jedoch aus denselben Komponenten: Neben der Erläuterung der im Titel aufgeführten Hauptidee und dem Verweis auf den jeweiligen sprachwissenschaftlichen Ansatz wird das spezifische, aus dem Gesamtkorpus gewonnene Datenmaterial erklärt und beschrieben. Ziel jedes Kapitels ist es schliesslich, die markantesten Veränderungen in der Diachronie und die wichtigsten sprachspezifischen Unterschiede in der Synchronie hinsichtlich des gewählten Themenbereichs herauszuarbeiten.

Um ein Ausufern der Zitate zu verhindern, beschränken sich die zitierten Belege jeweils auf einen kleinen – aus unserer Sicht allerdings besonders aufschlussreichen – Teil des gesamthaft erhobenen Materials. Da in den Deutschschweizer Schulen Französisch die erste Fremdsprache ist, die gelernt wird, haben wir darauf verzichtet, die französischen Texte auf Deutsch zu übersetzen. Dagegen wurden die italienischen Passagen übersetzt, da Italienischkenntnisse auch in der Schweiz nicht allgemein vorausgesetzt werden dürfen.

2 Natur – nature – natura: Merkmale und Bildhaftigkeit eines zentralen Begriffs

In einer Arbeit, die sich mit den übergeordneten Naturvorstellungen in ihrer sprachlichen Vermittlung befasst, nimmt das Wort ‚Natur' zwangsläufig einen zentralen Platz ein. Insbesondere interessiert uns natürlich die Frage, ob ‚Natur' in allen Sprachen tatsächlich dasselbe bedeutet. Auf den ersten Blick scheint die Angelegenheit unproblematisch: ‚Natur' lässt sich ganz einfach mit dem französischen ‚nature' oder dem italienischen ‚natura' übersetzen – die drei Termini verweisen offensichtlich auf dieselbe aussersprachliche Entität –, denn die Wörter gehen auf denselben sprachlichen Vorfahren, nämlich auf das lateinische ‚natura' zurück: „(…) ahd. *natura* (9 Jh.), mhd. *nature* ist Entlehnung vom lat. *natura*, eigentl. 'Geburt, Geborensein', einer Bildung zu lat. natus 'geboren', Part. Perf. von lat nasci 'geboren werden, entstehen, wachsen'" (Pfeifer, 1989). Das lateinische Wort ist seinerseits als Lehnübersetzung des griechischen *physis* (von *physein,* ‚entstehen, geboren werden') übernommen worden.

Im Hinblick auf die Begriffsgeschichte ist zu erwähnen, dass der Terminus seine jeweils spezifische Bedeutung in der Gegenüberstellung in einem Begriffspaar erlangt. Beispiele dafür sind etwa die Paarungen von Natur und Geist, Natur und Geschichte oder Natur und Kunst, wobei die bekanntesten Begriffspaare von Aristoteles (Gegenüberstellung Natur-Mensch) und von Cicero (natura-voluntas) stammen. Die Scholastiker schliesslich unterschieden die schaffende Natur (‚natura naturans') von der geschaffenen Natur (‚natura naturata').

Im heutigen alltagssprachlichen Sinne gilt ‚Natur' gemeinhin als „derjenige Teil der Welt, dessen Zustandekommen (‚regelmässige' oder ‚gesetzmässige') Erscheinungsform und Wirken unabhängig von Eingriffen des Menschen sind bzw. gedacht werden können" (Mittelstrass, 1984). Wir wollen uns in dieser Arbeit in erster Linie mit der Natur als Daseinsform resp. als *natura naturata* auseinandersetzen.

Um auf die gesuchte, für alle untersuchten Sprachen geltende Referenzbedeutung zu gelangen, müsste es also völlig ausreichen, in einem Bedeutungslexikon die genaue Definition dieses Wortes nachzuschlagen. Für das Deutsche lässt sich im Duden (1985, Band 10) die referentielle Bedeutung z. B. nachlesen als „Gesamtheit aller organischen und anorganischen, ohne mensch-

35

liches Zutun entstandenen, existierenden, sich entwickelnden Erscheinungen".

Gemäss unserer Auffassung von Sprache ist hingegen ein solcher Lösungsansatz nicht zulässig. Da wir von der Sprache als einem System ausgehen, in welchem die Bedeutung resp. der Wert *(valeur)* der einzelnen Wörter einzig durch die Stellung und Kombination mit anderen Wörtern derselben Sprache abgegrenzt und definiert wird, reicht die Referenzbedeutung nicht aus, um den Sinn und die Stellung dieses Wortes in der jeweiligen Sprachgemeinschaft zu erfassen.

Wenn also im folgenden Kapitel auf die Bedeutung der Wörter ‚Natur'-‚nature'-‚natura' und deren Wandel eingegangen wird, so soll dies in einem streng sprachinhärenten Rahmen und basierend auf dem von uns erstellten Korpus geschehen. Zu diesem Zweck wurden zuerst all jene Textpassagen gesammelt, welche die gesuchten Wörter enthalten. Termini, die nicht im weit gefassten Sinn auf die Natur als „Gesamtheit der vom Menschen unangetasteten Dinge" (Schischkoff, 1991) verweisen, fanden dabei keine Aufnahme. Dies betraf insbesondere Verwendungen, welche das Wesenhafte einer Sache (z. B. „die Natur der Dinge"; „die Natur des Menschen") bezeichnen.

Auf der Basis dieses Unterkorpus wird in einem ersten Schritt auf die allen Sprachen gemeinsamen Verbindungen des Wortes ‚Natur-nature-natura' eingegangen. Insbesondere setzt sich dieses Teilkapitel mit der allgegenwärtigen Koppelung des Ausdruckes an die Vorstellungen der Schönheit auseinander.

Das zweite Unterkapitel greift die von Lakoff und Johnson (1980) vertretene Idee der Metaphorik auf und versucht, sie auf unser Datenmaterial anzuwenden. Die Personifizierung der Natur steht dabei im Zentrum der Betrachtungen.

Erst im dritten Teil soll dann, im Sinne einer Zusammenfassung der Methoden und Resultate, auf die spezifischen Unterschiede der Naturvorstellungen in den einzelnen Sprachen eingegangen werden.

Im vierten Teilkapitel steht nicht mehr die Natur als Entität im Zentrum, sondern die Natürlichkeit als Eigenschaft.

Das fünfte und letzte Teilkapitel setzt sich schliesslich mit dem Problem der Übersetzbarkeit neuer deutscher Begriffskreationen am Beispiel ‚naturnah' auseinander.

Ein Fazit fasst sodann die erarbeiteten Beobachtungen noch einmal zusammen und legt mögliche Folgerungen dar.

2.1 Aspekte der schönen Natur

Solange die Betrachtung aus einem unproblematischen Winkel heraus erfolgt (d. h. vorwiegend in der ersten Hälfte unseres Jahrhunderts), ist die vorherrschende Auszeichnung der (unberührten) Natur in allen Sprachen jene der *Schönheit*. Dabei kann sie in ihrer Integralität als schön bezeichnet werden (die Natur ist schön) oder als Gegenstand dargestellt sein, der aus schönen Teilaspekten besteht (die Natur besteht aus Schönheiten). Wichtig ist, dass die Idee einer an sich hässlichen oder aus solchen Bestandteilen zusammengesetzten Natur überhaupt nicht denkbar ist.

Damit wir auf allfällige sprachlich bedingte Unterschiede stossen können, müssen wir uns also mit der Beschaffenheit der verschiedenen Schönheitsbezeichnungen auseinandersetzen. Dabei fällt auf, dass nicht nur bei der Schönheitsempfindung als solcher, sondern auch bei der Qualität der Schönheit die Optik der drei Sprachkulturen grundsätzlich übereinstimmt: Die natürliche Ästhetik steht fast ausschliesslich in Verbindung mit den *räumlichen Dimensionen der Grösse* (grossartige Natur, *la nature grandiose*), der *Einzigartigkeit* (aussergewöhnliche Naturschönheiten, *le sue impareggiabili bellezze naturali, les beautés d'une incomparable nature*), des Reichtums (... strotzt die Natur von Überfülle, *tant de richesses naturelles, il ricco patrimonio di bellezze largito dalla natura*), der *Farbenvielfalt* und des *Lichts* (die farbensatte Natur, *ce beau pays ... que la nature a comblé de toutes ses splendeurs, la natura col suo trionfo di verde e di luce, di fiori dai cento colori*) und der gesellschaftlichen Dimension der *hierarchischen Spitzenstellung* (die majestätische Natur, Herrlichkeiten dieser Frühlingsnatur, *l'auguste majesté et beauté de la nature, una firma della potenza e bellezza della natura*). Wird die Natur vom ästhetischen Standpunkt aus betrachtet, sind also in allen Landesteilen Dimensionen der Kleinheit oder der Niedlichkeit vollkommen ausgeschlossen.

2.1.1 Schöne Natur und Poesie

Auffällig häufig taucht anfangs dieses Jahrhunderts in allen Sprachen die Assoziation zwischen schöner Natur und Poesie auf: so kann zum Beispiel eine natürliche Gegend poetisch sein oder die Malerei kann eine poetische Landschaft auf die Leinwand zaubern. Schliesslich wurde der Natur selber in der Lyrik schon immer ein zentraler Platz eingeräumt, und auch in unseren Zeitungen abgedruckte Gedichte enthalten in den meisten Fällen eine Naturbetrachtung.

Diese zwei Beobachtungen haben uns dazu bewogen, dem Zusammenhang von Naturbeschreibung und Poesie nachzugehen. Wir suchten zu diesem Zweck unser Korpus auf die Wörter ‚Poesie‘, ‚poetisch‘, ‚Dichtung‘, ‚Dichter(in)‘, ‚Gedicht‘, ‚Lyrik‘, ‚lyrisch‘ und die entsprechenden italienischen und französischen Ausdrücke ab.

Das wichtigste Resultat im Hinblick auf eventuelle Unterschiede zwischen den verschiedenen Sprachen sei schon vorweggenommen: Es konnte nämlich, was die Ausstattung des als ‚poetisch‘ empfundenen natürlichen Szenarios betrifft, zwischen den einzelnen Sprachen kein wesentlicher Unterschied festgestellt werden. Dies bedeutet wiederum, dass wir es mit einem sprachübergreifenden Assoziationsmuster zu tun haben, das mit grösster Wahrscheinlichkeit der gesamten mitteleuropäischen Kultur gemeinsam ist.

In vielen Fällen wird das ‚Poetische‘ schliesslich dem ‚Idyllischen‘ gleichgesetzt. Die Bedeutungen der beiden Wörter scheinen teilweise fast austauschbar zu sein, und die beiden Ausdrücke werden auch oft im gleichen Kontext verwendet. Im Lexikon der Ästhetik (1992:101) ist denn über das Idyllische folgendes nachzulesen: „[...] kennzeichnet die künstlerische oder dichterische Gestaltung einer kleinen, harmonischen Welt paradiesisch-utopischen Lebens – eine Welt [...] der ursprünglichen Natur, der verklärten Unschuld, der Anspruchslosigkeit, der Anmut und Grazie, in der noch keine Entzweiung von Natur und Geist, von Sinnlichkeit und Vernunft, von Individuum und Gesellschaft stattgefunden hat."

Damit handelt es sich beim Wort ‚Poesie‘/‚poetisch‘ um einen Ausdruck, der auf ein eigentliches sprachliches Ausdrucksfeld verweist, das zur Beschreibung der als schön empfundenen Natur herangezogen werden kann. Diesem Feld können noch andere, häufig verwendete Wörter angegliedert werden. So gehören neben den Ausdrücken ‚poetisch‘ und ‚idyllisch‘ insbesondere die Wörter ‚harmonisch‘ und ‚malerisch‘ (und ihre französischen und italienischen Entsprechungen) dazu.

Vergleicht man schliesslich die einzelnen Textpassagen, welche eine Landschaft oder Teile davon mit der Idee der Dichtung oder der Lyrik in Verbindung bringen, so fällt auf, dass die als ‚poetisch‘ qualifizierten Naturbilder in der Tat eine ganz bestimmte, eigene Naturerfahrung zum Ausdruck bringen. Diese Erfahrung lässt sich in drei Komponenten zerlegen:

In erster Linie handelt es sich dabei um eine *individuelle* und *persönliche Erfahrung*. Diese kann zwar mitgeteilt werden, doch sind solche Beschreibungen direkt an das Empfinden einer bestimmten Person gebunden und können nur in Abhängigkeit von einer ganz speziellen und klar definierten Situation überhaupt erfahren werden. Als Indiz für die situative und persönliche Abhängigkeit der poetischen Naturerfahrung gelten insbesondere die

Verwendung von Personalpronomina der ersten und zweiten Person und der Gebrauch von Demonstrativa. Diese gehören zur sprachlichen Kategorie der deiktischen Ausdrücke[1] und verweisen systematisch auf eine bestimmte (und in unserem Fall aussersprachliche) Referenzsituation.

> Auf einer Herbstwanderung ist es gewesen. Alles war schön, wohltuend, *poetisch*, mütterlich. Sonnenstrahlen, Blätter, Himmel und Glocken standen in einem innigsten Verhältnis zu *mir* und hiessen *meine* Wanderlust gut. (Vaterland 21.11.1913)

> Aber so manche [Legende] noch könnte man ersinnen, denn dieses Kind der Flora ist begeisternder Nektar für ein *poetisches* Gemüt! Und so schäumt einmal im Jahre die Kraft ihres Wesens auf zu brandenden Wogen eines, das trotz aller materiellen Gründe doch die letzte Kraft aus den Idealen ihres Wesens zieht. Und in diesem Sinne *wollen wir* das Fest erleben, der Musik der Formen lauschen! (Vaterland 13.06.1925)

> *Transportez-vous*, par la pensée, sur un sommet péniblement conquis. *Figurez-vous, à vos* pieds, des précipices immenses, et, tout *autour de vous*, un panorama de neige et de glace, s*avourez* la joie et la difficulté vaincue, le bonheur de vivre dans la plénitude de *votre* force physique, et *vous sentirez* alors ce que *nos poètes* chansonniers ont voulu exprimer [...]. (Feuille d'avis de Lausanne 17.11.1913)

> *Régale-toi* du spectacle de *cette fraîche verdure* toute en nuances tendres et claires. Chaque essence *te dira son poème* de jeunesse et de beauté [...]. (Feuille d'avis de Lausanne 16.5.35)

> Che *possiamo dir noi* di *questi* innumerevoli fiorellini, vari per colore, per profumi, per forme [...] *Ecco* i baldanzosi infilare un'erma valletta e romperne la sua monotonia e il suo silenzio ... *Eccoli* simbolo di fede, di speranza, di amore, di vita nell'immensa solitudine dell'alpe: Canto e *poema superbo* dalle strofe sonore e graziose, dai versi divini! (Popolo e Libertà 19.11.1913) (Was können wir über diese unzähligen Blümchen sagen, die sich in Farben, Düften und Formen unterscheiden. [...] *Da* schleichen sich die Kühnen in ein holdes Tälchen und brechen seine Monotonie und seine Stille ... *Da* sind sie Symbol der Treue, der Hoffnung, der Liebe, des Lebens in der unermesslichen Einsamkeit der Alp: Lied und stolzes Gedicht der wohlklingenden und anmutigen Strophen und der göttlichen Verse!)

---

1 Vgl. dazu Bussmann (1983) unter dem Stichwort *Deixis*: Eigenschaft bzw. Funktion sprachlicher Ausdrücke, die sich auf die Person-, Raum- und Zeitstruktur von Äusserungen in Abhängigkeit von der jeweiligen Äusserungssituation bezieht. Solche deiktischen Ausdrücke sind Personalpronomen (ich, du), Adverbialausdrücke (hier, dort) und Demonstrativpronomen (dieser, jener). Im Unterschied zu Eigennamen und Kennzeichnungen, die sich als situationsunabhängige Referenzmittel auf je verschiedene Objekte und Sachverhalte der Realität beziehen können, verweisen deiktische Ausdrücke entweder auf andere sprachliche Zeichen innerhalb eines gegebenen Texts (=textuelle D., Rede-D.) oder auf aussersprachliche Elemente in Relation zur jeweiligen Sprechsituation.

Zweitens basiert die „poetische Naturerfahrung" ganz stark auf den vom Erscheinungsbild der Natur evozierten Gefühlen. Es handelt sich neben der persönlichen und situativen Erfahrung in nicht geringerem Masse also auch um eine *emotionale Erfahrung*, wobei nicht nur die Natur selber, sondern auch bildliche Naturdarstellungen dazu geeignet sind, die Gefühlsebene anzusprechen.

> Was Heer schreibt, ist Poesie in ungebundener Form und will auch als Poesie gewürdigt werden. Die Skizzen „Matterhornzauber" und „Im Sternenschein" sind hervorragende Stücke verklärter, mit poetisch feinsehendem Auge gefühlter Natur. (Vaterland, 28.08.1904)
>
> Les Alpes vaudoises occupent-elles une place dans la littérature? Ont-elles inspiré des poètes? ... Nos pères y ont-ils éprouvé des *émotions nouvelles*, des *sentiments inédits?* (Journal de Genève 16.11.1913)
>
> Il nostro poeta nazionale C. Fr. Meyer, colui che così potentemente *sentì il fascino* delle nostre montagne. (Popolo e Libertà 19.11.1913) (Unser Nationaldichter, C. Fr. Meyer, er, der die Anziehungskraft unserer Berge so heftig spürte.)

Als dritte und letzte Komponente des „poetischen Naturbildes" gilt die *ästhetische Erfahrung*. Die einzelnen Textpassagen beschreiben und benennen die als schön empfundenen natürlichen Elemente, deren Beschaffenheit und Kombination. Dabei sei als auffälligste Qualität jene der Harmonie erwähnt, eine Eigenschaft, die ihrerseits wieder stark auf das Paradiesische, und, wie eingangs erwähnt, auf die Idee der Idylle verweist.

Vergleichen wir die aus den einzelnen Texten gewonnenen Erfahrungskomponenten der poetischen Landschaftserfahrung mit der eigentlichen Bedeutung des Wortes, als Name einer literarischen Gattung, so stellen wir fest, dass zwischen der hier dargelegten Wortverwendung und dem eigentlichen Gebrauch einige Parallelen gezogen werden können: auch die Poesie (Lyrik) basiert auf der individuellen (Eindruck des Gedichts auf den einzelnen), der emotionalen (innere Bilder und Gefühle, die vom Gedicht evoziert werden) und der ästhetischen Erfahrung (künstlerisch-kreative Handlungen). Einzig die sprachliche Erfahrung (sprachinhärente Sinnproduktion und -kombination) wird bei der poetischen Naturerfahrung durch die visuelle Ebene ersetzt. Aufgrund dieser Begriffsstrukturierung ist es denn auch erklärbar, weshalb die schöne und Gefühle erweckende Natur mit Worten geschildert wird, die dem sprachlichen Feld der Lyrik angehören resp. warum oft einzig das Gedicht die angemessene sprachliche Form zur Wiedergabe dieser Naturvorstellung zu sein scheint. In einzelnen Passagen wird gar ausdrücklich darauf hingewiesen, dass die Sensibilität der Künstler eine notwendige Voraussetzung ist, um die von der Natur ausgehende Idylle wirklich empfinden und sodann in der passenden Form beschreiben zu können.

Aber so manches könnte man ersinnen, denn dieses Kind der Flora [die Narzisse] ist begeisternder Nektar für ein poetisches Gemüt. (Vaterland 13.06.1925)

Per descrivere la cascata del Niagara bisognerebbe essere poeti. (Il Giornale del Popolo 26.06.58) (Man müsste Dichter sein, um den Niagarafall beschreiben zu können.)

Aber auch die poetische Natur an sich verfügt über fest umgrenzte Eigenschaften: In Übereinstimmung mit der Tatsache, dass die schöne Natur vorwiegend aus der individuellen Perspektive beschrieben wird, sind andere Menschen (ausser dem Betrachter) im Kanon nicht enthalten. Nicht nur die soziale Komponente des Mitmenschen, auch Tiere oder Geräusche, die auf die Anwesenheit selbiger schliessen lassen, werden vollständig ausgeblendet, so dass der Betrachter allein dem Landschaftsbild gegenübertritt. Ein wichtiger Wesenszug dieses Bildes, das vor allem auf den visuellen Komponenten Licht und Farben beruht, ist die Stille, die Einsamkeit und die Ruhe. Nur in der Abgeschiedenheit, abseits vom Lärm der Zivilisation, so scheint es, ist die Erfahrung der poetischen Natur, der friedlichen Idylle, überhaupt möglich.

Die Poesie einer *stillen* Park-, Fluss-, oder See*landschaft* in ihrer Intimität oder unendlichen Weite ist gültig Form geworden. (Vaterland, 06.11.67)

Dieses Tales holder Friede/Däucht mir fast zu schön zum Liede./Diese stolzen Felsenstirnen/Scheinen schwachen Sang zu zürnen./Diese schneebedeckten Zinken/Mahnen: lass die Leier sinken./Höre deinem Schöpfer zu!/Sprich: *ich schweige, rede du!* (Vaterland 28.08.1904) [Es handelt sich hier um ein Gedicht.]

Quant' au *Soir dans les Landes* de M. Louis Pastru, si nuancé, si délicatement harmonieux c'est un hymne à la fois discret et fervent, à la beauté apaisante de la nuit qui tombe sur la plaine engourdie, *loin du bruit inutile des villes*. (Journal de Genève 01.09.1904)

In un articolo della Rivista tecnica abbiamo letto, e in parte condiviso, un rimpianto sulla graduale scomparsa di località e di edifici che avevano uno speciale fascino locale, che esalavano un profumo di grazia, di poesia, e diciamolo, di romanticismo. La Rivista tecnica richiama specialmente la Chiesa dei Frati cappuccini; semplice, modesta, rannicchiata lassù [...] fra il verde e la *solitudine*, ed ora formata [...] attorniata non più dal verde e dalla solitudine, ma da case, da ville e *rumori* di ogni sorta. (Il Corriere del Ticino 18.11.1913) (In einem Artikel der Technischen Revue haben wir [einen Beitrag] gelesen, und zum Teil sind wir damit einverstanden, der das stufenweise Verschwinden von Räumlichkeiten und Gebäuden bedauert, die einen speziellen lokalen Charme hatten und die einen Duft der Gnade, der Poesie, und

> – der Romantik verströmten. Die Technische Revue nennt im Speziellen die Kapuzinerkirche, die, einfach, bescheiden, dort oben [...] zwischen dem Grün und der Einsamkeit kauerte und nun vollständig verändert [...] nicht mehr vom Grün und der Einsamkeit umgeben, sondern von Häusern, von Dörfern und Lärm jeder Art.)

Da es sich ja um eine ausschliesslich emotionale Naturerfahrung handelt, sind aus der poetischen Landschaftsbetrachtung die rationalen Elemente weitgehend ausgeschlossen. Eine natürliche Umgebung kann nur dann ‚poetisch' sein, wenn sie sich über die praktischen, alltäglichen Dinge hinweghebt.

Der Rationalität wird mit verschiedenen Techniken begegnet: Da ist die sprachliche Stilebene der Dichtung, die, oft mit semantisch ungenauen, abstrakten Wörtern hantierend, willentlich an die emotionale Wirkung des Wortes appelliert (was gerade die Wörter ‚poetisch', ‚idyllisch' und ‚harmonisch' eindrücklich bestätigen). Aber auch mit anderen rhetorischen Mitteln wie Figuren, Vergleichen und, auffällig häufig, Personifizierungen, wird dem Poetischen der Natur in angemessener sprachlicher Form begegnet: *Montreux, [die] sonnengeküsste Stadt, das sterbende Wasser, le beau mois d'août nous a fait ses adieux, la satisfaction riche et féconde du sol qui a bu les rais du soleil, località ... che esalavano un profumo di grazia, innumerevoli fiorellini ... si slanciano all'assalto dei nostri monti.*

Ein eigentliches Schlüsselwort macht schliesslich die Ablehnung des rational Fassbaren explizit. In der poetischen Landschaftsbetrachtung soll und darf nichts erklärt sein, und so ist es genau dieses Unerklärliche, das mit den Wörtern ‚geheimnisvoll', ‚mystère' evoziert wird:

> Es ist das geheimnisvolle Weben der Natur, das hier zum Ausdruck kommt. (Vaterland 6.11.67)
>
> Il y a là l'inquiétude atténuée de l'orage et les mystères de la nuit qui tombe. (La Liberté 4.9.1904)
>
> Terre-Neuve la mystérieuse
>
> Terre-Neuve reste encore une grande inconnue. [...] Cette île pittoresque, variée, imprégnée d'une sauvage poésie [...].(Feuille d'avis de Lausanne 28.7.58)

Die Begegnung des Menschen mit der unfassbaren Natur kann schliesslich um das Prinzip des Göttlichen erweitert werden. Damit erhält das Natürliche in der poetischen Landschaftsbeschreibung gar ein transzendentales Moment:

> Auf einer Herbstwanderung ist es gewesen. Alles war schön, wohltuend, poetisch, mütterlich. [...] es trägt alles seinen Wert in sich, wenn es mit dem rechten Geist und in der Wahrheit getan ist. Und: Gott lässt seine Sonne leuchten über Gerechte und Ungerechte. (Vaterland 21.11.1913)

> Régale-toi du spectacle de cette fraîche verdure toute en nuances tendres et claires. Chaque essence te dira son poème de jeunesse et de beauté [...] Le sanctuaire est ouvert tout grand pour toi, le vaste sanctuaire de la nature, avec les petits sancturaires des chapelles, et les petits capuchons des clochers rustiques. (Feuille d'avis de Lausanne 16.5.35)

Eine weitere Technik, die das Gefühlsbeladene von poetischer Natur und Landschaft hervorhebt, besteht im Entfliehen aus dem realen Leben in die Vergangenheit. Als poetisch empfundene, städtische Architektur ist immer auch alt, bedeutet daher Tradition, Verwurzelung – Gegenbild der modernen Zivilisation – und steht in engem Zusammenhang mit dem „Pittoresken" der ikonographischen Tradition.

> Depuis cinq semaines, on éventre le Bourg-de-Four. De l'église Luthérienne jusqu'au bas d'Etienne-Dumont, *les jolis pavés ronds ont été enlevées, qui faisaient la poésie du quartier.* [...] La poésie? La Ville n'en veut plus. La Ville veut qu'on refasse les façades! (Journal de Genève, 09.06.1925)

> Que de poésie dans cette vue d'hiver No 28 [...]! Dans les paysages groupés dans cette exposition, il y a une modeste petite toile où tout est si parfaitement senti et peint *qu'elle est un chef-d'oeuvre, c'est Vieilles maisons* avec un fond de falasie surmonté des fines silhouettes de Notre-Dame de Lorette. (La Liberté 18.5.1935)

> *Les vieux toits d'Estavayer ont d'ailleurs fait vibrer le coeur de plus d'un poète.* Leur physionomie *pittoresque* et leur charme discret confèrent à la cité un cachet particulier. (La Liberté 3.11.1967)

> Spesso però, per far luogo a moderne costruzioni ed a restauri, è giocoforza sacrificare degli edifici che caratterizzavano l'architettura di altri tempi, architettura semplice, ma piena di poesia e di nobilità. [...] La chiesetta dei Frati che sorgeva modesta, ma piena di armonia dalla ripida strada [...]. [...] ma il sacrificio di questa poetica facciata, che, modesta ma aristocratica, riposava fra il verde della natura ed il mistico sagrato che la scostava dalla strada quasi perché meglio si potesse ammirarla [...]. (Popolo e Libertà 22.11.1913) (Um modernen Bauten und Renovationen Platz zu machen, ist es hingegen oft unumgänglich, Gebäude zu opfern, welche die Architektur früherer Zeiten ausmachten, eine einfache Architektur, aber voll der Poesie und der Edelkeit. [...] Die kleine Mönchskirche, welche, bescheiden, aber voll der Harmonie, aus der steilen Strasse emporragte [...]. [...] aber die Opferung dieser poetischen Fassade, die, bescheiden aber aristokratisch, mitten im Grün der Natur ruhte und der mystische Kirchplatz, der sie von der Strasse wegrückte, als ob man sie [so] besser hätte bewundern können [...].)

Auch die Technik des Journalisten folgt ganz dem Prinzip der Realitätsverdrängung: indem die Aussage in die Erzählform, in die Form der Vorstellung und der Fiktion, gebracht wird, indem der Leser direkt aufgefordert ist, sich eine bestimmte Situation vorzustellen oder dadurch, dass die Aussage in einer Traum- und Vorstellungswelt angesiedelt wird.

> Aus einer hochlyrischen Legende spriesst die geistige Form dieser Blume, deren Duft bacchantische Kraft besitzt, bei aller Lichtheit ihrer äusseren Form, denn Narzissen sind nur die blühenden Tränen des Gottessohnes Narzisses. Aber so manche noch könnte man ersinnen, denn dieses Kind der Flora ist begeisternder Nektar für ein poetisches Gemüt! (Vaterland 13.06.1925)
>
> Régale-toi du spectacle de cette fraîche verdure toute en nuances tendres et claires. Chaque essence te dira son poème de jeunesse et de beauté. (Feuille d'avis de Lausanne 16.5.35)
>
> Vi sono luoghi privilegiati la cui immagine si imprime nella nostra mente e il cui ricordo fa rinascere in noi quella sensazione di bellezza, di poesia e di pace, che ci scosse e ci deliziò dinanzi al paesaggio. (Il Corriere del Ticino 28.06.58) (Es gibt privilegierte Orte, deren Bilder sich in unser Gedächtnis einprägen und die Erinnerung an sie lässt in uns die Empfindung von Schönheit, Poesie und Frieden wiederauferstehen, welche uns erschütterte und uns vor der Landschaft in Entzücken fallen liess.)

Schliesslich, und auch diesen Aspekt können wir der emotionalen oder irrationalen Ebene beiordnen, ist die poetische Natur eine auf den Menschen wirkende Kraft. Nicht nur heilt sie Geist und Körper und tut in allen Belangen Gutes, sie prägt die Menschen, die in ihr aufwachsen, stattet sie mit positiven Eigenschaften aus und bringt selber ethisch wertvolle Subjekte hervor. Neben dem irrationalen Moment (es ist eine unergründete Kraft) verbinden sich hier das ethische Moment (die Güte der Natur und der von ihr hervorgebrachten Menschen) mit dem ästhetischen, denn diese Natur ist ja, weil poetisch, immer auch harmonisch und schön.

> Auf einer Herbstwanderung war es gewesen. Alles war schön, wohltuend, poetisch, mütterlich. Sonnenstrahlen, Blätter, Himmel und Glocken standen in einem innigsten Verhältnis zu mir und hiessen meine Wanderlust gut. Ihnen durfte ich trauen. Und Qualen und Reue, Sorgen und getanes Unrecht fielen ab von mir wie morsches Zunder. (Vaterland 21.11.1913)
>
> Da war die Natur Italiens, wo jede Last des Lebens sich leichter trägt, wo der Duft der Blumen und seine Poesie über Leiden des Körpers und der Seele hinweghebt. (Vaterland 12.06.1925)
>
> Das Filmgedicht von armen Bergamasker Bauern [...] ein Filmgedicht über Land und Landschaft, die den Menschen formt. (Vaterland 03.04.79)
>
> Les Alpes vaudoises occupent-elles une place dans la littérature? Ont-elles inspiré des poètes? Leurs beautés naturelles se sont-elles réflétées dans des oeuvres d'art? Nos pères y ont-ils éprouvé des émotions nouvelles, des sentiments inédits? (Journal de Genève 16.11.1913)
>
> Vedevo infatti i nostri ticinesi, ritornati fra noi, far attiva ed autorevole propaganda a favore d'una coltura estetica basata su larga conoscienza, e su sacro rispetto della natura, fonte pura ed inesauribile d'arte, di poesia, di gioia. (Il Corriere del Ticino 18.11.1913) (Tatsächlich sah ich unsere Tessiner, die wieder zu uns zurückgekehrt waren, für eine ästhetische Kultur auf der Basis

breiten Wissens und dem heiligen Respekt der Natur, der reinen und unerschöpflichen Quelle von Kunst, Poesie und Freude, aktive und gewichtige Propaganda betreiben.)

E vedete nel n. 126 una prova interessante del suo lirismo. [...] E dal nostro paese derivò [sic] alcune virtù congenite, rare in molti illustrissimi stranieri: il senso dell'armonia, l'amore del vero, la logica, l'istinto della misura. (Il Corriere del Ticino 08.06.1925) (Und bei Nr. 126 sehen sie einen interessanten Beweis seiner Lyrik. [...] Und aus unserem Land entstammen einige angeborene Tugenden, die bei manchen hochberühmten Ausländern schwer anzutreffen sind: der Sinn für die Harmonie, die Liebe zur Wahrheit, die Logik, der Instinkt des Masses.)

Interessant ist der Aspekt des ‚Poetischen' in der ästhetischen Naturerfahrung insbesondere deshalb, weil es sich um einen ganzen Assoziationskomplex handelt, der offenbar in der heutigen Zeit nicht mehr hergestellt werden kann. Zwar treten Wörter wie ‚idyllisch', ‚romantisch', ‚malerisch' oder ‚harmonisch' vor allem in Reiseprospekten und Reiseberichten noch auf, doch die poetische Naturbetrachtung mit ihren speziellen Ausprägungen scheint endgültig der Vergangenheit anzugehören. Im deutschsprachigen Korpus taucht das Wort schon im Zeitschnitt von 1967 zum letzten Mal auf.

Verschiedene Gründe können zur Erklärung dieses Phänomens beigezogen werden. Einer davon ist die Veränderung des Zeitungsstils, der sich in einer zunehmend neutralen, unpersönlichen Berichterstattung ausdrückt. Aber auch die fortschreitende Problematisierung des Verhältnisses Mensch-Natur, das Einfliessen von Texten aus wissenschaftlich-technischen Bereichen und die damit einhergehende Rationalisierung des Naturdiskurses respektive die allmähliche Verlagerung hin zum heutigen neutralen und unpersönlichen „Umweltdiskurs" tragen unweigerlich zur Verbannung dieser Sichtweise bei. Nicht zuletzt handelt es sich um eine weiterreichende und übersprachliche kulturelle Veränderung, die sich unter anderem im abnehmenden Stellenwert der Lyrik und der sinkenden gesellschaftlichen Anerkennung der Dichter ausdrückt.

2.1.2 Die unberührte Natur

Wie bereits bei der Analyse des Zusammenhangs von Poesie und Natur geht auch diesem Abschnitt die Beobachtung voraus, dass bei der Beschreibung der schönen Natur bestimmte Wörter und semantisch verwandte Wortgruppen eine bevorzugte Stellung innehaben. So stellten wir bei den deutschsprachigen Artikeln eine auffällige Häufung der Wörter ‚unberührt' oder ‚Unberührtheit' fest. In Abgrenzung zur Idee des Poetischen, bei welcher neben der Natur insbesondere die Gefühlslage des Naturbetrachters ins

Zentrum gerückt war, geht es bei der Idee der Unberührtheit im deutschen Korpus um eine der wichtigsten Qualitäten der schönen Natur an sich. Es ist deshalb nicht verwunderlich, dass die Unberührtheit zumindest auch heute noch als zentrales Element der Naturbeschreibung gilt und folglich in unvermindertem Ausmass gebraucht wird. Um sich über diese Tatsache zu vergewissern, genügt es, eine beliebige Zeitung oder Zeitschrift aufzuschlagen, die eine etwas ausgedehntere Naturbeschreibung enthält:

Von Mastix und idyllischen Buchten

[...]

Unberührte Landschaften

Chios ist noch weitgehend „touristisches *Niemandsland"*. Durch die Tatsache, dass die Inselbewohner nicht auf die Einnahmen aus dem Tourismus angewiesen sind, ist bisher wenig entsprechende Infrastruktur entstanden, was all jenen zugute kommt, die in den Ferien keinen organisierten Jubel und Trubel suchen. Sie werden mit *wahrhaft unberührten*, zum Wandern verlokkenden Landschaften entschädigt [...]. Wer sich nicht scheut, die Mühen eines Fussmarschs auf sich zu nehmen, kann hier *schönste, total einsame Strände* finden [...]. Im allgemeinen aber bleibt allen, die *ursprüngliche Landschaften, „unverdorbene" Berg- und Fischerdörfchen* und *entlegene Strände* aufspüren wollen, ein grosses Betätigungsfeld. (Brückenbauer 26.07.95, S. 56, Rubrik „Reisen")

Dabei ist es nicht bloss die Natur oder die Landschaft, deren Unberührtheit als schön empfunden wird. Auch kleine Städtchen, Dörfer oder Plätze, deren historisch weit zurückliegende Architektur erhalten blieb, werden gerade aufgrund der Integrität als ästhetisch wertvoll eingestuft.

Interessant ist dabei, dass diese ästhetische Kategorie nicht in erster Linie als Antwort auf eine vielleicht verständliche Sehnsucht der zivilisationsüberdrüssigen Gesellschaft jüngerer Zeit verstanden werden kann. Ganz offenbar handelt es sich um eine dem deutschen Sprachraum eigene Konstante, wie die Auszüge aus unserem Textkorpus klar belegen:

Die efeuumrankten Baumstämme geben dem Wald *etwas eigentümlich Unberührtes*, geheimnisvoll Schweigsames, an Waldmärchen und Sagen erinnernd. Zwischen den weissschimmernden Stämmen der Birken und Silbertannen weben die von seitwärts her gedämpft durchbrechenden Sonnenstrahlen einen bläulichvioletten Schleierhauch, der wie luftige Traumgestalten durch den Wald gleitet, so dass wir plötzlich erstaunt stehen bleiben und der lieblichen, langsam sich auflösenden Luftspiegelung folgen. (NZZ 28.08.1904)

Das schönste Stück der Fahrt tut sich vor uns auf. Näher treten die Ufer zusammen, Fabrikkamine und Häuser sind ganz verschwunden, ruhig liegt der Strom in seinen dicht bewaldeten grünen Ufern, *unberührte Natur umgibt uns völlig*. Der Duft der Akazien erfüllt die Luft, aus stillen Uferwinkeln, über die der Wasserhahnenfuss seine grünweissen Rasen gewoben, schrecken da und dort Wildenten auf und die Uferschwalben schwärmen um ihre Nistlöcher in der lehmigen Böschung. (National-Zeitung 08.06.1925)

„La Neuveville" zeigt prächtige Aufnahmen aus dem Bielerseestädtchen Neuenstadt, das mit seinen mittelalterlichen Monumenten, *seinen unberührt erhaltenen Strassenzügen*, seinen Bürgerhäusern und Landgütern zu den reizvollsten Kleinstadtbildern der französischen Schweiz zählt. (NZZ 03.07.1946)

In steilen Kehren führt nun ein anderer Weg direkt nach Verdasio hinunter. *Wenige Dörfer tragen noch diese Unberührtheit* und diese architektonische Geschlossenheit in sich, wie hier. Wir staunen ob der Blumenfülle zwischen den alten, grauen Mauern, denn solches ist man sonst in diesen Gegenden nicht gewöhnt. Still und beschaulich ist die ganze Siedlung und kein Mensch ist zu sehen ... (NZZ 05.07.1946)

Gewiss mag man das allmähliche Verschwinden freundlich-ländlicher Gebräuche bedauern, aber darf man deshalb von dieser Bevölkerung verlangen, abseits zu leben von der übrigen Gesellschaft und von jeder Neuerung *unberührt* zu bleiben, und das alles nur, um die Wünsche einiger gebirgsfreudiger Städter zu befriedigen, die hie und da gelegentlich im Tal erscheinen? (NZZ 28.06.1958)

Der Hegau ist gut erschlossen, und es fehlt auch nicht an heimeligen Gast- und Rasthäusern. Doch ist er, *dank seinen landschaftlichen Schönheiten und den Reizen seiner unberührten Natur*, ein ideales Wandergebiet. (NZZ 12.10.89)

Es stellte sich nun die Frage, ob eine vergleichbar enge Koppelung von Schönheit und Unberührtheit auch in den anderen Landesteilen nachgezeichnet werden kann. Zu diesem Zweck suchten wir in der französischen und italienischen Sprache nach semantisch verwandten Wörtern des deutschen ‚unberührt'. Dabei stiessen wir neben den Ausdrücken ‚intouché', ‚intouchable' – ‚non toccato', ‚intoccabile' und ‚inviolé', ‚inviolable' auf den in diesem Zusammenhang offenbar nur von den lateinischen Sprachen verwendeten Ausdruck ‚jungfräulich' (‚vierge' – ‚vergine'). In beiden Sprachen tritt das Wort nämlich in syntagmatischen Fügungen auf, die auf bestimmte, vom Menschen noch unberührte Naturzustände verweisen: ‚forêt vierge' und ‚foresta vergine' für ‚Urwald' und ‚sol/terrain vierge' für ‚unbebauten Boden'.

Auch wenn das Wort im deutschsprachigen Korpus nicht erwähnt wird, wagen wir deshalb die These eines engen assoziativen Zusammenhangs zwischen dem Konzept der „Unberührtheit" und der Vorstellung der „jungfräulichen Natur". Ob es sich bei diesem Wort um ein Archilexem handelt, also um ein Wort, dessen Inhalt alle Bedeutungen des hier untersuchten Wortfeldes umfasst, lassen wir offen.

47

Jungfräuliche, unberührte Natur in den französischen Texten
Vergleichen wir nun die aufgrund der Wörter ‚vierge', ‚(in)violé', ‚(in)violable', ‚(in)touché' und ‚(in)touchable' herausgefilterten Textpassagen mit der deutschsprachigen kontextuellen Umgebung von ‚unberührt', so fällt sofort auf, dass die Kontexte der französischen Sprache deutlich weniger idyllisierend wirken. Nicht nur ist es offensichtlich, dass in der französischen Sprachgemeinschaft die Gleichung ‚unberührt'/‚jungfräulich'=‚schön' keineswegs mit der im Deutschen beobachteten Linearität vollzogen wird, sondern auch, dass die beobachteten Kontexte deutlich besser fassbar und näher an die Realität gerückt sind.

Artikel mit ‚vierge':

L'île était jadis revêtue de forêts profondes, aux essences les plus variées. *Aujourd'hui, il n'existe plus de forêt vierge proprement dite*, à moins que l'on veuille donner ce nom au fouillis de la végétation qui obstrue certains vallons supérieurs; mais il reste encore des bois fort beaux, surtout dans la montagne et le long des rivières où ils jouissent de la protection des lois. (La Liberté 30.08.1904)

La forêt vierge barre le fond de la pièce d'eau. Elle existe sur tout le pourtour de la propriété, avec une profondeur d'un kilomètre au moins. La volonté du maître n'a point voulu que le feu dévastateur anéantisse partout la végétation impénétrable à l'homme. Il a sagement agi. Que n'a-t-on fait de même dans la pluparts des exploitations? Le sol est ainsi plus frais, les sources restent abondantes et plus régulières.[...] On a dans ce vaste domaine, entouré par *la forêt vierge*, une impression de calme, de vie saine et large, e l'on oublierait la ville, dans le désir d'un long séjour, si n'était la sonnerie du téléphone. (Feuille d'avis de Lausanne 08.06.1925)

Le premier convoi partit enfin au mois de juillet 1822. *Il n'allait pas trouver un sol vierge*. Depuis longtemps, il exsitait [sic] dans ces régions des vignobles produisant des vins de qualités différentes et celui d'Ackermann était le plus ancien et le plus remarquable. (Feuille d'avis de Lausanne 13.06.1925)

Voir [...] *La rose, vierge encore*, se refermer jalouse,
Sur le frelon nacré qu'elle enivre en mourant ...
Le calendrier des poètes ne coïncide pas avec l'„Annuaire du bureau des longitudes", pas même avec le bon „Messager de Berne et Vevey". Les nuits sont fraîches; [...]. (Feuille d'avis de Lausanne 17.05.1935)

Terre française depuis 1604, la Guyane évoque les forêts, les fleuves, les sentiers de l'Eldorado, le bagne aussi, que la végétation commence à engloutir. Dans ce département d'outre-mer aux horizons infinis et *aux terres encore vierges*, il ne faut chercher ni du tourisme reposant, ni du tourisme balnéaire. La Guyane, c'est encore l'aventure, les courses en pirogue, l'expédition mesurée, [...]. (Feuille d'avis de Lausanne 30.03.1979)

Artikel mit ‚(in)violé':

> D'après les nombreuses observations faites par le garde et par des visiteurs, le bouquetin s'est fort bien acclimaté et est parfaitement revenu à l'état sauvage. [...] On a au cours de l'année reconnu avec certitude l'existence de douze représentants de l'espèce séjournant tantôt dans les rochers du Terza, tantôt au Piz Murter et autour de l'Uerts del Diavel où, sous des rochers en surplomb, les dourrés de pins de montagne et les anfractuosités – presque des cavernes – leur offrant *un asile inviolable*. Ces animaux sont fort farouches. [...] (Feuille d'avis de Lausanne 10.06.1925)

> Les huit montagnards et les onze sherpas se groupent devant les tentes, pour étudier la montagne et y chercher la route qui les conduira au succès. C'est qu'il faudra franchir encore une dénivellation de 3500 mètres, *pour vaincre ce „8000" encore inviolé* ... (Feuille d'avis de Lausanne 23.06.1958)

> ... très inquiets des effets désastreux des nuages d'acide sulfurique sur *leurs natures inviolées* – 20 000 lacs en Suède sont „morts" ces dernières années – les Etats scandinaves attendent des pays industrialisés du centre de l'Europe (Grande-Bretagne, Allemagne fédérale, Nord de la France, Pologne, RDA, Tchécoslovaquie) qu'ils prennent des engagements précis sur des mesures concrètes. (Journal de Genève 30.03.1979)

> On sent ces fermes habitées comme depuis l'antiquité par des générations de paysans, par mimétisme les toits au longs pans doucement inclinés finissent par se faire collines arrondies, les forêts semblent *inviolées et inviolables*, les gens marchent avec l'assurance calme de ceux qui savent le rythme des saisons, les chevaux sont des archétypes de la force et de la liberté, les villages se serrent les murs comme les membres des familles nombreuses d'autrefois se serraient les coudes. (Journal de Genève 04.04.1979)

> Rapporter une image absolument inédite *des territoires inviolés* de l'Amérique du Sud, et particulièrement de l'Amazonie, tel était le but de l'expédition italienne [...]. Pénétrant dans la jungle inexplorée du Matto-Grosso, traversant les dangereux marécages du Paraguay, franchissant les fleuves de Bolivie, les chaînes sauvages des Andes et les immenses lacs des hauts plateaux péruviens, ils ont vécu la plus passionnante et la plus exaltante des aventures [...]. (Feuille d'avis de Lausanne 02.04.1979)

> Dans „Vaud, vision de rêves", Imsand a donc composé une sorte de balades colorées de *paysages inviolés* ou si protégés que l'idylle pointe au bout du champ. Certains esprits soucieux de réalisme crieront à la supercherie. Vaud n'a rien d'un paradis. Il faut lire la préface que signe le photographe pour comprendre sa démarche. (La Liberté 07.10.89)

Artikel mit ‚toucher':

> Au Bourg-de-Four
>
> Il n y avait à Genève *une place qu'on ne devait pas toucher* – le Bourg-de-Four – parce que la patrie c'est, disait Monnier, „ce qu'on a toujours vu, ce qui toujours, de tout temps, vous a encadré, entouré, bercé, charmé, ravi ..." Depuis cinq semaines, on éventre le Bourg-de-Four. De l'église luthérienne

jusqu'au bas d'Etienne-Dumont, les jolis pavés ronds ont été enlevés, qui faisaient la poésie du quartier (Thomas en avait compté vingt-huit mille).
(Journal de Genève 09.06.1925)

Le sort des éléphants d'Afrique se joue actuellement à Lausanne. Devant la faillite de leurs résolutions antérieures, les participants au congrès vont probablement classer ce pachyderme dans *une catégorie „intouchable"*.
(Feuille d'avis de Lausanne 11.10.1989)

Wie einige Artikel bestätigen, kann zwar die unberührte, durch Ausgrenzung des Menschen oder dessen Eingriff qualifizierte „reine Natur" in der französischen Schweiz durchaus auch als schön empfunden werden, doch ist das Unberührte nicht wie im Deutschen immer und ausschliesslich Schönheitsfaktor, der zur kontemplativen Betrachtung einlädt: Unberührte Natur ist für die Welschschweizer ganz offenbar nicht bloss zum Anschauen da, kann man doch ohne weiteres ‚jungfräulichen' Boden bebauen, ‚unberührte' Gipfel bezwingen oder die ‚unberührte' Natur aufsuchen, um darin gefährliche und leidenschaftliche Abenteuer zu erleben.

Grundsätzlich handelt es sich eigentlich weniger um eine andere Einstellung *gegenüber der Natur,* als um eine andere Perspektive in bezug auf die menschliche Präsenz *in der Natur*, wobei, verkürzt ausgedrückt, der deutsche Sprachraum eher dazu neigt, den handelnd eingreifenden Menschen als Störfaktor zu erleben, während die französische Schweiz die Natur deutlich in Abhängigkeit vom Menschen betrachtet. Das unterschiedliche Verhalten der beiden Sprachgruppen, was den Einbezug respektive Ausschluss des Menschen und dessen Lebenswelt (die Zeichen der Zivilisation) in den natürlichen Schönheitskatalog betrifft, kann durch einzelne Passagen der bereits zitierten Artikel untermauert werden. In den deutschsprachigen Texten wird die menschliche Präsenz nämlich oft explizit verbannt, ja, der Ausschluss des Menschen wird zu einer eigentlichen Bedingung, ohne die ein idyllisches Naturerlebnis gar nicht möglich ist.

Eine weitere Technik der deutschsprachigen Journalisten, die schöne, unberührte Natur zu beschreiben, ist die Entrückung der beschriebenen Erfahrung in eine fiktive Welt, sei dies die Traumwelt, die Welt der Sagen und Märchen oder eine längst vergangene Welt ohne Gegenwartsbezug. Diese idyllisierende Technik wird allerdings in neuerer Zeit und mit dem Aufkommen des modernen, nüchternen Zeitungsstils nicht mehr angewendet.

Ganz im Gegensatz zu den deutschsprachigen Eigenheiten der Naturdarstellung ist die Idee der Unberührtheit in den französischen Zeitungen kein ästhetisch wirksames Element der Natur. Auch die Technik der Realitätsentrückung oder der literarisch anmutenden Einbettung einer konkreten

Naturerfahrung in die Vorstellungswelt scheint der Romandie im Zusammenhang mit der Unberührtheit nicht zu entsprechen.

Jungfräuliche, unberührte Natur im italienischen Sprachraum
Obschon aufgrund der äusserst kargen Ausbeute bei den Tessiner Zeitungen keine abschliessenden Schlüsse im bezug auf die Unberührbarkeit als Faktor der Naturästhetik gezogen werden können, scheinen die lateinischen Bande doch sehr wirksam zu sein. Die unten zitierte Textpassage verweist nämlich mit aller Deutlichkeit darauf, welch zentraler Platz dem Menschen als Teil der Natur und als aktivem Mitgestalter gebührt. Es handelt sich dabei um einen eigentlichen „Schlüsselartikel", der nicht nur auf die Auseinandersetzung der beiden unvereinbaren Positionen verweist, sondern auch die Emotivität einer den Menschen ausschliessenden Naturauffassung oder die Vorstellung der „reinen" Natur ohne menschliche Präsenz heftig kritisiert.

> *Le vestali della natura da guardare e non toccare* si sono stracciate le vesti per lo scandalo – a loro modo di vedere – di questo atteggiamento di incredibile leggerezza, di „profanazione del tempio". Si è staccata tutta una valanga di lughi comuni, che oggi fanno opinione e cultura, anche se irrazionali. L'emotività è un conto, ma non si affrontano né si risolvono i problemi con gli stati d'animo, gli umori, le fazioni. (Giornale del Popolo, 13.10.89)
> [Der Artikel befasst sich mit der ausserordentlichen Gemsjagd, welche einen Grossteil der verbliebenen Gemsen vor dem winterlichen Hungertod bewahren soll.]
>
> (Die Vestalinnen der Natur, die nur zum Anschauen, aber nicht zum Berühren da sind, haben sich wegen diesem Skandal die Kleider zerrissen: gemäss ihrer Sichtweise handelt es sich um ein unglaublich leichtsinniges Gebahren, um eine „Entweihung des Tempels". Es wurde eine Lawine von Gemeinplätzen losgetreten, die heute Meinung und Kultur bilden, auch wenn sie irrational sind. Die Gefühle sind wichtig, aber man kann mit Gefühlslagen, Launen und Einstellungen die Probleme weder angehen noch lösen.)

2.2 Die Bildhaftigkeit von Natur-nature-natura

Die bisher erwähnten Eigenschaften und Auffassungsweisen von Natur, welche aufgrund der Untersuchung von syntagmatischen und konnotativen Beziehungen erarbeitet worden sind, können anhand der Untersuchung der Metaphorik untermauert werden. Diese Methode deckt schliesslich weitere Vorstellungen von der Natur auf.

Wie bereits in der Einleitung (siehe Kapitel 1.2.2) erwähnt, schliessen wir uns der Auffassung von Lakoff und Johnson (1980) an, wonach Metaphern nicht bloss rhetorische Figuren sind, die dazu dienen, literarische Verfremdungseffekte zu erzielen, sondern dass viele unserer sprachspezifischen Vorstellungen auf der Basis von Metaphern leben.

Nach diesen Autoren stimmen die Grundwerte einer bestimmten Kultur mit der metaphorischen Struktur der Grundkonzepte dieser Kultur überein. So kann aufgrund der metaphorischen Hauptstrukturen auf eben diese Grundwerte geschlossen werden. Eine solche Auseinandersetzung mit unseren drei Landessprachen wäre zwar wünschenswert, sprengt aber den Rahmen unserer Arbeit. Wir beschränken uns daher auf die wichtigsten Aspekte im Hinblick auf die metaphorische Struktur des Wortes ‚Natur-nature-natura'.

2.2.1 Die Natur als Person

Personifizierungen sind sehr beliebte Metaphern für nicht-menschliche Objekte oder Begriffe, da sie erlauben, anhand menschlicher Motivationen, Charakterzüge oder Handlungen auch abstrakte Konzepte auf einfache Art verständlich zu machen (vgl. Lakoff & Johnson, 1980: 33).

Zur Analyse der Natur-Metaphorik wurden deshalb all jene Textauszüge gesammelt, in denen der Natur menschliche Eigenschaften und Handlungen zugeschrieben sind. Neben diesen „indirekten" Hinweisen auf die Vermenschlichung der Naturvorstellung konnten wir uns zudem auf zahlreiche direkte Aussagen wie Vergleiche oder andere rhetorische Figuren stützen.

In allen Sprachen ist *die Natur als Frau* die stärkste Metapher. Auch wenn einzelne Passagen nur indirekt auf ein Frauenbild verweisen mögen, sind die Gründe für diese Behauptung recht naheliegend: In erster Linie ist es das grammatikalische Geschlecht, das die Gleichsetzung der Natur mit einem Mann nicht zulässt. Hinzu kommt, dass alle expliziten Vergleiche und literarisch anmutenden Metaphern auf ein Frauenbild verweisen. Schliesslich liegt es in der literarischen Tradition jeder von uns untersuchten Kultursprache, dass die schwärmerische Beschreibung der anziehenden Schönheit, einzig der (geliebten) Frau oder eben – der Natur gelten kann.

Das metaphorisch vermittelte Frauenbild wandelt sich dabei je nach hervorzuhebender Charakteristik der Natur. In der Folge sollen einzelne Ausprägungen dargestellt werden.

Die Natur als schöne Frau
Bei den Beschreibungen der natürlichen Schönheit begegnet uns zunächst das Lachen oder Lächeln der Natur. Sodann trägt sie einer verführerischen Frau gemässe „Kleidung". Die Natur kann als Person angesprochen und mit Komplimenten überhäuft werden.

Nicht nur die Menschen lachten, sondern auch die Natur in goldenem Sonnenschein. (Vaterland, 13.6.1925)

Die Natur lächelte gleich einem frischen, jungen Mädel. (NZZ 14.5.1935)

Die Natur selber hatte sich in ein Meer von Blüten gehüllt. (Vaterland 16.5.1935)

Oh! natura, quanto sei bella e attraente! (Il Dovere 31.8.1947) (Oh Natur, wie schön bist du und wie anziehend!)

[...] quando intorno sorrideva la natura [...]. (Corriere del Ticino 9.6.1925) (Als die umgebende Natur lächelte[...])

Fra le bellezze e il riso della natura [...]. (Popolo e libertà 12.6.1925) (Inmitten der Schönheiten und dem Lachen der Natur [...].)

[...] che potranno vivere nella seducente natura autunnale [...]. (Corriere del Ticino 3.11.1967) ([...] welche inmitten der verführerischen herbstlichen Natur werden leben können [...].)

La nature est en fête, la nature a fait toilette; ella appelle; et elle chante. (Feuille d'avis de Lausanne 16.5.1935)

Die Natur als Mutter

Gerne wird die Natur direkt oder indirekt mit einer Mutterfigur verglichen. Die mit dieser Vorstellung einhergehende Fruchtbarkeitssymbolik rückt die Vorstellung einer menschlichen Frau und Mutter zugunsten einer transzendentalen, göttlich anmutenden Übermutter oft in den Hintergrund.

[...] ces enfants de la nature [...]. (Feuille d'avis de Lausanne 23.6.1958)

La spiaggia di San Remo [...] sembra creata [...] da madre natura [...]. (Corriere del Ticino 28.6.1958) (Der Strand von San Remo [...] scheint von der Mutter Natur geschaffen.)

[...] madre natura si sta vendicando della madre Russia. (Il Dovere 11.10.1989) ([...] Mutter Natur rächt sich an Mutter Russland.)

Die Natur als freizügige Geberin

Häufiger als in der Figur der Mutter tritt die Natur als freizügige Geberin und als Spenderin auf. Da sie aber gerne als nicht weiter definierte, gestaltende und hervorbringende Kraft dargestellt wird, ist oft nicht abschliessend zu entscheiden, ob sie eher als menschliches oder als göttliches Wesen aufgefasst werden soll.

[...] la merveilleuse variété que la nature a répandue sur ces îles. (La Liberté 30.8.1904)

[...] que la nature a comblé de toutes ses splendeurs [...]. (Feuille d'avis de Lausanne 17.11.1913)

[...] le génie des hommes et la splendeur de Dame Nature se sont alliés pour composer un décor idyllique. (La Liberté 25.6.1958)

> La nature l'a doté d'organes de protection. (Journal de Genève 7.10.1989)
>
> [...] was die Natur sonst noch etwa bringen mag. (Vaterland 13.6.1925)
>
> [...] in den von der Natur am meisten begünstigten Provinzen. (National-Zeitung 2.7.1946)
>
> [...] reichen Kirschensegen, den uns die Natur [...] spendet. (National-Zeitung 6.7.1946)
>
> Ein Geschenk der Natur. (NZZ 3.11.1967)
>
> Il ricco patriomonio di bellezze largito dalla natura al nostro paese. (Corriere del Ticino 17.11.1913) (Der reiche Schatz voller Schönheiten, welcher die Natur unserem Land grosszügig geschenkt hat.)
>
> L'amore materno è [...] uno dei più bei doni della natura. (Corriere del Ticino 16.5.1935) (Die Mutterliebe ist [...] eine der schönsten Gaben der Natur.)
>
> [...] questo magnifico dono della natura [...]. (Giornale del popolo 4.4.1979) ([...] diese grossartige Gabe der Natur [...].)

Die Natur als kapriziöses Weibsbild
Während die im Zusammenhang von Natur und Personifikation entworfenen Bilder bisher in allen Sprachräumen ähnlich vertreten waren, tritt im französischen Sprachraum eine ganz spezifische Metapher auf, deren Bestehen wir nicht dem Zufall anlasten können: Es handelt sich dabei um eine Natur, die für den Menschen nicht unumschränkt positive Züge trägt. Sie ist im Gegenteil kapriziös, unberechenbar, muss vom Menschen ständig im Auge behalten werden und wirkt seinen Bemühungen oft entgegen:

> [...] il semble parfois bien difficile à l'homme de réagir devant les caprices de la nature. (Feuille d'avis de Lausanne 26.6.1958)
>
> [...] et si la nature ne se mêle pas de trop contrecarrer les efforts de l'hommes, il sera possible de limiter la pollution [...]. (Feuille d'avis de Lausanne 7.11.1967)
>
> [...] si l'homme manque à sa besogne, la nature reprend le dessus avec ferveur jusqu'à envahissement. (Feuille d'avis de Lausanne 10.10.1989)

2.2.2 Die Natur als Rechtsperson

Nirgendwo tritt die Natur so explizit zum Menschen in Opposition wie bei der „Rechtsstreit-Metaphorik". Bei der Komposition dieser Bilder ist unter den verschiedenen Sprachen wiederum kein eigentlich entscheidender Unterschied auszumachen. Verschiedene Varianten sind hier möglich: Der Natur wird, ähnlich einer Zivilperson, ihr Recht eingeräumt, die Natur holt sich ihr Recht zurück, der Mensch muss der Natur ihr Recht lassen, oder es ist die Natur selber, welche dem Menschen Grenzen und Gesetze auferlegt:

[...] la nature sauvage reprendra ses droits? (Feuille d'avis de Lausanne 27.6.1958)

[...] car on ne peut laisser se développer la technique sans contrôle et hors des limites que la nature nous impose. (Feuille d'avis de Lausanne 9.11.1967)

Certaines lois de la nature doivent être respectés. (La Liberté 3.4.1979)

Respecte-t-on les lois de la nature lorsqu'on „déracine" un animal [...]? (La Liberté 3.4.1979)

[...] de n'avoir pas laissé regner ces mêmes lois de la nature [...]. (La Liberté 3.4.1979)

Das hat die Natur, die uns die obersten Gesetze für den Verkehr schafft, einmal so gemacht. (NZZ 21.11.1913)

Wie es das Gesetz der Natur ihm vorschreibt. (National-Zeitung 28.6.1958)

[...] la caccia è una legge di natura [...]. (Giornale del Popolo 13.10.1989) ([...] die Jagd ist ein Naturgesetz.)

[...] diritti della natura [...]. (Giornale del Popolo 13.10.1989) ([...] Rechte der Natur [...].)

Auch wenn wir aufgrund der eher kargen Datenlage bindende Aussagen vermeiden müssen, soll doch festgehalten werden, dass die Rechtsprechungs-Metaphorik zur Darstellung der Beziehung von Mensch-Natur erst nach dem ökologischen Sündenfall der 50er Jahre wirklich zum Tragen kommt. Dabei scheint der Kanton Tessin diese Rhetorik am spätesten aufzugreifen, denn die einzigen gefundenen Artikel gehen auf das Jahr 1989 zurück.

2.3 Unterschiedliche Naturvorstellungen der einzelnen Sprachräume

In diesem Kapitel sollen die divergierenden Gesichtspunkte der einzelnen Sprachgemeinschaften im Hinblick auf die Natur nun noch einmal zusammengefasst und um einige sprachspezifische Ausprägungen erweitert werden.

2.3.1 Deutschsprachige Eigenheiten des Naturbezugs

Das Hauptmerkmal des deutschsprachigen Naturbezugs lässt sich mit dem Stichwort *Emotionalität* am treffendsten bezeichnen. Bereits im Zusammenhang mit der Vorstellung der Unberührtheit wurde hervorgehoben, dass in deutschsprachigen Texten natürliche Szenerien bedeutend idyllischer und idealisierter wiedergeben werden als in den beiden anderen Sprachen.

Mit der Fokussierung auf die emotionale Ebene nehmen die deutschsprachigen Zeitungen denn auch eine Sonderstellung ein: So löst Natur anfangs des Jahrhunderts in der Deutschschweizer Zeitungskultur explizit Gefühle aus und das Wort ‚Natur' steht mit Synonymen der Emotion in demselben kontextuellen Zusammenhang: *mit poetisch feinsehendem Auge gefühlter Natur; die von Natur und Kunst ausgelösten Gefühle;... der Natur gegenüber; ein emotionelles Verhalten des betrachtenden Menschen;* [der Maler] *will im Beschauer die Gefühle erwecken, die die Naturschönheit in ihm anregte; ein neues Naturgefühl.*

Ein derart eindeutiger und explizit formulierter gefühlsbetonter Zugang zur Natur bleibt den lateinischen Sprachen verwehrt. Dass eine Tessiner Zeitung (Il Corriere del Ticino) des Jahres 1989 eine ökologisch motivierte Theateraufführung mit der neuen didaktischen Methode der „emotionalen Annäherung der Zuschauer an die Natur" anpreist, also einen Bezug herstellt, der in der deutschsprachigen Gemeinschaft bereits veraltet ist, mag unterstreichen, dass dieser Zugang den lateinischen Kulturen bislang verschlossen geblieben war: *Si tratta di uno spettacolo „naturalistico" allestito in collaborazione col Servizio docenti del WWF, allo scopo di avvicinare emotivamente gli spettatori alla natura, suscitando emozioni che possano tradursi in un approfondimento della tematica* (Corriere del Ticino 13.10.89).

Neben den emotionalen Komponenten der Naturvorstellung des deutschen Sprachraums lassen sich noch weitere, dieser Kultur eigene Konnotationen herausarbeiten. Die erste ist die enge Zusammengehörigkeit der Naturvorstellung mit der Idee der Freiheit. Zwar werden die Wörter ‚Freiheit' und ‚Natur' selten im selben Kontext verwendet, doch wird die Wortgruppe ‚in der freien Natur' so häufig gebraucht, dass man geneigt ist, eine präferentiellen Beziehung der Wörter ‚frei' und ‚Natur' zu vermuten.

> Einpflanzungsversuche in europäischen Verhältnissen hatten nämlich gezeigt, dass das Fell der in Europa aufgezogenen oder irgendwie verwilderten Tiere bei weitem nicht die Qualität derjenigen erreicht, die in Nordamerika, wo die eigentliche Stammheimat der Bisamratten zu sichern ist, *in freier Natur* erlegt werden. (National-Zeitung 16.5.1935)
>
> Denn nicht nur jeden Morgen, genau um dieselbe Zeit, sahen wir ihn in den Wald hinaufsteigen, sondern auch gegen Abend *erging er sich* [...] *in der freien Natur,* ... (NZZ 6.7.1946)
>
> Die Verstädterung, Technisierung, zunehmende Hetze im Alltag, haben die Leute zu einem Ausgleich aufgerufen. Dieser Ausgleich kann aber nicht mehr einfach *in der freien Natur* gefunden werden, weil diese „erschlossen" ist. (Basler Zeitung [BaZ] 30.03.79)
>
> Sie studieren draussen in der Natur Verhalten und Lebensräume von Käfern und Schmetterlingen. [...] Oder *sie nehmen in der freien Natur* Fallen zu Hilfe, photographieren die eingefangenen Tiere [...] und geben sie später der Natur zurück. (NZZ 10.10.89)

Dass dem Adjektiv ‚frei' im Zusammenhang mit Natur oder der Idee von Natürlichkeit in der deutschen Sprache ein eigener Stellenwert zukommt, bestätigt sich schliesslich in der modernen Öko-Debatte: So steht das Adjektiv ‚frei' bei den neu aufgekommenen Fügungen mit ‚Freiland' (z. B. ‚Freilandeier') zwar als Gegenbegriff für ‚geschlossen, bedeckt'. Entscheidender ist jedoch, dass das Wort ein Produkt auszeichnet, dem im Gegensatz zu anderen, ähnlichen Produkten das Merkmal der „Natürlichkeit" zugewiesen wird: Der Duden (1983) beispielsweise definiert das relativ neue Wort ‚Freilandgemüse' als „Gemüse, das im Freiland auf natürliche Weise ausgereift ist". Aber auch andere Komposita mit dem Adjektiv ‚frei' unterstützten die These, wonach die Konzepte von „Freiheit" und „Natur/Natürlichkeit" implizit zusammenhängen: Das ‚Freigehege' wird im Duden definiert als: „grösseres, oft nicht eingezäuntes Gehege, [...] in dem bestimmte Tiere in einer ihrer Lebensweise möglichst entsprechenden Umgebung gehalten werden", die ‚Freilichtmalerei' gilt als „das Malen von Landschaften unmittelbar in und nach der Natur" und die ‚Freikörperkultur' schliesslich wurde von ihren Befürwortern als ein Schritt zurück zur Natur verstanden.

Den Beweis des sprachbedingten Zusammenhangs der beiden Konzepte von Freiheit und Natur vermag schliesslich ein Vergleich der zitierten Wortfügungen mit den entsprechenden französischen und italienischen Übersetzungen zu erbringen: ‚Freilandeier' werden z. B. im Französischen ohne Rückgriff auf das Adjektiv ‚libre' und somit ohne Bezug zu Vorstellungen von *liberté* mit *oeufs de plein air* bezeichnet, während das Freilandgemüse mit *légumes de plein champ* oder *légumes de pleine terre*, im Italienischen mit *verdura in pieno campo* übersetzt wird.

Eine weitere, für die deutsche Sprache bezeichnende Verbindung besteht schliesslich in der Konnotation von Natur mit dem *Konzept des Unerklärlichen und Rätselhaften:* Gerne wird sie als eine geheimnisvolle Grösse, als eine undurchsichtige und verborgene Kraft dargestellt, die fast göttliche Züge trägt. Die gängige Fügung ‚Naturwunder' betont diese mystisch-geheimnisvolle Komponente deutschsprachiger Naturbetrachtung. Im Französischen und im Italienischen dagegen lautet die Übersetzung ‚merveille de la nature' bzw. ‚meraviglia della natura' – anders als im Deutschen (‚-wunder') wird hier also nicht der religiös konnotierte Ausdruck ‚miracle' bzw. ‚miracolo' verwendet.

> Wo die Kirche die Naturfreudigkeit des modernen Volkes und des modernen Gebildeten beobachtet, wo *sie in der Betrachtung und Erforschung der Natur die Menschen mit der Achtung, Überzeugung und Bewunderung eines höchst göttlichen persönlichen Wesens erfüllt* - da freut sie sich über diese Eroberung

und Vertiefung des Gottesgedankens von seiten der Menschheit. (Vaterland 30.08.1904)

Es gibt Menschen, die keine Erdbeeren vertragen. Sie bekommen sofort Nesselausschlag und Fieber. [...] *Es beweist, dass die rätselhafte Natur auch die kleinsten Beeren mit geheimnisvollen Kräften ausgestattet hat.* (National-Zeitung 19.05.1935)

Ein Garten, ein Märchenland! Der letzte Baum trägt seinen Blütenschmuck. Kommt und schaut *dieses herrliche Blütenwunder der Natur.* (Vaterland 16.05.1935)

Was die Natur einer Gruppe von Menschen enthüllt, wird sie in gegebener Zeit auch irgendeiner anderen Gruppe bekanntgeben, wenn diese nur genügend daran interessiert und wenn sie geduldig genug ist, Fragen zu stellen. (National-Zeitung 05.07.46)

Die Forscher, die sich um die Frage der Entstehung der Arten bemüht haben, dürften freilich nicht ganz *mit den von Kipling entschleierten Geheimnissen des Naturgeschehens* einverstanden sein [...]. (National-Zeitung 06.07.1946)

So einfach gibt sich die Natur nicht zu erkennen. Bloss an den Steinen, die sich im Boden finden, oder an seiner Farbe oder an der Grösse der Bodenteilchen lässt sich die Fruchtbarkeit nicht ablesen. (National-Zeitung 23.06.1958)

Schlüsselblumen läuten mit ihren goldenen Glocken den Frühling ein. Der Name ist sinnvoll und symbolisch, denn *diese goldenen Schlüssel erschliessen die Geheimnisse der sich entfaltenden Natur,* sie sind gleichsam der Schlüssel zum Ausstellungsraum der *Wunder Gottes.* Auch die moderne Naturwissenschaft, die in vergangenen Jahrzehnten bisher *unbekannte Geheimnisse, Kräfte, Gesetze und Rätsel* aufgedeckt hat, sollte nichts anderes sein als ein Schlüssel zum Thronsaal des Allerhöchsten. Und man sollte *diesen „Saal der Wunder"* mit Demut und Ehrfurcht betreten. (Vaterland 28.06.58)

Im Bild „Vorfrühling" durchwirken die Weidensträucher mit ihren Zweigen die ganze Landschaft. *Es ist das geheimnisvolle Weben der Natur,* das hier zum Ausdruck kommt. (Vaterland 06.11.67)

Auch dieser Zusammenhang wird – wie schon jener mit den Konzepten der Freiheit oder der Emotionaliät – durchweg positiv verstanden. Damit scheint die Natur für den deutschsprachigen Menschen – sofern sie von negativ verändernden menschlichen Eingriffen ungestört ist – eine zwar unerklärliche, doch zumeist wohlwollende Macht zu sein.

Im Unterschied zu den vorher aufgezeigten Konnotationen von Gefühl und Freiheit hält allerdings der Zusammenhang Natur-Geheimnis/Mysterium nicht bis in unsere Zeit an. Ähnlich wie die Verbindung von Natur und Poesie schwächt sich jene zwischen Natur und Mysterium im Lauf der Zeit ab. In unserem Korpus erscheint sie im Jahr 1967 zum letzten Mal.

Neben dem schon wiederholt erwähnten Wandel des Naturdiskurses in der Zeitungsberichterstattung haben wohl in erster Linie die objektivierende wissenschaftliche Betrachtungsweise und das Aufkommen kybernetischer und systemtheoretischer Ansätze dazu beigetragen, die Natur ihres geheimnisumwobenen Daseins zu berauben.

2.3.2 Französischsprachige Eigenheiten des Naturbezugs

Die konnotativen Beziehungen des französischen Sprachgebrauchs sind im Hinblick auf den Schutz und die Schönheit der Natur zwar durchaus mit jener der deutschen Sprache vergleichbar. In einem sehr zentralen Punkt jedoch heben sich die beiden Vorstellungen voneinander ab: während die deutsche Schweiz die Natur lange Zeit aus dem Blickwinkel der realitätsentrückten, geheimnisumwobenen Idylle betrachtet und sie als eine positiv wirkende Kraft empfindet, welche die Menschen durch emotionale Annäherung zu ergründen suchen, wird sie in der französischen Schweiz häufig als bedrohliches und unberechenbares Gegenüber dargestellt, das sich dem Menschen widersetzt und ihn in seinen Handlungen behindert.

Schon bei der Untersuchung der Metaphorik wurde diese spezifische Eigenheit dargelegt. Die Vorstellung einer Natur, die wie ein „kapriziöses Weibsbild" den Wünschen der Menschen entgegenwirkt, findet auch anhand der Analyse der konnotativen Beziehungen Bestätigung.

> *La rude nature* se fait humaine et douce; la passion brûlante est revêtue de goût. [...] Chaque ruisselet, chaque torrent dont la voix nous enchante, dont les cascades nous ravissent, chaque glacier muet qui, lentement s'écoule, chaque avalanche bruyante, qui annonce le printemps, *avez-vous songé que c'étaient eux les destructeurs?* Mais *la nature est ainsi faite que de la destruction de l'un dépend la joyeuse vie des autres* (Feuille d'avis de Lausanne 17.11.13)
>
> Les îles de Santorin appartiennent à la Grèce, mais *les véritables maîtres de ce pays sont les forces impitoyables de la nature grandiose*: les tremblements de terre et le volcansime. *Ils règnent comme des tyrans* sur les 30 kilomètres carrés de l'archipel et ses 20 000 habitants. [...] Les premières annotations du vitalisme indompté des *imposantes forces de la nature* datent déjà de l'an 197 avant Jésus-Christ [...]. (La Liberté 03.07.46)
>
> Voilà longtemps qu'on a jeté un cri d'alarme mais il semble parfois bien difficile à l'homme de *réagir devant les caprices de la nature*. (Feuille d'avis de Lausanne 26.06.58)
>
> L'histoire du Valais est l'histoire de la lutte des hommes contre d'autres hommes, mais encore plus celle d'*une lutte contre la nature dure et capricieuse*. [...] *les Valaisans ont donc lutté* avec l'opinâtreté qui est une des caractéristiques de ce peuple, par ailleurs courageux et batailleur, *contre une nature farouche et contre les menaces des éléments*. (La Liberté 04./05.11.67)

Während bei der Personifizierung der Natur die menschlichen Eigenschaften in den Vordergrund traten, erscheint sie bei einer Analyse der kontextuellen

Einbettung zuweilen als eigentlicher Gegenpart des Menschen (vgl. erstes Zitat oben), der sich ihm mit allen Mitteln widersetzt. Hauptmerkmal dieser Natur ist die Gewalt (*rude* - „roh, heftig, gewaltig"; *forces impitoyables* - „schonungslose, mitleidlose, unerbittliche Kräfte"; *farouche* - „wild, ungesellig, grausam"), wobei dem Menschen zuweilen nur die Gegengewalt und der Kampf (*lutte contre la nature*) gegen deren Schreckensherrschaft übrigbleibt.

2.3.3 Italienischsprachige Eigenheiten des Naturbezugs

Eine so markante Darstellung der feindlichen und bedrohlichen Natur lässt sich in den Zeitungsartikeln des italienischen Sprachraums nicht nachzeichnen. Die Vorstellung, dass die Natur dem Menschen feindlich gegenüberstehe, ist also keineswegs eine Eigenheit des gesamten lateinischen Sprachraums und darf daher als spezifisches Merkmal der französischschweizerischen Naturvorstellungen gewertet werden.

Auch bei den Tessiner Artikeln ist indes eine ganz spezielle Besonderheit auszumachen: hier fällt die Ausschliesslichkeit der *ästhetisierenden Betrachtungsweise* ins Auge. Nahezu jede Eigenschaft der Natur ist in irgendeiner Form an deren äusserliches Erscheinungsbild gebunden. Sogar bei Aussagen über den Naturschutz oder über die Bedrohung der Natur ist meist nicht ‚die Natur' Kernbegriff der Aussage, sondern deren Schönheit. So wird beispielsweise die erste Naturschutzkonferenz des Jahres 1913 im Tessin mit der Umschreibung „Konferenz zum Schutz der natürlichen Schönheiten" (*la conferenza per la protezione delle bellezze naturali*) übersetzt, obwohl die italienische Sprache eine wortgetreuere Übersetzung ohne weiteres zuliesse (etwa: Konferenz zum Schutze der Natur: *conferenza per la protezione della natura*). Aus dem Blickwinkel der Linguistik und auf der Ebene der Konstruktionen betrachtet, nehmen folglich ‚die Schönheiten' als Substantiv die zentrale Stellung ein und bilden das eigentliche Thema der Aussage, während „dem Natürlichen" nur die Funktion der näheren Beschreibung und die syntaktisch untergeordnete Rolle des attributiv verwendeten Adjektivs zukommt (*bellezze naturali*). Das Augenmerk der Schutzbedürftigkeit wird somit auf die Schönheiten gelenkt, während das Natürliche eine (mögliche) klassifizierende Eigenschaft dieser Schönheiten darstellt. Diese spezielle Auffassung des Naturschutzes erfährt zwar im Zusammenhang mit der Durchsetzung des Umweltschutz-Konzeptes eine grundsätzliche Veränderung, doch hält sich die alte ästhetisierende Auffassung noch längere Zeit in der Bürokratiesprache, etwa in der Bezeichnung verschiedener staatlicher Ämter und Aufsichtsstellen.

Oggi a Berna si raduna la prima conferenza internazionale per la protezione delle bellezze naturali [...]. Per la Svizzera la questione della protezione delle bellezze naturali è di somma importanza. [...] plaghe meravigliose per la loro bellezza naturale [...] sono stati deturpati [...]. (Il Corriere del Ticino 17.11.13) (Heute versammelt sich in Bern die erste internationale Konferenz zum Schutze der natürlichen Schönheiten [...] Für die Schweiz ist die Frage des Schutzes der natürlichen Schönheiten von grösster Bedeutung [...] aufgrund ihrer natürlichen Schönheiten wunderbare Gebiete sind verwüstet worden [...].)

Domenica è stata fondata a Locarno una Società degli artisti allo scopo di *combattere la distruzione delle bellezze naturali* del nostro paesaggio così seriamente *minacciate da continui deturpamenti* [...].(Il Dovere 09.06.25) (Am Sonntag wurde in Locarno eine Künstlergesellschaft mit der Absicht gegründet, die Zerstörung der natürlichen Schönheiten unserer Landschaft, die so gravierend und dauernd von Verwüstungen bedroht sind, zu bekämpfen [...].)

Questa ridente cittadina in breve periodo di anni ha raggiunto una vasta celebrità nel mondo elegante d'Europa, sia *per le sue impareggiabili bellezze naturali*, sia per l'attrezzatura confortevole e modernissima de' suoi lussuosi alberghi, che spiccano anche fra il verde dei prati, con le loro belle sobrie linee architettoniche. (Il Dovere 14.05.35) (Diese heitere kleine Stadt hat in wenigen Jahren eine weite Berühmtheit in der Nobelwelt Europas erlangt, sei es wegen seinen unvergleichlichen natürlichen Schönheiten, sei es wegen der äusserst modernen und bequemen Ausstattung seiner Luxushotels, die auch aus dem Grün der Wiesen mit ihren schönen und klaren architektonischen Linien herausragen.)

[...] il progetto degli arch. R. e C. Tami concernente le casette popolari, è stato sottoposto alla *Commissione cantonale delle bellezze naturali* [...]. (Il Corriere del Ticino 04.07.46) ([...] das Projekt der Architekten R. und C. Tami, welches die Sozialbauten betrifft, wurde [der Begutachtung] durch die kantonale Kommission der natürlichen Schönheiten unterzogen [...].)

[...] le contravvenzioni possono essere punite con una multa sino a Fr. 30'000.–, l'importo cioè fissato dalla legislazione *in materia di protezione delle bellezze naturali* e del paesaggio. (Il Dovere 07.11.67) ([...] die Gesetzesübertretungen können mit Bussen bis zu Fr. 30'000.– geahndet werden, d. h. mit jenem Betrag, der durch das Gesetz bezüglich Schutz der natürlichen Schönheiten und der Landschaft festgelegt ist.)

A tale scopo, verso la fine di marzo, è pure stata convocata a Cama *la Commisione cantonale per la protezione delle bellezze naturali* [...]. (Il Corriere del Ticino 04.04.79) (Zu diesem Zweck wurde gegen Ende März in Cama die kantonale Kommission zum Schutz der natürlichen Schönheiten einberufen [...].)

2.4 Die Zuschreibung von „Natürlichkeit" als Eigenschaft

Aufgrund unseres Textkorpus lässt sich nicht nur untersuchen, in welchen Metaphern die Natur in Erscheinung tritt, welche Eigenschaften ihr zugeschrieben werden und welches Stilmittel bevorzugt verwendet wird. Vielmehr ist „Natürlichkeit" selber ein Merkmal, das die unterschiedlichsten (Gesprächs)gegenstände zu charakterisieren scheint. Welche Objekte sind es, die im öffentlichen Diskurs als „natürlich" qualifiziert werden?

Vom sprachwissenschaftlichen Standpunkt aus ist anzunehmen, dass die Spezifizierung eines Gegenstandes nur dann vorgenommen wird, wenn dadurch die Aussage an Gehalt und Präzision gewinnt. Im Falle von ‚natürlich' ist also zu erwarten, dass sich der Ausdruck insbesondere auf Objekte bezieht, die nicht schon als solche mit der Natur in enger Verbindung stehen, sondern eher dem Gesprächsbereich von Kultur, Technik oder Kunst zuzurechnen oder aber nicht näher spezifiziert sind. Die Zuschreibung der Eigenschaft „natürlich" im Falle eines Gegenstandes, der an sich schon als natürlich gilt (als fiktives Beispiel: „ein natürlicher Vogel"), dürfte hingegen kaum je in Alltagstexten, sondern allenfalls in Literatur zu erwarten sein, die auf Verfremdungseffekte zielt.

Bei der Analyse gilt es zu berücksichtigen, dass im Deutschen ‚Natürlichkeit' nicht nur mittels des Adjektivs ‚natürlich' zum Ausdruck gebracht werden kann, sondern auch durch die Bildung von Komposita: Wörter wie ‚Naturanlage' oder ‚Naturprodukt' lassen sich so gut als Genitiv (Anlagen der Natur, Produkt der Natur) wie als Ersatz für eine adjektivische Fügung (natürliche Anlagen, natürliche Produkte) verstehen. Im Französischen und Italienischen, welche eine solche Kompositabildung nicht kennen, werden diese Ausdrücke adjektivisch (‚naturel-le'/‚naturale') übersetzt.

Wenn wir uns den Textbeispielen zuwenden, so lässt sich in der Tat feststellen, dass sich ‚natürlich' bis in die späten 50er Jahre praktisch ausschliesslich auf Gegenstände bezieht, welche entweder mit Kultur und Technik in Verbindung stehen oder „neutral", das heisst nicht näher spezifiziert, sind. So ist etwa von *natürlicher Wahrheit, natürlichem Rahmen, natürlichen Verhältnissen, natürlichem Erholungsraum* oder *natürlichen Strassen* die Rede. Bloss in einem einzigen Fall wird Natürlichkeit einer Entität aus der biologischen Umwelt zugeschrieben – und zwar in einem Artikel, der die künstliche Imitation der Natur in einer Parklandschaft zur Sprache bringt: *[...dieses Institut] schliesst in seinen Park altbestandene Waldung und natürliche Wasserläufe ein [...]* (Nationalzeitung 31.8.1904).

Die Verhältnisse stellen sich im lateinischen Raum analog dar, wenn dort etwa von *richesse naturelle, loi naturelle, tradition naturelle* oder von *scenario naturale, bellezza naturale* und *parco naturale* die Rede ist. Auch hier dient das Adjektiv ‚naturel'/‚naturale' dazu, einen Gegenstand zu spezifizieren, der im üblichen Verständnis eher in den Bereich von Kultur und Technik fällt oder nicht genau abgegrenzt ist.

Von den frühen 60er Jahren an lässt sich indessen im deutschen Sprachraum ein Wandel im Gebrauch des Ausdrucks ‚natürlich' feststellen: Hier tauchen neben den schon früher geläufigen Auszeichnungen immer häufiger auch Formulierungen auf, bei denen eigentlich naturgegebene Gegenstände explizit als ‚natürlich' qualifiziert werden (*natürliche Gewässer, natürliche Ufer, natürliche Landschaften, natürliche Strände, natürlicher Blähton*). Die Komposita widerspiegeln eine entsprechende, wenn auch weniger ausgeprägte Entwicklung: Neben den zu erwartenden Wortfügungen wie *Naturerscheinung, Naturseltenheit, Naturkräfte* usw. treten in jüngerer Zeit vermehrt auch solche wie *Naturlandschaft, Naturwiesen* und *Natursteine* auf.

Damit beginnt sich der Wortgebrauch im deutschen Sprachraum deutlich von jenem in der lateinischen Schweiz abzuheben. Zwar lassen sich auch hier in den letzten Jahrzehnten einige Formulierungen ausmachen, in denen sich ‚naturel'/‚naturale' auf Bestandteile des Naturhaushaltes beziehen: So tauchen in unserem Textkorpus die Ausdrücke *sucre naturel* [natürlicher Zukker], *prairie naturelle* [Naturwiese], *fruits naturels* [natürliche Früchte], *levure naturelle* [natürliche Hefe] und *fourrage naturel* [natürliche Futtermittel] sowie *mondo naturale* [natürliche Welt], *bosco naturale* [natürlicher Wald] und *rimboschimento naturale* [natürliche Aufforstung] auf. Der überwiegende Teil dieser Ausdrücke tritt indessen in einem Zusammenhang auf, welcher die Nutzung und Bewirtschaftung natürlicher Ressourcen thematisiert und diese somit in die Nähe des technisch-kulturellen Bereiches rückt.

Die Verbreitung und Ausdehnung, die das Adjektiv ‚natürlich' im deutschen Sprachraum erfährt, lässt sich zwar feststellen, aber nicht ohne weiteres interpretieren. Die Folgerung bietet sich an, dass aus Deutschschweizer Sicht die ursprüngliche Natürlichkeit der Umgebung weitgehend abhanden gekommen zu sein scheint, was eine zusätzliche Spezifizierung von Erscheinungsformen in der Umwelt erforderlich werden lässt. Mit der zunehmenden Synthetisierung der Natur geht ihre verbale Beschwörung einher.

Man könnte aber auch die Frage aufwerfen, ob nicht eine unterschiedliche Einstellung zur Sprache im lateinischen Sprachraum die Sensibilität für Tautologien begünstigt hat – womit dann die im Umweltdiskurs auftretende unterschiedliche Verwendung des Adjektivs ‚natürlich' nicht so sehr auf die abweichende Wahrnehmung und Beurteilung des Problems, sondern viel eher auf linguistische Faktoren zurückzuführen wären.

2.5 Neue Wortschöpfungen im deutschen Sprachraum

Hand in Hand mit dem wachsenden Geltungsbereich des Ausdruckes ‚natürlich' geht die Bildung zahlreicher neuer Wortschöpfungen: spätestens in den 70er Jahren nehmen in den deutschen Texten Formulierungen wie *naturgemässe Anbaumethode, naturgebundene Umgebung, naturverträgliche Lösung, natur- und menschengerechtes Wohnen* und *naturnahe Gestaltung* bzw. *naturnahe Umgebung* drastisch zu. Namentlich der Ausdruck ‚naturnah' wird praktisch zum Schlagwort. In der Romandie und dem Tessin hingegen werden ‚Natur' und ‚Natürlichkeit' nach wie vor mit Rückgriff auf ein vergleichsweise „althergebrachtes" und weitgehend unverändertes Vokabular thematisiert.

Damit verschärfen sich die Unterschiede zwischen der deutschen und der lateinischen Schweiz: Mit dem Entwurf neuer Ausdrücke beginnt sich der Deutschschweizer Umweltdiskurs in eine Richtung zu entwickeln, welche die Anschlussfähigkeit für die Mitglieder anderer Sprachgruppen in Frage stellt.

Unter anderem äussern sich die zwischen deutscher und lateinischer Schweiz zunehmenden Unterschiede in der Schwierigkeit, die an die neuen sprachlichen Prägungen gebundenen Denkinhalte ins Französische und Italienische zu übertragen.

Ein Vergleich von amtlichen Übersetzungen verschiedener Publikationen belegt, dass selbst für den mittlerweile geläufigen Ausdruck ‚naturnah' (noch) kein entsprechend verankertes französisches und italienisches Pendant gefunden werden konnte: Oft übergeht man den Ausdruck einfach; so wird etwa aus dem *Fonds zur Erhaltung naturnaher Kulturlandschaften* ein *Fonds en faveur de la sauvegarde et la gestion de paysages ruraux et traditionnels* bzw. ein *Fondo a favore della conservazione e della tutela dei paesaggi rurali tradizionali*. Die nachfolgende Liste (erstellt aufgrund von BUWAL, 1994, Frank, 1991 und Müller, 1988) mag illustrieren, wie unterschiedlich ‚naturnah' in der Praxis übersetzt wird:

Um dieses eine deutsche Wort ‚naturnah' übersetzen zu können, braucht es also eine ganze Palette von Möglichkeiten, die je nach Kontext angewendet werden. Auffällig ist, dass die Idee der Nähe, der engen Anlehnung menschlichen Wirkens an die Vorgaben der Natur, im Italienischen gar nie zum Ausdruck gebracht wird. Im Französischen kann zwar der Gedanke von Nähe wiedergegeben werden, daneben verwendet man aber fallweise auch Umschreibungen, welche die Abweichung zum natürlichen Zustand unterschlagen (*espace naturel; aménager naturellement*). In beiden lateinischen Sprachen ist zudem eine Umschreibung geläufig, die von der Vorstellung des „Respektes vor der Natur" ausgeht.

Deutsch	Französisch	Italienisch
naturnahe Fläche/ Landschaft	– surface proche de la nature – espace naturel – site à l'état naturel – milieu plus ou moins naturel – paysage proche de l'état naturel – région exploité d'une façon extensive – paysage rural	– area seminaturale – paesaggi naturali – ambiente naturale
naturnahe Produktionsmethoden/ Wirtschaftsweise	– méthodes d'exploitation respectueuse de la nature – exploitation proche de la nature	– metodi di produzione rispettosi della natura – economia adattata alla natura dei luoghi
naturnah gestalten	– aménager naturellement	– coltivato nel rispetto della natura
Naturnähe		– integrità naturale
„Grün ist nicht automatisch naturnah!"	– „vert n'est pas synonyme de nature!"	– „il verde non ha nulla a che vedere con la natura."

Vor diesem Befund kann man darüber spekulieren, ob die vergleichsweise grosse Anpassungsfähigkeit der deutschen Sprache nicht gelegentlich dazu führt, dass neue Ausdrücke kreiert werden, welche das Vorhandensein eines klaren Konzeptes vorspiegeln, wo doch letztlich inflationär verwendete Worthülsen darüber hinwegtäuschen, dass eine Lösung des Problems in weiter Ferne ist: so betrachtet, kommen die (an sich unpräzisen) Übersetzungen ‚région exploité d'une façon extensive' oder ‚paysage rural' einer verbindlicheren Aussage gleich als der Ausdruck ‚naturnahe Landschaft'.

Bei der Auseinandersetzung mit den neuen Begriffskreationen des deutschen Umweltdiskurses muss zudem bedacht werden, dass ‚naturnah' bloss ein Beispiel unter vielen ist; die Schwierigkeiten, die sich bei der Übersetzung von Wörtern wie ‚umweltgerecht', ‚umweltverträglich', ‚Umweltverantwortung' oder ‚ökologisch' ergeben, sind indessen kaum geringer.

2.6 Der Zusammenhang von sprachlicher Unzugänglichkeit und abnehmender Gesprächsbereitschaft

Allein schon die exemplarische Auseinandersetzung mit der Verwendung des Wortes ‚Natur' lässt vermuten, dass die Unterschiede in den Naturkonzeptionen der untersuchten Sprachgruppen über den von uns abgesteckten Zeithorizont zurückreichen. Die unterschiedlichen Schattierungen, welche sich für die letzten 90 Jahre herausarbeiten liessen, weisen darauf hin, dass bis in die Mitte unseres Jahrhunderts zwar in weiten Bereichen Übersetzbarkeit des Naturdiskurses gegeben war, in einigen zentralen Punkten (beispielsweise in der Betonung der Freiheitskomponente und im Mystizismus des deutschsprachigen Naturdiskurses oder im ästhetischen Zugang des Tessins) aber dennoch deutliche kulturelle Unterschiede vorhanden waren.

In den frühen 60er Jahren indessen, als sich „die Natur" in der öffentlichen Wahrnehmung mehr und mehr zur problematisierten „Umwelt" wandelt, konsolidiert sich nicht nur der quantitativ messbare Unterschied, wonach das Thema Umwelt in der deutschen Schweiz tendenziell am stärksten gewichtet wird. Vielmehr driften die Diskurse der verschiedenen Sprachgruppen auch auf qualitativer Ebene auseinander, indem sich im alemannischen Raum Wortneuschöpfungen verbreiten, die sich nicht oder nur schlecht in die lateinischen Sprachen übersetzen lassen. Die Befürchtung scheint nicht ganz ungerechtfertigt, dass mit der sich verschärfenden Abkoppelung und Unzugänglichkeit des deutschsprachigen Umweltdiskurses die Bereitschaft der Lateiner abnehmen könnte, sich auf diese fremde und zunehmend befremdliche Konzeption von Umwelt und Natur einzulassen.

Verschärft wird dieses sprachinhärente Problem durch die faktisch bestehende, sprachlich-kulturelle Kräftekonstellation in der Schweiz: aus dem Blickwinkel von Romandie und Tessin wird die von der deutschsprachigen Mehrheit vorangetriebene Verbreitung der eigenen Begrifflichkeiten und Vorstellungen schnell einmal als unstatthafte Kolonisation oder Belehrung empfunden. Dass sich dadurch die Fronten zwischen den Sprachgruppen verhärten, versteht sich von selbst.

Aus unserer Sicht müsste es also auch im Bemühen um den Schutz der Natur darum gehen, besserwisserische und moralisierende Schuldzuweisungen zu unterlassen und durch eine engagierte Auseinandersetzung mit den Konzepten anderer, auch minoritärer, Sprach- und Kulturgruppen die Bereitschaft zur Zusammenarbeit zu stärken.

3 „Natur und Heimat": die spezifisch schweizerischen Ausprägungen eines Wortpaars

Wer sich mit dem schweizerischen Naturdiskurs des frühen 20. Jahrhunderts befasst, stellt bald einmal fest, dass im Deutschschweizer Sprachraum der Ausdruck ‚Natur' eine enge Verbindung mit jenem der ‚Heimat' eingegangen war: So ist in älteren Zeitungsausgaben etwa davon die Rede, dass sich der *Freund von Natur und Heimatschutz* an einem schönen Landschaftsbild erfreue, dass Mitarbeiter des *Museum für Natur- und Heimatkunde* Fischwanderungskontrollen durchführten oder dass der Bundesrat die Probleme des *gesetzlichen Natur- und Heimatschutzes* erörtere.

Dass diese Wortpaarung im öffentlichen Diskurs der Zeitungen als feststehende Wendung derart massiv vertreten ist, lässt sich historisch begründen: Beide Ausdrücke, ‚Naturschutz' wie auch ‚Heimatschutz', gehen nämlich auf den gleichen Autor, den Deutschen Ernst Rurdorff, zurück (Sieferle, 1984: 161 ff.; Bachmann, 1992a: 16). In der Schweiz erhält die Wortverbindung offiziellen Charakter, als im Jahre 1936 der Bundesrat die *Eidgenössische Natur- und Heimatschutzkommission* ins Leben ruft, deren Bemühungen schliesslich im Erlass des *Bundesgesetzes über den Natur- und Heimatschutz* gipfeln.

Dabei muss unterstrichen werden, dass es sich bei dieser Wortfügung um eine spezifisch deutschsprachige Prägung handelt: In französischen und italienischen Texten wird häufig auf eine Übersetzung verzichtet und der deutsche Ausdruck ‚Heimatschutz' übernommen. Zudem übersetzte man den Begriff im Lauf der letzten 90 Jahre selbst in offiziellen Verlautbarungen nicht immer gleich, was ebenfalls als ein Indiz für seine schwächere Verankerung im lateinischen Sprachraum gewertet werden kann. Die sprachwissenschaftliche Forschung hat das Phänomen der Unübersetzbarkeit des Wortes ‚Heimat' ebenfalls aufgegriffen – unter anderem 1986, an einem Symposium in der Universität von Toronto (Wandruszka, 1990: 26).

Es drängt sich deshalb die Frage auf, ob die unterschiedlichen sprachlichen Wurzeln des Konzeptes von Heimat und die entsprechend unterschiedliche Koppelung an den Ausdruck ‚Natur' eine Erklärung für den „Röstigraben" an der Umweltfrage liefern könnten. Diese Frage verbindet sprachwissenschaftliche Methode mit ideengeschichtlicher Zielsetzung. Deshalb wollen wir auch in diesem Kapitel versuchen, über den Gebrauch und die kontextuelle Einbettung bestimmter Wörter die dahinterliegenden Inhalte, die Begriffe, aufzudecken. ‚Begriff' fassen wir dabei auf als ein „durch Abstraktion gewonnenes gedankliches Konzept, durch das Gegenstände oder Sachverhalte aufgrund bestimmter Eigenschaften und/oder Beziehungen klassifiziert werden" (Bussmann, 1983: 64). Wenn im folgenden von ‚Begriffen' die Rede sein wird, verstehen wir darunter das gedankliche Konzept, das an ein bestimmtes Wort gebunden ist. Den Terminus ‚Wort' wiederum verwenden wir dann, wenn wir (ungeachtet des Inhaltes) auf die rein sprachliche Verwendung eines Ausdruckes verweisen. ‚Konzept' schliesslich bezieht sich auf eine abstrakte Idee, die sich auch umschreiben lässt, ohne dass ein spezifischer Ausdruck verwendet wird.

3.1 Ergänzendes Textmaterial und Vorgehen

Im Folgenden wird es darum gehen, den (gedanklichen) Zusammenhang zwischen Natur und Heimat in den drei Sprachräumen der Schweiz auszuleuchten, indem von der alltäglichen Verwendung der jeweiligen sprachlichen Ausdrücke (‚Heimat', ‚patrie', ‚patria') ausgegangen wird. Neben dem erhobenen Textkorpus stützt sich die Untersuchung auf Übersetzungen von vier mehr oder weniger offiziellen Selbstdarstellungen der Schweiz, die als solche das Konzept der Schweizer Heimat ins Zentrum stellen (Weber, 1927; Lätt, 1935; Schwengeler, 1948; Aebli, 1968). Anhand dieser Übersetzungen lassen sich jene Ausdrücke und Wortverbindungen eruieren, die nicht oder nur schlecht übersetzt werden können, was wiederum Rückschlüsse auf kulturspezifische Unterschiede in der Konzeption von Heimat zulässt.

Zudem berücksichtigen wir auch die Übersetzungen von umweltrelevanten Gesetzesvorlagen und Botschaften zuhanden des Parlamentes.

Schliesslich werden auch noch historische Studien hinzugezogen, um die Entstehung und die Veränderungen des schweizerischen Umweltdiskurses in die vorherrschenden politischen und geistigen Strömungen einbetten zu können: Zum einen geht es ja bei der Analyse darum, der diachronen Achse entlang den allfälligen Wandel zu dokumentieren, den die Koppelung ‚Natur' und ‚Heimat' durchlaufen hat. Zum anderen werden in der synchronen Betrachtung die drei Sprachräume in der Thematisierung von Natur und Heimat miteinander verglichen.

Für das theoretische Fundament unserer Analyse berufen wir uns auf F. de Saussure (1915/1985), insbesondere auf seine Auffassung der *rapports associatifs*, wie sie in der Einführung ausführlich dargestellt wird. Übertragen auf unseren Fall bedeutet dies, dass zum einen die Synonyme von

‚Heimat' (beziehungsweise ‚patrie' und ‚patria') zu untersuchen sind, zum anderen müssen Ausdrücke in die Analyse einbezogen werden, welche sich morphologisch auf den Wortstamm ‚Heim-' bzw. ‚patri-' zurückführen lassen.[1]

Gefühle heimatlicher Vertrautheit lassen sich aber nicht nur mit der expliziten Berufung auf den Begriff ‚Heimat' evozieren. Auch die Verwendung von Possessivpronomen („unser Land"; „notre ville de Genève") kann Zugehörigkeit signalisieren. Daher werden Meldungen, die durch den Gebrauch von Possessivpronomen in bezug auf eine soziologische oder geographische Bezeichnung emotionale Verbundenheit mit einer Gemeinschaft oder einer Gegend zum Ausdruck bringen, ebenfalls in die Analyse einbezogen.

Die so zusammengestellte Artikelsammlung wurde im zweiten Schritt hinsichtlich verschiedener Dimensionen abgefragt. Diese Dimensionen gewannen wir induktiv, aufgrund der Artikelsammlung. Wir haben dabei nach Aspekten gesucht, welche die herausgefilterten Texte möglichst vollständig abdecken und trafen schliesslich folgende Unterscheidungen:

1. Die zeitliche Dimension: Lässt sich herausarbeiten, ob Heimatgefühl primär in der vergangenheitsgerichteten Betrachtung, in der Beschreibung der Gegenwart oder im Zusammenhang mit Zukunftsvisionen artikuliert wird?
2. Die räumliche Dimension: Hier steht die Frage nach geographischer Lokalisierung und nach der Ausdehnung (gross/klein; viel/wenig) im Zentrum.
3. Die ethische Dimension: Welche sittlichen Kategorien werden im Zusammenhang mit Heimat genannt?
4. Die ästhetische Dimension: Wie wird das Erscheinungsbild von Heimat beschrieben und bewertet?

---

1 Konkret wurde dabei so vorgegangen, dass mit dem Suchbefehl des Textverarbeitungssystems alle Passagen unseres Korpus ermittelt wurden, in denen die Buchstabenabfolgen HEIM bzw. PATRI vorkommen. In der Analyse wurden allerdings nicht alle Textstellen berücksichtigt, die so herausgefiltert werden konnten: Wörter wie ‚Geheimnis' oder ‚heimlich', die „im heutigen Sprachgefühl nicht mehr als zu ‚Heim' gehörig empfunden" werden (Duden, 1989), wurden beiseite gelassen, desgleichen die Ausdrücke ‚heimsuchen' und ‚anheimfallen', deren etymologische Wurzeln zwar auf ‚Heim' zurückgehen, die über die Einstellung zu „Heimat" aber wenig bis gar nichts aussagen. Nicht berücksichtigt wurden schliesslich auch Wörter wie ‚pâtre', (Hirte, von lat. pastor), die keine etymologische Beziehungen zu ‚patrie' bzw. ‚pater' aufweisen.

Dabei gilt es zu beachten, dass mit diesen Dimensionen vor allem auch mögliche Unterschiede zwischen den verschiedenen Sprachsystemen herausgearbeitet werden sollen.

3.2 Die unterschiedlichen sprachlichen Mittel zur Erfassung von „Heimat"

Bevor die Ergebnisse der Analyse vorgestellt werden, ist es angebracht, den unterschiedlichen lexikalischen Bestand vorzustellen, der dem Deutschen, dem Französischen und dem Italienischen gegeben ist, um auf den Gesprächsgegenstand Heimat, patrie und patria zu verweisen. Wir erheben dabei allerdings nicht den Anspruch einer linguistischen Wortfeldanalyse; die hier skizzierten „Felder" wurden nämlich einzig anhand der gesammelten Texte zusammengestellt, die ja vorgängig unter der Fragestellung erhoben worden waren, auf welche Weise die Natur im öffentlichen Diskurs in Erscheinung tritt; somit können wir bestenfalls Hinweise auf das einge-

Abbildung 1: Assoziatives Feld von „Heimat" im Deutschen

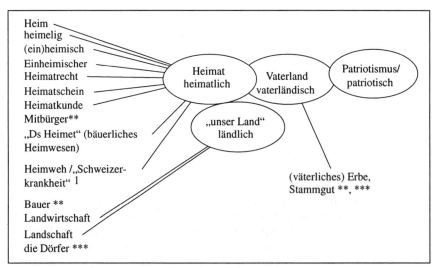

** Aus dem Französischen, *** aus dem Italienischen übernommene Ausdrücke, die sich im Natur- u. Heimatschutzdiskurs als relevant erwiesen haben.

1: Nach Neumeyer (1992: 14–15) „wurde der Ausdruck ‚Heimweh' zuerst im 16. Jahrhundert in der Schweiz als Dialektwort gebraucht (...) und hiess in der Medizin denn auch zunächst *Schweizerkrankheit*".

schränkte thematische Feld der Beziehung zwischen Natur und Heimat gewinnen. Oder anders ausgedrückt: Bei den nachfolgenden Darlegungen ist stets daran zu denken, dass hier die Heimat innerhalb des Naturdiskurses thematisiert wird.

Den Mitgliedern der deutschen Sprachgruppe stehen die zwei (in gewissen Gesprächssituationen nahezu synonymen) Wörter ‚Heimat' und ‚Vaterland' zur Verfügung. Von beiden lassen sich entsprechende Adjektive (‚heimatlich', ‚vaterländisch') ableiten. Zusätzlich wird aus dem Französischen das Lexem ‚patriotisch' resp. ‚Patriotismus' entlehnt. In enger inhaltlicher (und morphologischer) Beziehung zu ‚Heimat' stehen zudem ‚Heim', ‚heimisch' sowie – als deutschschweizerische Besonderheit – ‚heimelig'.

Im französischen Sprachraum stellt sich die Situation etwas einfacher dar. Neben ‚Patrie' (abgeleitet vom lat. ‚pater', Vater) und den daraus abgeleiteten ‚patriotisme'/‚patriotique' ist im Zusammenhang mit Natur noch ‚patrimoine' (zu übersetzen mit: [väterliches] Erbe, Stammgut) relevant.

Abbildung 2:   Assoziatives Feld von „Heimat" im Französischen

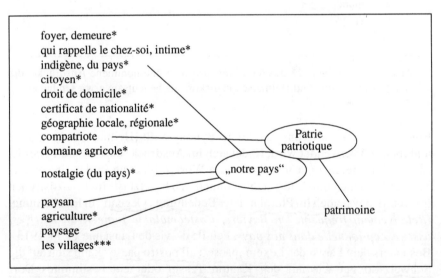

* Aus dem Deutschen, *** aus dem Italienischen übernommene Ausdrücke, die sich im Natur- und Heimatschutzdiskurs als bedeutsam erwiesen haben.

Das Italienische entspricht weitgehend dem Französischen, wobei neben dem Adjektiv ‚patriotico/a' auch ‚patrio/a' (etwa: ‚l'amor patrio') zur Verfügung steht.

Abbildung 3: Assoziatives Feld von „Heimat" im Italienischen

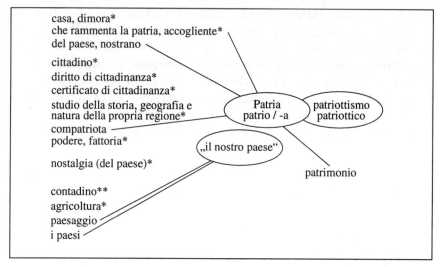

* Aus dem Deutschen, ** aus dem Französischen übernommene Ausdrücke, die sich für den Natur- und Heimatschutzdiskurs als bedeutsam erwiesen haben.

Eine weitere Formulierung, die oft als Synonym für ‚Heimat' (bzw. ‚patrie' und ‚patria') verwendet wird, findet sich im Ausdruck ‚unser Land'. Hier ist es aufschlussreich zu sehen, dass diese Wortverbindung in den drei untersuchten Sprachen inhaltlich nicht symmetrisch besetzt ist: Im Französischen tritt ‚notre pays' auch im Plural mit der Bedeutung „Gegend" in Erscheinung. (*Relativement fréquente en Bavière, l'ostéomalacie [eine Krankheit] est assez exceptionnelle dans nos pays*. Feuille d'avis de Lausanne 17.11.1913). Besonders dehnbar ist das Lexem ‚paese': „Il nostro paese" kann sich auf die Schweiz so gut wie auf den Kanton Tessin oder ein bestimmtes Dorf beziehen.

Die nachfolgenden Darstellungen der assoziativen Beziehungen zu ‚Heimat', die sich im Naturdiskurs als bedeutsam erweisen, zeigen insbesondere zwischen den lateinischen Sprachen und dem Deutschen einige wichtige Unterschiede auf, die wohl nicht zuletzt auf die unterschiedliche Funktionsweise der Sprachen (vor allem auf die unterschiedliche Fähigkeit zur Kompositabildung) zurückzuführen sind: insbesondere weist das Deutsche im Bereich der Wortfügungen um ‚Einheimische(r)', ‚Heimatrecht', ‚Heimatschein' und ‚Heimatkunde' eine assoziative Nähe auf, wie sie im Französischen und im Italienischen nicht gegeben ist (vergleiche Kapitel 3.4).

3.3 ‚Heimat' im Umweltdiskurs der letzten 90 Jahre

Betrachten wir zunächst das Korpus in der Diachronie, über alle neun erhobenen Zeitschnitte hinweg, fällt auf, dass die Erwähnung von ‚Heimat' im Lauf der Zeit stark zurückgeht: In den französischsprachigen Artikeln kommt der Ausdruck ‚patrie' (bzw. ‚patriotique') im sechsten Zeitschnitt (1958) zum letzten Mal vor. Nicht ganz so drastisch ist der Rückgang in den Meldungen des Tessins: hier ist bis ins Jahr 1979 mindestens eine Meldung mit expliziter Nennung von ‚patria' anzutreffen. In beiden Sprachräumen hingegen gewinnt im Lauf der Zeit der Ausdruck ‚patrimoine' bzw. ‚patrimonio' im Zusammenhang mit natürlichen Ressourcen zunehmend an Bedeutung. Im deutschsprachigen Raum schliesslich lässt sich ‚Heimat' (bzw. ‚heimatlich') in allen untersuchten Zeitschnitten wiederfinden. Allerdings erscheint in neuerer Zeit das Wort oft als Bestandteil des Namens einer Organisation oder Instanz („Kantonale Natur- und Heimatschutzkommission") und steht damit gewissermassen für eine (zusammen mit der entsprechenden Organisation) „geerbte" und nicht mehr zeitgemässe Ausdrucksweise.

Dass die ausdrückliche Berufung auf die Heimat ein zeitgebundenes Phänomen darstellt, wird auch mit Blick auf die separat beigezogenen Quellen, die schweizerischen Selbstdarstellungen, ersichtlich: Während in den zwanziger Jahren die Heimat als zentrale emotionale und soziale Kategorie in Erscheinung tritt und der Ausdruck entsprechend oft genannt wird, setzt sich in den später erschienenen Schriften ein neutralerer Stil regionalistisch-historischer Beschreibung der Schweiz durch. Im jüngsten Text schliesslich (Aebli, 1968) wird die Schweiz primär in ihrer Eigenschaft als moderner Industrie- und Dienstleistungsstaat dargestellt. ‚Heimat' erscheint hier ausser im Titel einzig im Abschnitt *Heimat und Fremde* (*Patrie et éloignement - la patria e i paesi lontani*, Aebli, 1968: 4), in welchem die Reiselust der Schweizer Jugend beschrieben wird, und im Zusammenhang mit der Würdigung der traditionellen Trachten (*Im Kleide der Heimat – dans le costume de la patrie – costumi svizzeri*, Aebli, 1968: 48).

73

3.4 Dimensionen im Diskurs über Natur und Heimat: Zeit, Raum, Moral, Ästhetik

3.4.1 Die Zeit

> [...] *la patrie* c'est, disait Monnier, „ce qu'on a *toujours* vu, ce qui *toujours, de tout temps*, vous a encadré, entouré, bercé, charmé, ravi [...]". (Journal de Genève 9.6.1925)

Im Zusammenhang mit Natur und Heimat ist die ausdrückliche Vergangenheitsorientierung für alle drei untersuchten Sprachräume charakteristisch. Kenntnis der heimatlichen Geschichte, so wird dabei gerne argumentiert, fördert die Achtung vor der Natur wie auch die Entwicklung moralischer Qualitäten:

> [...] [il patriotismo] raccoglie in sè tutti quei fattori, che in qualunque modo, hanno influito sul carattere nazionale *attraverso secoli*: E la natura è appunto uno di questi fattori [...]. (Popolo e libertà, 21.11.1913) ([der Patriotismus] vereinigt all jene Faktoren in sich, die über die Jahrhunderte hinweg auf irgendeine Weise auf die nationale Eigenheit eingewirkt haben: Und die Natur ist gerade einer dieser Faktoren [...].)

Die zeitliche Dimension der Heimat ist dabei mit moralischen wie mit ästhetischen Vorstellungen verbunden: Was alt ist, ist auch schön und gut. Diese Gleichsetzung hat tendenziell in allen untersuchten Sprachräumen ihre Gültigkeit, wird aber im deutschsprachigen Raum besonders hervorgehoben – das Hässliche entstammt hier ausschliesslich der „neuen Zeit". Demgegenüber nimmt man in den lateinischen Sprachräumen eine etwas differenziertere Haltung ein, indem man dort zwar ebenfalls die Schönheiten der alten Heimat lobt, dabei aber zugleich auch der Gegenwart ihren Reiz zugesteht.

> In den Dörfern begegnen uns neben schönen alten und neuen Bauten auch *viele unfreundliche, selbst hässliche Bauformen aus einer nicht weit zurückliegenden Zeit,* so dass man gar nicht selten Gelegenheit findet, solche Geschmacksverirrungen zu bedauern. (NZZ 16.11.1913)

> Der Grendel [ein Luzerner Altstadtquartier] verliert noch den letzten Rest *einstiger Heimeligkeit*. Hr. Bäckermeister Zai lässt drei Häuser abbrechen, um einem *Neubau* Platz zu machen. (Vaterland 13.5.1935)

> [Un] coup d'oeil offert sur *un passé* pas bien, bien lointain, mais dont le souvenir même, chez la plupart d'entre nous, est effacé. Ce que furent nos rives avant les quais rectilignes d'aujourd'hui: les petits sentiers sinueux sous les grands arbres; toute la bonhomie tranquille d'Ouchy il y a un demi-siècle. Et ce n'est pas un regret que j'exprime ici; *ce qui est fait est fait et a aussi sa beauté.* (Feuille d'avis de Lausanne 11.6.1925)

Betont wird die Vergangenheitsorientierung des schillernden und dehnbaren deutschen Ausdrucks ‚Heimat' insbesondere auch in den französischen und italienischen Übersetzungen seiner Komposita: Wörter wie ‚*Heimatort*', ‚*Heimatrecht*', ‚*Heimatschein*', ‚heimatgenössig', ‚heimatberechtigt' usw. werden in den lateinischen Sprachen neben der Berufung auf politische oder soziale Zugehörigkeit oft im Rückgriff auf den Ursprung (‚pays natal', ‚ville d'origine', ‚città natale', ‚terra natia', ‚cantone d'origine') übersetzt. Die nachfolgende Passage aus dem Buch „Deine Heimat" (Weber, 1927) illustriert, wie sehr sich die deutsche Konzeption von Heimat im Vergleich zur lateinischen dehnen lässt:

> Die Schweiz ist *dein Vaterland*, weil [...] alle deine *väterlichen Vorfahren* aus einer Gemeinde, einem Kanton des Schweizerlandes *stammen*. [...] Der Gemeindebürger, sagen wir z. B. von Wädenswil, ist in dem schönen Dorfe am Zürichsee *heimatberechtigt*. Er ist kein Heimatloser, in aller Welt legt er den *Heimatschein* seines Dorfes vor und wird als Schweizer [...] anerkannt [...]. Jederzeit kann er *heimkommen* [...]; die *Heimatgemeinde* nimmt ihn auf, sie muss. Daheim braucht es keine Niederlassungsbewilligung, keinen *Heimatschein*. (Weber, 1927, 123–124)

Übersetzt wird die Passage wie folgt:

> La Suisse est *ta patrie* parce que [...] tous tes *ascendants paternels* sont *originaires* d'une commune, d'un canton Suisse. [...] Le bourgeois d'une commune, par exemple de Vevey, exerce ses *droits de bourgeoisie* dans cette belle ville au bords du Léman. Il n'est plus un „heimatlose" [sic]; partout il présente son *acte d'origine*, sur le vu duquel il est reconnu comme Suisse. [...] En tout temps, il peut *rentrer dans sa commune* [...]; la commune doit le recevoir. Là, il n'a pas besoin de permis d'établissement, ni *d'acte d'origine*. (Weber, 1927, 121)

Der italienische Text übernimmt alle Argumente in leicht modifizierter Abfolge:

> La Svizzera è *la patria tua*, perchè il *babbo* tuo ed i *suoi antenati* sono *originari* di un cantone svizzero. [...] Il cittadino di Lugano, ridente città che si specchia nel Ceresio, è *attinente di questo comune* e vi può risiedere senza bisogno di permessi: egli dunque in tutto il mondo presenta *l'atto d'attinenza* del suo comune, riconosciuto svizzero. [...] In ogni evenienza può *far ritorno* al suo *paese di origine*, obbligato ad accoglierlo [...]. Nessun cantone o comune può bandire dal proprio territorio un suo attinente. (Weber, 1927:119)

Die Übersetzungen verdeutlichen zwei Aspekte des Heimatdiskurses: Zum ersten illustrieren sie, dass der Ausdruck ‚Heimat' im Deutschen andere morphologische Möglichkeiten bereitstellt als ‚patrie' im Französischen und ‚patria' im Italienischen, zum zweiten bestätigen sie die Vergangenheitsorientierung des Konzeptes.

3.4.2 Der Raum

Die räumliche Dimension von Heimat wird nicht ganz widerspruchsfrei abgehandelt. Es dürfte in erster Linie von den aussenpolitischen Rahmenbedingungen abhängen, ob die Schweiz als isolierte „Insel im Sturm" (Schwengeler, 1948: 267) oder als verbindende „Brücke Europas" (ebd.: 267) dargestellt wird. Bezeichnenderweise hebt man in der Zwischenkriegszeit die Verwundbarkeit der Schweiz hervor, allerdings auch hier nicht ganz ohne Ambivalenz, indem der strategische Nachteil der Offenheit einen wirtschaftlichen Vorteil verspricht:

> Alpen und Jura, Genfer- und Bodensee samt dem Rhein bilden nur einen höchst unvollkommenen Rahmen und Schutzwall [„un rempart beaucoups moins efficace autour de notre patrie", beziehungsweise „una debole difesa alla patria nostra"] um unser Heimatland herum. [...] frei und offen liegt unser Land dem flutenden Verkehre da [...]. (Weber, 1927: 16)

Von diesen Widersprüchen abgesehen, lassen sich in bezug auf die räumliche Dimension von Heimat beträchtliche Unterschiede zwischen dem deutschsprachigen und dem lateinischen Sprachraum herausarbeiten.

In der deutschen Schweiz herrscht eine Betrachtungsweise vor, welche die geringe Ausdehnung der Schweizer Heimat betont: Enge, Umschlossenheit und Kleinheit sind Attribute, die ihr sowohl im wirtschaftlichen als auch im politischen und kulturellen Gesprächszusammenhang zugeschrieben werden.

> Die kräftige Entwicklung unserer Wirtschaftslage [...] hat nun aber Zustände geschaffen, die der Wiederöffnung der Binnenschiffahrt rufen, da die [...] Spezialisierung der Produktion für *unser kleines Binnenland* die Möglichkeit des billigen Transportes auf grosse Distanzen dringend erheischt [...]. (NZZ 18.11.1913)

> Worauf es für uns ankommt, ist dies: Dass wir nun unsere Existenzprobleme, so wie sie sich [...] für *unser kleines Land* ergeben, richtig sehen. (National-Zeitung 5.7.1946)

> [unser gewonnenes Wissen ist] ... ein wertvoller Gewinn für alle, die zum erstenmal eine [...] „königliche" Anlage zu Gesicht bekamen, die ihnen gezeigt haben dürfte, dass es auch ausserhalb der *engeren Heimat* noch Sehenswürdigkeiten genug gibt [...]. (NZZ 9.6.1925)

Aufschlussreich ist an dieser Stelle eine Übersetzung, welche die These unterstützt, dass die Konnotation von ‚Heimat' mit klein/eng in der Deutschschweiz besonders tief verankert ist, denn die Übertragung der Redewendung *engere Heimat* ins Französische ist offenbar nicht ohne weiteres zu leisten:

> [...] die Abteilungen aus der Innerschweiz [...] marschierten unmittelbar vor Ausbruch des Kampfes ab, um die *engere Heimat* zu schützen! (Lätt, 1935: 59)

Übersetzt wurde der Ausdruck wie folgt:

> [...] les quelques contingents accourus de la Suisse centrale [...] reprirent le chemin de leurs *foyers*. [wörtlich: kehrten zum Herdfeuer zurück] (Lätt, 1935: 61)

In der deutschen Schweiz wird die Heimat zudem nicht nur mittels Adjektivierung, sondern auch durch die Verwendung von Verkleinerungsformen miniaturisiert – wobei es in solchen Fällen allerdings schwer ist zu entscheiden, ob tatsächlich der Eindruck von Kleinheit hervorgerufen werden soll oder ob die Formulierungen nicht vielmehr dialektalen Einfluss widerspiegeln:

> Nachdem die Seuchenherde sich in bedrohlicher Weise [...] um *unser Schaffhauserländchen* herum legten, schien ein Entrinnen kaum mehr möglich. (NZZ 16.11.1913)

> Wir sind stolz auf *unser Schwyzerländli* und lieben unsere Unabhängigkeit. (Vaterland 4.7.1946)

Das in der deutschen Schweiz feststellbare Beharren auf der (physischen) Kleinheit der Heimat lässt sich sowohl von einem rhetorisch-politischen als auch von einem sprachwissenschaftlichen Standpunkt aus begründen.

Rhetorisch wurde eine Figur zum Stereotyp, welche die (physische) Kleinheit der Schweiz der Grösse ihrer Taten, der Einzigartigkeit ihrer (Staats)Idee oder der Grossartigkeit ihrer Natur gegenüberstellt.

> Die [...] Erklärung dafür, dass *die kleine Schweiz* in der Elektrifizierung ihrer Staatsbahn *die grossen Stiefel anzog*, sollte nachgerade jedem Eidgenossen geläufig sein. (NZZ 11.6.1925)

> [...] man plauderte von der Heimat [...], von dem Idyll *unseres kleinen Landes* und den *grandiosen Schönheiten* eines *grossen Staates* [...] und liess die stimmungsvolle Zusammenkunft ausklingen in dem Sange „O mein Heimatland, o mein Vaterland!" (NZZ 12.6.1925)

Vom sprachwissenschaftlichen Standpunkt aus betrachtet, drängt sich in erster Linie die (inhaltliche und morphologische) Nähe von ‚Heimat' und ‚Heim' für eine weiterführende Interpretation auf (dazu auch Neumeyer, 1992: 6). In der Tat kann heimatliche Zugehörigkeit auch in Metaphern von „Heim/Haus", „gute Stube" und „(wohnliche) Herberge" ausgedrückt werden: *Man sagt, die Herbsttage im Tessin, unserer sogenannten „Sonnenstube", seien einzigartig schön* (NZZ 3.11.1967).

Die Verquickung von Vorstellungen der Geborgenheit und der Gemütlichkeit findet ihren Ausdruck im Deutschschweizer Adjektiv ‚heimelig'. ‚Heimelig' vereinigt in sich die Ideen der Vertrautheit, Familiarität, Kleinheit und Behaglichkeit. Es steht im Kontrast zu Grösse und wird dementsprechend ausschliesslich mit kleinen Entitäten in Verbindung gesetzt: Eine Grossstadt ist nicht „heimelig", ein Dorf dagegen schon. Dass die Assoziation von behaglichem Kuscheln und Nestwärme mit ‚heimelig' eng verbunden ist, belegen jene Texte, die ein *heimeliges Dorf* oder das *heimelige Tal* zugleich als *eingebettet* schildern: Diese Formulierungen sprechen ebenfalls für die oben vorgebrachte These, wonach im Deutschschweizer Sprachraum die Vorstellung von Heimat implizit an physische Kleinheit, Umschlossenheit, Behaglichkeit oder gar Niedlichkeit gebunden ist.

> Die Königin von Holland [...] weilt gegenwärtig zur Erholung am Vierwaldstättersee. Aber, was Viele [sic] erstaunen wird, *nicht* etwa in einem der *grossen, mit dem letzten Komfort ausgestatteten* Hotels, *sondern* in dem *heimeligen Familienhotel* in Kehrsiten. (National-Zeitung 8.6.1925)
>
> Wilderswil, *das heimelige Dorf* am Fusse der Schynige Platte, [...] hat den Saisonbetrieb eröffnet. (NZZ 10.6.1925)
>
> Auch Kuranten und Feriengästen sei *das heimelige*, in blumige Matten und würzige Wälder *gebettete Vordertal* [...] bestens empfohlen. (National-Zeitung 8.6.1925)
>
> Dort wo [...] die tobende Tamina [...] *das* schmucke, *heimelige Dorf* durchbraust, liegt, *eingebettet* in sonnigen Matten und umgeben von rauschenden Tannenwäldern, der [...] Gesundbrunnen Bad-Ragaz. (Vaterland 16.5.1935)

Bezeichnenderweise bietet die französische oder italienische Übersetzung des Wortes ‚heimelig' erhebliche Schwierigkeiten:

> Da sind die lieblichen Städtlein und *heimeligen alten Nester* hingestreut, da breiten sich die sauberen, hablichen Bauerndörfer aus [wird zu] C'est là que *nichent* les *riantes petites villes, dont beaucoup ont conservé leur pittoresque traditionnel*, là que s'étalent les cossus villages campagnards [bzw. zu] E' là che *s'annidano* le *ridenti borgate, molte delle quali conservano intatto il loro aspetto pittoresco tradizionale*, è là che si susseguono i villaggi lindi, spiranti di benessere. (Weber, 1927: 20)

Ansonsten wird ‚heimelig' am ehesten mit Ausdrücken umschrieben wie ‚qui rappelle le chez-soi', ‚intime', ‚où l'on se sent bien' (Sachs-Villatte 1880/ 1979: 376) beziehungsweise ‚che rammenta la patria', ‚familiare', ‚intimo' oder ‚accogliente'. (Sansoni, 1985)

Im lateinischen Sprachraum finden die Begriffe ‚patrie' resp. ‚patria' seltener und in spezifischeren, weniger dehnbaren Kontexten Erwähnung als ‚Heimat'. Die explizite Nennung von ‚patrie' und ‚patria' beschränkt sich weitgehend auf politisch-militärische Gesprächszusammenhänge. Wenn es hingegen darum geht, heimatliche Verbundenheit mit einer Gegend oder einer Gemeinschaft zum Ausdruck zu bringen, werden vorzugsweise Redewendungen mit Possessivpronomen (*nos campagnes vaudoises*) verwendet.

Zudem bezieht sich der lateinische Diskurs über Heimat eher auf kleinräumigere Gebietseinheiten, ohne aber die im deutschen Sprachraum geläufige Zuschreibung mit Kleinheit, Schutzbedürftigkeit oder gar Niedlichkeit vorzunehmen. Im spontanen Alltagsgespräch, wie es in den Zeitungen zum Ausdruck kommt, lassen sich nämlich – mit einer Ausnahme – keine Texte finden, die der Heimat das Attribut der Kleinheit zuschreiben. Die einzige Redewendung, welche in einem lateinischen Text die Schweiz explizit als „klein" charakterisiert, stellt wiederum eine rhetorische Figur dar, welche dem *kleinen Land* den *enormen Verkehr* gegenüberstellt. *Il faut donner à la Confédération le moyen [...] pour que notre petit pays puisse faire face à l'énorme trafic interne qui aura doublé en moins d'un quart de siècle* (Journal de Genève 28.6.1958).

Dabei wird in den lateinischen Texten, wie bereits erwähnt, seltener auf das ganze Land als vielmehr auf einen Kanton, eine Region, eine Siedlung Bezug genommen:

> Qu'elle sont belles, *nos campagnes vaudoises*, en ce début de juin! (Feuille d'avis de Lausanne 11.6.1925)

> Grimentz est situé dans le val d'Anniviers, à 1600 mètres d'altitude. C'est une station bien connue des touristes de *notre Romandie.* (Feuille d'avis de Lausanne 25.6.1958)

> Un violentissimo temporale [...] si era scatenato, seguito, poco dopo, da una terribile grandinata che apportò gravi danni in tutta *la zona nostra.* (Il Dovere 3.9.1904)

Auffällig ist in diesem Zusammenhang auch, dass die Ausdrücke ‚patriotisme' und ‚compatriote' – insbesondere in der französischen Schweiz – auch auf kleinere Gebietskörperschaften, auf Gemeinden oder Regionen, verweisen:

> Le patriotisme carougeois est du meilleur aloi; la joie du centenaire est sincère. (Journal de Genève 8.6.1925)

> Pour répondre à ces questions, l'auteur, prenant comme point de départ chronologique, les ascensions de notre compatriote genevois Horace-Bénédict de Saussure, nous dresse un tableau [...] de l'alpinisme jusqu'à notre époque actuelle. (Feuille d'avis de Lausanne 5.7.1946)

Genaugenommen hält damit der lateinische Diskurs an einer Auffassung von Heimat fest, die vor der Gründung des deutschen Nationalstaates auch im deutschsprachigen Raum Gültigkeit hatte, als sich das Wort primär auf Gemeinden bezog, indem „jeder Gemeinde [...] ein bestimmter Personenkreis zugewiesen (wurde), für den sie zuständig war und den sie im Notfall zu betreuen hatte. Diese Gemeinde war die *Heimat* der Betroffenen und gewährte ihnen *Heimatrecht.* [...] Dazu wurde ein – rechtlicher – Bezug zwischen bestimmten Menschen und bestimmten Orten hergestellt, der sich allerdings zunächst primär nur auf Fälle der Verarmung bezog." (Neumeyer, 1992: 9, Hervorhebungen original). Mit der Gründung des deutschen Nationalstaates 1871 übernahm der Staat die (Heimat-) Funktionen der Gemeinden, worin Neumeyer die Ursache für die „vielfach vorgenommene Bewertung eines Staates als Heimatland" (ebd: 13) vermutet. Der Bezug zur engeren Region ist es denn auch, der in der Übersetzung von Ausdrücken wie ‚*Heimatkunde*', ‚*Heimatdichter*', ‚*Heimatroman*' überlebt hat: Sachs-Villatte (1880/1979: 376) umschreiben diese Fügungen mit ‚géographie locale/ régionale', ‚poète régionaliste' und ‚roman régional/local', während die Übertragung ins Italienische mit Formulierungen wie ‚studio della storia', ‚geografia e natura della propria regione', ‚poeta regionale' und ‚romanzo a sfondo regionale' (Sansoni, 1985) erfolgt.

Indessen lässt sich nicht nur feststellen, dass die Zuschreibung von Kleinheit im lateinischen Heimatdiskurs weitgehend fehlt – es kann sogar behauptet werden, dass bei Formulierungen, die sich auf den Ausdruck ‚patrimoine'/‚patrimonio' (Stammgut, väterliches Erbe) berufen, implizite Vorstellungen von Reichtum, Fülle, Üppigkeit und Schmuck/Schatz mitschwingen.

> [...] il s'agit aussi de conserver *un patrimoine* de beauté *d'une haute valeur* idéale et économique pour notre patrie et particulièrement pour la région du lac de Lugano. (Journal de Genève 12.6.1925)
>
> Il assiste sans une réaction à un massacre organisé d'*importantes richesses* qui font *partie du patrimoine* commun[...]. (Liberté 31.6.1967)
>
> Un cygne est une *parure* [Goldschmuck, Zierde] de nos lacs, *qui appartient à notre patrimoine naturel* [...]. (Liberté 3.4.1979)
>
> [...] la mania delle réclame hanno menomato assai il *ricco patrimonio* di bellezze largito dalla natura al nostro paese. (Corriere del Ticino 17.11.1913) ([...] Die Reklamemanie hat das reichhaltige Schönheitserbe, das die Natur unserem Land grosszügig verliehen hat, sehr beeinträchtigt.)
>
> [...] un borgo [...] che ha l'onore di dare il nome all'*importante patrimonio* naturale [...]. (Corriere del Ticino 31.3.1979) ([...] ein Dorf, das die Ehre hat, dem gewichtigen natürlichen Erbe den Namen zu verleihen [...].)
>
> [...] le diverse chiese dei villaggi rivieraschi sono dei *gioielli* d'architettura e meritano di essere visitate per il *patrimonio artistico* contenuto. (Giornale del Popolo 12.10.1989) ([...] die einzelnen Uferdörfer sind architektonische Schmuckstücke und verdienen es, wegen des künstlerischen Erbes besucht zu werden.)

Im Natur- und Heimatdiskurs der deutschen und der lateinischen Schweiz dominieren also je unterschiedliche Zuschreibungen von (räumlicher) Ausdehnung und Grösse: Während im lateinischen Sprachraum die heimatliche Natur eher mit Begriffen der Fülle und Üppigkeit konnotiert ist, herrscht in der deutschen Schweiz eine Betrachtung vor, welche die (physische) Kleinheit und Schutzbedürftigkeit in den Vordergrund stellt. Inwiefern diese unterschiedlichen Konnotationen heimatlicher Natur auch für den gegenwärtigen Umweltdiskurs in der Schweiz von Bedeutung sein könnten, wird im Ausblick dieses Kapitels zu erörtern sein.

3.4.3 Sittlichkeit, Moral und Ethik

Die spezielle Stellung des deutschsprachigen Heimatbegriffes und dessen semantische Komponenten lassen sich am dialektalen Beispiel ‚Heimet' bestens erläutern. In ländlichen Regionen wird dieses Wort heute noch zur Bezeichnung des bäuerlichen (Pacht)Anwesens gebraucht, wobei zwei semantische Aspekte entscheidend sind: Zum einen gelangt damit eine rechtliche Beziehung zum Ausdruck, es bezeichnet das eigene Hab und Gut einer Person oder einer Familie. Zum anderen verweist dieses Wort per se auf eine bestimmte räumliche Einbettung, denn nur in einem ländlich-bäuerlichen Kontext kann von einem ‚Heimet' gesprochen werden.

Es ist denn auch das sittliche Ideal eben dieses bäuerlichen Lebens, an dem die Deutschschweiz bei der Evokation der Ausdrücke ‚Heimat' und ‚Vaterland' von Anfang Jahrhundert bis in die 50er Jahre beharrlich festhält. Im Bild der ländlichen Bevölkerung vereinigen sich alle Eigenschaften, die den aufrechten Schweizer Bürger ausmachen: von gesundem, bodenständigen Sinn ist oft die Rede, von der Liebe zur heimatlichen Scholle, von Sparsamkeit und Werktätigkeit, Schlichtheit und Einfachheit, aber auch von Stolz auf das mit eigenen Händen Vollbrachte, auf Geschichte und Tradition.

> In der geschilderten Gegend haben in den letzten hundert Jahren lediglich die Menschen gewechselt, nicht aber das freundliche Landschaftsbild, die Liebe der Bewohner zur heimatlichen Scholle und deren gesunder, bodenständiger Sinn. (NZZ 16.11.1913)

> Dieser schlichte Mann, der für seine Frau und seine lieben Kinder mit dem harten Leben ringt, muss das Futter für seinen Viehbestand alle zwei Tage eine halbe Stunde weit unterhalb seiner Hütte holen; aber er ist glücklich und wunschlos. (Vaterland 20.11. 1913)

> Unser sparsamer und werktätiger Bauernstand ist doch immer noch die beste Stütze des Heimat- und Vaterlandes, wirtschaftlich und politisch. (NZZ 09.06.1925)

> Unsere Korporationen, wovon die Unterallmend fast so alt ist wie die Eidgenossenschaft selber, sind mit der Scholle verbunden. Verbundenheit mit der Scholle ist nötig auch für alle Schwyzer und Schweizer. Wir müssen mit der Heimat verbunden sein in Beobachtung alter Traditionen. Stolz sind wir auf unsere Heimat wegen ihrer Schönheit, wegen ihrer kulturellen Fortschritte. (Vaterland 04.07.46)

> Während das Gefühl frommer Andacht die Geistlichen und ihre Gemeinde ganz erfüllt, verschmilzt dem Zuschauer beim Anblick der nahen Berge und von deren schlichten Bewohnern, Verkörperern der Heimat, der Begriff des Heimatlandes mit dem der Religion zu einem untrennbaren Ganzen. (NZZ 28.06.58)

Im selben Kontext taucht schliesslich ein weiteres, für den Deutschschweizer Diskurs wichtiges Schlüsselwort auf: die *Scholle*. Diese verkörpert nicht nur den wesentlichen Kern des ländlich motivierten Heimatgefühls, sie verankert gleichermassen auf metaphorische Weise, was als gut und richtig betrachtet wird: der (ländliche) Boden (,Scholle' wird im Duden auch als Synonym für ,[Heimat]boden' wiedergegeben) und all das, was mit ihm in Verbindung gebracht werden kann, insbesondere die Idee der „Verwurzelung" und des „organisch Gewachsenen". Der heimatliche Boden ist somit das eigentliche Leitbild für die vaterländischen Werte, wobei die Wortfügung ,bodenständig' und deren Gebrauch zur positiven Charakterisierung von Personen die These unterstreicht.

Diese ländlich-bäuerliche Heimatboden-Metaphorik zur Darstellung eines gesunden, fleissigen, einfachen und wehrhaften Schweizervolkes findet sich natürlich auch in den konsultierten Selbstdarstellungen wieder.

> Der Fleiss der bäuerlichen Bevölkerung verwandelte das sanfte Hügelland in einen Garten, aus dem das Schweizervolk drei Vierteljahre seine Nahrung zieht. (Weber, 1927)
>
> Heimatboden ist heiliger Ort. (Weber, 1927)
>
> Demokratie und durch sie die Freiheit sind nur für reife Menschen. [...] Sie müssen mit schweizerischem Herzen und klarem Blick, unabhängig, entschlossen und fest auf oft kargem Boden stehen, für unser Land und die Menschheit kämpfen. (Schwengeler et al., 1948)

Kurz vor dem zweiten Weltkrieg und im Zusammenhang mit der aus Deutschland stammenden Blut-und-Boden-Ideologie hat die Schollen-Metaphorik gar als Beweis herzuhalten für den Volkscharakter der verschiedenen zur Schweiz gehörenden Kulturen, wobei der (Heimat-)Boden nicht nur als verbindendes Element, sondern als eigentliche, produktive Kraft betrachtet wird:

> Die Sprachgrenzen beeinflussen in keiner Weise weder die Sitten, noch das Heimatgefühl: Unsere Hauptwerte: Recht, Gerechtigkeit, Gemeinschaftsleben, staatliches Leben beruhen auf einer einheitlichen Kultur, die lange vor der Sprachteilung schon bestand und *dem Boden selbst entstammt*. Was den berüchtigten Graben zwischen alemannischer und welscher Schweiz betrifft, so findet man ihn in Wirklichkeit gar nicht. (Lätt, 1935)

Bei diesem agrarromantischen Überbau der sittlichen Vorstellungen handelt es sich um eine typisch deutschsprachige Eigenheit. Auch wenn der Mythos des Schweizers als fleissiger, bodenständiger und bescheidener Bauer nicht als direkte Folge der semantisch-lexikalischen Vorgaben der deutschen Sprache angesehen werden kann, so hat doch sicher die Existenz und die besondere Stellung der Wörter ‚Heimat', ‚Scholle' und ‚Bodenständigkeit' zur Verfestigung dieser Vorstellungen beigetragen. Die auftretenden Schwierigkeiten bei der Übersetzung der drei Begriffe untermauern die Annahme: ins Französische wird ‚bodenständig' beispielsweise mit dem Wort ‚autochtone' übersetzt, das keine gedankliche Verbindung zu „Boden" oder „Festigkeit" herstellt.

Mit der Realität und der tatsächlichen Entwicklung hat diese verklärte Betrachtungsweise des Landlebens jedoch schon lange nichts mehr zu tun. Bereits am Vorabend des ersten Weltkrieges hat die Schweiz im internationalen Vergleich längstens als Industriestaat zu gelten: Nur mehr eine Minderheit von 23% der Bevölkerung lebt zu diesem Zeitpunkt noch in Siedlungen von weniger als 1'000 Einwohnern (Le Dinh, 1992: 26–28). Es dürfte nicht zuletzt der Politik des Schweizerischen Bauernverbandes zuzuschreiben sein, wenn sich die idealisierende Sicht in der Wahrnehmung einer breiten Öffentlichkeit zu halten vermochte: In seinem Bestreben, „gegen die Herrschaft des Freihandels aufzutreten" (Schweizerisches Bauernsekretariat, 1947: 9), beschwor der Verband die Bedeutung der „Bauernsame" als wahrer Hüterin der Schweizer Heimat. Natur, Heimat und Bauerntum werden sowohl in den Schriften des Bauernverbandes wie in den Darlegungen der Deutschschweizer Presse zum harmonischen Dreiklang: „Zwar mögen die anderen Stände einen höheren Verdienst geniessen, doch der Bauer, der im Schweisse seines Angesichtes sein gesichertes Brot verdient, braucht sie nicht zu beneiden, denn die Landwirtschaft gibt der Bauernfamilie mehr, als grosser Gewinn, Reichtum und Wohlleben zu bieten vermögen. Hier wird die Arbeit zur Freude und zum Segen für die ganze Familie. Der Boden trägt nicht nur die Früchte der Erde, sondern die Verbundenheit mit der Natur wird zur Quelle körperlicher, geistiger und seelischer Kraft und Gesundheit" (Schweizerisches Bauernsekretariat, 1947: 115).

Dass es sich bei der Bauernidylle um eine kulturspezifische Vorstellung handelt, lässt sich anhand der italienischen Texte am deutlichsten aufzeigen. Zwar gehören auch hier Natur und Heimat irgendwie zusammen, doch löst sich diese Kombination nicht in der idealen Vorstellung des Bauernlebens auf. Im Gegenteil: zumindest am Anfang des Jahrhunderts wird der Bildungsrückstand der ländlichen Bevölkerung und deren kurzsichtiger Umgang mit der Natur öffentlich angeprangert. Insbesondere die häufigen Waldbrände in

Alpgebieten werden den Bergbauern angelastet; aber auch die in der (ländlichen) Tradition verankerte masslose Jagd auf Vögel und Wild verbaut den Weg zu einer verklärten agraridyllischen Sichtweise. Wahrer Patriotismus – ein Begriff, der im Tessin auffällig häufig und immer positiv verwendet wird – ist Ausdruck von Zivilisation und Fortschritt, wobei es nur die Bildung sein kann, die schliesslich zum Ziel verhilft. So geniessen denn auch die Lehrer und die Bildungsinstitute im Tessin ein besonders hohes Ansehen: die Schule wird oft als Verkörperung wahrer Heimatliebe dargestellt, denn sie ist es, welche die Bevölkerung zu guten Patrioten erzieht. Sogar die Liebe zur Schönheit der natürlichen Umgebung (und das Erkennen der Schönheit der natürlichen Umgebung gilt als wichtiges Element des Patriotismus) muss zuerst in der Schule vermittelt und gelernt werden:

> Quest'anno hanno anticipato al porre in pratica i loro bestiali pregiudizi i signori alpigiani. [...] 90 volte su 100 sono essi stessi che appiccano il fuoco ai boschi col prestesto di migliorare i pascoli. E' dovere forestale di illuminarli e della giudiziaria di punirli. (Il Dovere, 01.09.1904) (In diesem Jahr haben die Alpenherren ihre bestialischen Vorurteile noch früher umgesetzt. [...] 90 von 100 Malen sind sie es selber, welche die Wälder mit dem Vorwand anzünden, so die Weiden zu verbessern. Es ist Aufgabe der Förster, sie aufzuklären und Aufgabe der Richter, sie zu bestrafen.)

> Quando la nostra agricoltura si trascinava alla meglio, seguendo i dettami dell'antica tradizione, pochi forse avranno immaginato che in tempi non lontani si sarebbero fondate istituzioni ed aperte scuole, per proteggere gli interessi della gente di campagna e per ammaestrarla in un mestiere, ritenuto vilissimo, quasi indegno di persone rispettabili. [...] Bisogna adunque cambiare rotta, bisogna che le nostre associazioni agrarie si persuadano che hanno da compiere una missione più nobile [...]: devono distribuire il pane della scienza [...]. Quel giorno in cui la nostra coscienza ci dirà che nulla lasciammo d'intentato per raggiungere sì nobile scopo, quel giorno sarà uno dei più belli del nostro movimento, segnerà una pietra migliare sulla grande via della nostra redenzione economico-morale. Quell'auspicato giorno affrettiamo coi voti nostri più ardenti alla patria nostra. (Popolo e Libertà 31.08.1904) (Als sich unsere Landwirtschaft schlecht und recht über die Runden brachte, indem sie die Gesetze der antiken Tradition befolgte, hätten sich nur wenige vorstellen können, dass in nicht allzu ferner Zeit Institutionen gegründet und Schulen eröffnet würden, um die Interessen der Landbevölkerung wahrzunehmen und sie in einem Beruf auszubilden, der als absolut niedrig, ja, für respektable Leute als unwürdig galt. [...] Man muss eine neue Route einschlagen, unsere Landwirtschaftsverbände müssen einsehen, dass sie eine edlere Mission zu erfüllen haben [...]: Sie müssen das Brot der Bildung verteilen [...]. An jenem Tag, an dem unser Gewissen uns sagt, dass wir nichts unterlassen haben, um dieses edle Ziel zu erreichen, dieser Tag wird einer der schönsten Tage unserer Bewegung sein und ein Meilenstein auf dem Weg unserer ökonomischen und moralischen Erlösung. Diesen ersehnten Tag beschleunigen wir mit den flammendsten Fürbitten für unsere Heimat.)

Neben dem Bestreben, dem Vaterland mittels Aus- und Weiterbildung der Bevölkerung einen Dienst zu erweisen und diese auf dem Weg des Fortschritts weiterzubringen, ist auch das Erkennen und das Lob der heimatlichen Schönheit ein Zeichen der Vaterlandsliebe. Obschon dieser Aspekt die Verbindung von Heimat und Natur eindeutig herstellt, bleibt das landschaftliche Element trotzdem lange Zeit ein untergeordnetes Thema, da dem Fortschritt und Wohlstand auf der Prioritätenliste immer der erste Platz zugewiesen wird. Und wer sich zugunsten der Natur gegen dieses Grundprinzip zu wenden wagt, muss mit den schlimmsten Anschuldigungen rechnen:

> Per la Svizzera la questione della protezione delle bellezze naturali è di somma importanza. [...] Non dobbiamo schierarci con quei misonesti arrabbiati i quali trovano in ogni innovazione portata dal progresso, in ogni tronco di ferrovia, un oltraggio alle bellezze naturali; dobbiamo però giustamente metterci con coloro i quali chiedono che le manifestazioni del progresso nelle sue applicazioni, la speculazione commerciale, facciano sforzi per risparmiare nei limiti del possibile il nostro patrimonio di bellezze naturali. (Corriere del Ticino 17.11.1913) (Für die Schweiz ist das Anliegen des Schutzes der natürlichen Schönheiten von grösster Wichtigkeit. [...] Wir dürfen uns hingegen nicht mit jenen unaufrichtigen Wahnsinnigen vereinigen, die jede vom Fortschritt gebrachte Neuerung, jeden Eisenbahnabschnitt als einen Eingriff in die natürlichen Schönheiten empfinden. Wir müssen uns hingegen richtigerweise mit jenen zusammentun, die darauf bedacht sind, dass die Errungenschaften des Fortschritts in ihren Anwendungsbereichen, die Spekulationen des Handels, ihre Kräfte dafür einsetzen, unseren Reichtum an natürlichen Schönheiten innerhalb der möglichen Grenzen erhalten zu helfen.)

Bezüglich der Moralvorstellungen im Zusammenhang mit Natur und Heimat stellt der Gotthard zwischen dem Tessin und der übrigen Schweiz anfangs dieses Jahrhunderts ein wesentlich grösseres (kulturelles) Hindernis dar, als die Saane zwischen deutscher und welscher Kultur. Zwar ist die idyllisierende Landschaftsoptik in der Deutschschweiz wesentlich ausgeprägter, doch finden wir auch in welschen Zeitungen nicht wenige Verweise auf landschaftliche Idyllen und damit verbundene Vorstellungen über die Charaktereigenschaften der Bewohner (Traditionsbewusstsein, Schlichtheit, Masshalten, Ruhe, Fleiss). Ein wesentlicher Unterschied ist hingegen ganz klar auszumachen: Bei genauerer Betrachtung der französischen Artikel beziehen sich alle von uns gefundenen Texte nicht wie im Deutschen auf ländliche Gebiete im allgemeinen, sondern fast ausschliesslich auf die Alpen und die dort lebenden Bergbauern. Da dieses Thema in einem anderen Unterkapitel (3.5) behandelt wird, verzichten wir an dieser Stelle auf eine ausführlichere Diskussion.

An dieser Stelle liegt es nahe, auf die Darstellung der Stadt als Gegenstück zur ländlich-abgeschiedenen Idylle einzugehen. Hier lassen sich vor allem zwischen der deutschen und der französischen Schweiz aufschlussreiche Unterschiede feststellen: vom (Gross)städtischen wird nämlich in der Deutschschweiz explizit Abstand genommen, indem man das Urbane der ländlichen Idylle als negativen Kontrast entgegenstellt. Im französischen Sprachraum hingegen geschieht diese Gegenüberstellung weitgehend ohne Polemik:

> Nach wunderbaren Herbsttagen hat der Winter [...] auf unseren Gebirgshöhen seinen Einzug gehalten. Tausende und tausende von Sportsfreunden werden [...] dem in weiter Ferne glitzernden und glimmernden Firne zueilen können, um in hoher Alpenwelt, fern vom Lärm der Grossstadt, Herz und Geist zu stärken für die Sorgen des Alltagslebens. (Vaterland 18.11.1913)
>
> [...] vergessen wir [...] die Ferienstätten nicht, in denen unsere Väter schon Erholung suchten und fanden, und die dank generationenalter guter Gastungs-Tradition, erhebender Naturerlebnisse weltabgeschiedener Bergtäler und fröhlich-friedlicher Atmosphäre ohne Unrast, ohne Auto- und Bahnhast gerade auch für uns nervöse Stadtmenschen ein „Bad der Wiedergeburt" sind. (Vaterland 28.06.1958)

Zwar werden auch in der französischen Schweiz Ruhe, Frieden und Entspannung als Voraussetzungen für das Gefühl heimatlicher Zugehörigkeit geschildert, indessen gelten sie hier nicht pauschal und ausdrücklich als Gegenstück zur Urbanität. Umgekehrt werden natürlich auch städtische Probleme wie Verkehrsaufkommen und Hast besprochen, doch verbleibt die Kritik meistens innerhalb eines klar umrissenen Geltungsbereiches, einer benannten Stadt oder eines spezifischen Quartiers.

> Il est des gens terre à terre qui se plaignent du nombre, de la vitesse et du bruit des autos qui rendent certains quartiers de notre bonne ville de Lausanne peu ou pas enviables du tout. Peut-être ont-ils raison, n'est-ce pas, voisine? Pour quant'à nous, dans notre paisible quartier des Bergières-Colonges-Beau Soleil et environs, nous ne pouvons pas nous plaindre à ce sujet. (Feuilles d'avis de Lausanne 12.06.1925)

Wird in bezug auf eine bestimmte Stadt ein Zugehörigkeitsgefühl ausgedrückt (unsere Stadt/notre ville), so geht dies hier wie dort meist mit der idyllisierenden Beschreibung einer Garten- oder Parkanlage einher. Was den persönlichen Charakter einer Stadt auszumachen scheint, ist also für beide Sprachgruppen nicht das Urbane, sondern das Ländliche wie etwa Parkanlagen, florealen Fensterschmuck oder der Zoo. Einzig das Tessin ist (infolge der oben erwähnten speziellen Situation) von dieser Entwicklung ausgeschlossen.

> Notre cité s'enorgueillit [...] de ses parcs, de ses promenades publiques [...]. Ces larges pelouses, ces futaies bien ordonnées composent à notre cité une

ceinture de verdure que nous envient bien des villes. (Journal de Genève 16.05.1935)

[...] la commission de décoration [...] encourage ainsi les habitants de notre ville à fleurir fenêtres et balcons, pour que la cité soit plus belle, plus accueillante. (Feuille d'avis de Lausanne 4./5. 11. 1967)

Nächsten Sonntag [...] werden die Cadets de Genève ein Frühschoppenkonzert im Zoologischen Garten abhalten. Es sind 230 junge Musikanten, die [...] unserer Stadt einen Besuch abstatten und diesen Anlass benützen, in unserm Garten aufzutreten. Der Besuch des Gartens ist gegenwärtig besonders lohnend, da sehr viel Jungtiere vorhanden sind. (Nationalzeitung 14.06.1925)

Der Wettbewerb, der den Teilnehmern vorschrieb, zu erraten, wieviele Narzissen auf vier Quadratmeter wachsen, erfreute sich auch in unserer Stadt ausserordentlicher Aufmerksamkeit [...]. (Nationalzeitung 15.05.1935)

Neben allen bisher festgestellten Bewertungsunterschieden gibt es aber auch Qualitäten, denen in allen Landesteilen über sämtliche Zeitschnitte hinweg gleich grosse Beachtung zuteil wird: In der Wertschätzung der berühmtesten Schweizer Tugenden, Sauberkeit und Ordnung, sind sich offenbar alle einig.

Lugano è indubbiamente una bella città: lo sarebbe meno tuttavia non fosse così pulita, malgrado l'azzurro del cielo e del lago, il verde dei parchi, il color rame delle nostre montagne d'autunno. (Corriere del Ticino 28.06.58) (Lugano ist unzweifelhaft eine schöne Stadt. Sie wäre weniger schön, wenn sie nicht so sauber wäre, trotz dem Blau des Himmels und des Sees, dem Grün der Pärke, dem Kupferrot unserer Berge im Herbst.)

Ces larges pelouses, ces futaies bien ordonnées composent à notre cité une ceinture de verdure que nous envient bien des villes. (Journal de Genève 16.05.1935)

Schöne, wohlbestellte Heimwesen, mit allem, was dazu gehört, liegen der Strasse entlang, die wie eine Stube so sauber gekehrt ist [...]. (NZZ 02.09.1904)

3.4.4 Die Schönheit der Heimat

Wie bereits einleitend erwähnt, taten sich Tessiner und Westschweizer lange Zeit schwer mit der Übersetzung des Ausdrucks ‚Heimatschutz'. Gelegentlich behalfen sie sich mit einer Notlösung, indem sie das deutsche Wort einfach übernahmen und in den eigenen Text integrierten.

La Suisse [...] était particulièrement qualifiée pour convoquer cette conférence à cause de ses merveilleuses beautés naturelles et des efforts qu'elle a déjà faits pour le Heimatschutz. (Journal de Genève 19.11.1913)

L'iniziativa della protezione delle bellezze naturali ha avuto un valido e strenuo patrocinatore nel Dr. Paolo Sarasin, presidente della Commissione svizzera per l'Heimatschütz [sic]. (Corriere del Ticino 17.11.1913) (Die Initiative zum Schutz der natürlichen Schönheiten hatte in Dr. Paul Sarasin, dem Präsidenten der schweizerischen Kommission für den Heimatschutz, einen tüchtigen und eifrigen Befürworter.)

Mit zunehmender Bedeutung der Institution *Heimatschutz* wurden indessen Übersetzungen unabdingbar. Ein Blick auf die wechselvolle Art und Weise, wie der Ausdruck übersetzt wurde, lässt die These plausibel scheinen, dass es vor allem die unterschiedliche Gewichtung der ästhetischen Dimension ist, auf die die allfälligen Unterschiede in der Konzeption von Heimat in der lateinischen und in der deutschen Schweiz zurückzuführen sind: Der erste Vorläufer der Schweizerischen Vereinigung für Heimatschutz wurde in der Romandie ins Leben gerufen; in einem mit „Les Cancers" [Die Krebsgeschwüre] betitelten Artikel führte die Malerin Marguerite Burnat-Provins im März 1905 Klage über zahlreiche architektonische Fehlleistungen. Sie sprach sich abschliessend dafür aus, dass sich eine Vereinigung von Menschen aktiv in den Dienst der Schönheit („se mettre au service du beau") stellen solle (Le Dinh, 1992: 37). Das positive Echo auf den Artikel ermutigte die Autorin, zur Gründung einer „Liga für die Schönheit" aufzurufen: „[…] je demande leur aide pour sauver ce qui subsiste encore, par UNE VASTE ET FRATERNELLE ASSOCIATION CONTRE LE VANDALISME. Je la baptise dès aujourd'hui: LA LIGUE POUR LA BEAUTÉ" (Burnat-Provins, zitiert in Le Dinh, 1992: 38, Hervorhebung übernommen). Etwas später, am 1. Juli 1905, wurde in Bern die „Schweizerische Vereinigung für Heimatschutz" ins Leben gerufen, die von allem Anfang an eng mit der „Ligue pour la Beauté" zusammenarbeitete: „[…] il fut également décidé de publier, sous le nom de Heimatschutz et Ligue pour la Beauté, un bulletin mensuel […]" (Le Dinh, 1992: 42). Der ästhetische Aspekt war es denn auch, welcher zunächst in der offiziellen Übersetzung von ‚Heimatschutz' zum Ausdruck gebracht wurde: Die Vereinigung nannte sich bis in die dreissiger Jahre ‚Ligue pour la conservation de la Suisse pittoresque' respektive ‚Società Svizzera per la conservazione delle bellezze artistiche' (Weber, 1927: 25 resp. 27 resp. 26; Lätt, 1935: 16).

Dann allerdings scheint sich eine andere Übersetzung von ‚Heimatschutz' mehr und mehr durchzusetzen. Die 1936 gegründete Eidgenössische Natur- und Heimatschutzkommission nannte sich ‚commission fédérale pour la protection de la nature et du paysage' bzw. ‚commissione federale per la protezione della natura e del paesaggio'; diese Bezeichnungen werden auch für das Bundesgesetz über den Natur- und Heimatschutz beibehalten. Die ästhetische Komponente rückte gegenüber den älteren Übersetzungen etwas in den Hintergrund, blieb aber erhalten, wenn man die empirisch begründete Feststellung Hards (1969: 260) berücksichtigt, wonach das französische ‚paysage' (im Unterschied zum planerisch und geographisch besetzten deutschen Ausdruck ‚Landschaft') oft im Zusammenhang mit kunstwissenschaftlichen Auseinandersetzungen erwähnt werde.

Heute wird ‚Heimatschutz' weitgehend ohne Verweis auf den ästhetischen Gehalt übersetzt; die Satzungen von 1946 erscheinen unter dem Titel ‚Schweizer Heimatschutz' – ‚Ligue Suisse de sauvegarde du patrimoine national' – ‚lega svizzera per la difesa del patrimonio nazionale'. Diese Bezeichnungen sind auch heute noch üblich – womit sich zumindest vom sprachlichen Standpunkt aus die lateinischen Sprachen insofern der deutschen Vorgabe annähern, als auch sie jetzt, analog zu Heim- im Deutschen, den Wortstamm patri- in der Bezeichnung anführen.

Wenn wir uns nun dem spontanen Alltagsgespräch über die heimatliche Natur zuwenden, lassen sich zunächst eine ganze Reihe von Eigenschaften herausarbeiten, die überall in der Schweiz positiv bewertet und mit Schönheit in Verbindung gebracht werden. Insbesondere sind es Merkmale wie die Seltenheit, die Originalität, das Charakteristische und das Besondere, die vom ästhetischen Standpunkt offenbar als wünschenswert gelten:

> Ob wir durch die Landschaft schreiten und ernsten Sinnes *ihrer Schönheit und Besonderheit* auf die Spur zu kommen suchen; [...] – es trägt alles seinen Wert in sich, wenn es mit dem rechten Geist und in der Wahrheit getan ist. (Vaterland 20. 11.1913)

> Die Böschung gegen den Schanzengraben wird *verschönert* durch eine Serie von Weiden, die neben einheimischen Arten *auch die seltene chinesische Schneeweide* umfasst. (NZZ 7.7.1946)

> Eine Stunde verweilen wir hier oben neben dem Gipfelkreuz, geniessen die Rundsicht, erleben *die Schönheit und Einmaligkeit* dieser unserer Gebirgswelt. (Vaterland 7.10.1989)

> Peu de villes au monde exigent autant de soins que la nôtre à cause des héritages magnifiques qu'elle a faits et de sa disposition au bord d'*un lac incomparable.* (Journal de Genève 3.7.1946)

> Un'altra *bella attrattiva* della nostra città è data *dai caratteristici portici* che si snodano tortuosamente lungo la via Pessina e la vecchia via Nassa. (Corriere del Ticino 18.11.1913) (Eine andere schöne Attraktion unserer Stadt bilden die charakteristischen Arkaden, welche sich gelenkig entlang der Via Pessina und der alten Via Nassa krümmen.)

Eng verbunden mit der Vorliebe für das Besondere und Spezifische ist auch die Wertschätzung von Abwechslung und Kontrast: Schön ist das Vielfältige, während das Monotone auf Ablehnung stösst.

> [...] seit unser Genfer Bürger Jean Necker [...] Tausende von Hektar des Dünensandbodens mit Föhren bepflanzen liess, hat das an und für sich *monotone, ja traurige Landschaftsbild* doch wesentlich gewonnen. (NZZ 12.6.1925)

> Auch diejenigen Besucher, die diese Grünanlage nur zur Erholung aufsuchen [...], müssen etwas ahnen von der *pflanzlichen Vielgestalt* und Fülle, die weit über die naturgegebenen Möglichkeiten unserer heimatlichen Klimastufe und Vegetationszone hinausgehen und etwas von dem *zauberhaften Pflanzenreichtum* des Erdkreises schaubar machen. (NZZ 7.7.1946)
>
> Et si ces *Alpes vaudoises* ont été particulièrement adorées, ce n'est point qu'elles sont plus belles que d'autres, mais c'est qu'elles *offrent* peut-être, plus que d'autres, *une variété d'aspect et de caractère, d'inattendu qui attire*, qui subjugue comme une femme aimée. (Journal de Genève 16.11.1913)
>
> [...] le chemin de fer amène le voyageur à travers les deux principales vallées des Alpes [...] et lui révèle, d'un bout à l'autre, *la variété tout à la fois des formes et de l'atmosphère* de nos montagnes. (Liberté 4.7.1946)
>
> Chi non *sente simpatia* per la nostra F.A.? [Flora alpina] [...] Che non possiamo dir noi di questi innumerevoli fiorellini, *vari per colore, per profumi, per forme*, che solitari, a gruppi, a schiere, ad eserciti, si slanciano all'assalto dei nostri monti? (Popolo e libert, 19.11.1913) (Wer fühlt keine Sympathien für unsere A.[lpine] F.[lora]? [...] Was können wir nicht alles erzählen über diese unzähligen Blümchen, die sich in Farbe, Geruch und Form unterscheiden und die sich einzeln, in Gruppen, in Scharen und in ganzen Heeren zur Eroberung unserer Hügel anschicken?)

Diese Vorliebe für das Vielfältige schliesslich ist gekoppelt an ästhetische Konzepte, welche die Bedeutung der Gesamtheit, des komplementären und geordneten Ineinandergreifens einzelner Elemente, hervorhebt:

> Das Dörfli [der schweizerischen Landesausstellung] ist eine *harmonische Vereinigung* malerischer Ausstellungsbauten, [...]. Es handelt sich hier [beim Heimatschutzwirtshaus] *nicht etwa um die blosse Kopie* irgend eines Berner Wirtshauses, sondern um einen der ganzen Anlage *organisch angepassten* Bau. (NZZ 17.11.1913)
>
> Il y a des paysages plus grandioses; je n'en connais pas de plus exactement mesuré, de plus délicatement proportionné! Tout y est à l'échelle. Une *harmonie se dégage de l'ensemble des détails*, toujours imprévus, jamais heurtés. (Journal de Genève 16.11.1913)
>
> Le esposizioni dei differenti gruppi [an der Landesausstellung] presenteranno un *bell'effetto d'insieme, armonioso e senza false note*. (Il Dovere 19.11.1913) (Die Ausstellungen der verschiedenen Gruppen werden einen schönen Gesamteffekt erzielen, harmonisch und ohne falschen Noten.)

Die Heimat, die heimatliche Natur, die Blumen der Heimat sind unbestritten *schön*, *prächtig*, *splendides*, *magnifiques*, *meravigliose* und *splendenti*; die Verschiedenheiten zwischen den Sprachgruppen äussern sich also weniger in dem, *was* als schön gilt, als vielmehr in der Art und Weise, *wie* die Schönheit spezifiziert und näher beschrieben wird.

Im deutschen Sprachraum ist das Repertoire an Ausdrücken für die visuellen Reize detailliert und vergleichsweise „spezialisiert": das Bild der Landschaft wird vornehmlich über die optischen Eindrücke geschildert. Farbe und Beschaffenheit des Lichtes stehen dabei im Zentrum, gelegentlich wird auch die Wahrnehmung von Bewegung in die Schilderung mit eingeschlossen. Nicht an den Sehsinn gebundene Sinneseindrücke wie taktile Reize, Gerüche oder Klänge bleiben, sofern sie sich nicht direkt an visuelle Erfahrungen anbinden lassen („warmes Licht"), im ästhetischen Diskurs der Deutschschweiz weitgehend ausgeklammert.

> Die letzten Tage haben in unsern Bergen einen gänzlichen Szeneriewechsel gebracht. Die Anfang der Woche noch *in intensivem Grün schimmernden* Alpen, wo man sich diesen Herbst ausnahmsweise noch so spät der Alpenflora erfreuen konnte, sind mit einem *weissen Teppich* überzogen, welcher sich bis in einzelne Dörfer hinunter ausdehnt. (NZZ 18.11.1913)
>
> Viele kennen die *sprühende Schönheit* eines Sommerabends oder die *silberne Helle* einer Mondnacht; aber nur ganz wenige wissen von der seltsamen Luft nächtlicher Wanderungen um die Herbstzeit. (Vaterland 20.11.1913)
>
> Wir nähern uns dem Meer, [...] schenken unsere Beobachtung dem Wechsel im Landschaftsbild und grüssen die ersten Pinien mit dem *dunkeln Schirmdach*, die *goldene Mimose*, den Lorbeer, Eukalyptus, Kastanienbaum, die hinter Gartenmauern *in glühendem Rot leuchtende* Kamelie und die ganze Pracht des erwachenden südlichen Pflanzenreichtums. [...] Wo es gegen die Sierra Guadarrama [...] zugeht, gibt es Partien, in denen wir Anklänge an unser Gebirgsland zu erblicken glauben. (NZZ 12.6.1925)
>
> [...] als wir knapp über dem *entgegenschäumenden Rhein* der *grünen Wiese* des Basler Flughafens zusanken, war schon ein erster Teil des grossen Flugfilms mit luftigen Wolken und *schimmernden Flussläufen*, schachbrettartigen Äckern und *bunten Städtchen*, viel *sichtbarer Landschaftsschönheit* und unsichtbaren Kantonsgrenzen, vor uns abgespult [...]. (Vaterland 16.5.1935)
>
> Was die Bergfahrt an Reizen uns enthüllt, die Talfahrt gibt sie uns *in schönerem Lichte* noch einmal. Denn nun liegt der *warme ruhevolle Schein* des Abends über den Ufern. (National-Zeitung 8.6.1925)

In der lateinischen Schweiz hingegen wird der visuelle Eindruck durch die Schilderung von Linien und Textur erweitert; insbesondere im französischen Sprachraum gemahnt die ästhetische Beschreibung oftmals an einen professionellen Bildkommentar, wobei die Metapher des Gemäldes (*la toile*, die Leinwand; *pittoresque*, malerisch) in der Landschaftsbeschreibung durchaus explizit Verwendung finden kann:

> On y trouve peu de maisons *en alignement contigu*, [...]. Nos créoles veulent être à l'aise, et ils se sont disséminés sur tout le versant de la montagne [...],

> pour redescendere ensuite, à travers les forêts ondoyantes du Mont-Fleuri, jusqu'à la mer. (Liberté 20.8.1904)
>
> [...] il me sera permis d'insister sur la pureté et la *finesse de la ligne* que découpe dans le ciel notre chaîne vaudoise, [...]. *Quel incomparable décor! Quelle merveilleuse toile de fond!* La grâce s'allie à la force. [...] Et si nous portons nos regards plus au sud, nous reconnaissons peut-être encore davantage le caractère classique, savoyard ou latin, dans *la ligne inclinée* vers le couchant des Alpes du chablais. (Journal de Genève 16.11.1913)

Zudem wird im lateinischen Sprachraum Ästhetik eher als umfassende Sinnlichkeit konzipiert, indem das visuelle Erlebnis, die Freude an Farbe, Licht und Bewegung, um Sinneseindrücke wie taktile Empfindungen (Wärme/Kälte, Frische), Gerüche und sogar Klänge erweitert wird.

> Qu'elles sont *belles, nos campagnes, vaudoises,* en ce début de juin! [...] Un plateau chargé de prairies splendides, et qui s'abaisse en une cuvette de *verdure*. Savez-vous le nom de cette gentille rivière qui coule là au fond? [...] nos rivières vaudoises et leurs affluents sont légion, et *leurs noms* [...] *sont pittoresques et harmonieux*. Celle-ci, c'est la Molombaz, mais on prononce Molombe, comme pour donner une rime riche à colombe. (Feuille d'avis de Lausanne 11.6.1925)
>
> Le versant droit de la Vièze est dans l'ombre, *frisé par des rayons* qui ont la *transparence* d'une *vague brume irisée*. Mis en relief par la *lumière*, l'autre flanc est d'un *vert* aussi *frais* qu'au printemps et qui est un bonheur et un repos pour les yeux. Des hirondelles s'en donnent à coeur joie de survoler la rivière dont l'incessant grondement a accompagné nos rêves cette nuit. (Feuille d'avis de Lausanne 1.7.1946)
>
> Tutti a Rovio! Seguite il nostro richiamo ospitante! *L'armonia della natura* che vi *sazierà* della sua *aria balsamica* e l'invidiabile orchestra, infonderanno nei vostri cuori quella giusta gioia di vivere [...]. (Il Dovere 6.7.1946) (Kommt alle nach Rovio! Folgt unserem einladenden Ruf! Die Harmonie der Natur wird Euch mit ihrer balsamischen Luft sättigen, und wird zusammen mit dem beneidenswerten Orchester in Euren Herzen die wahre Lebensfreude verankern.)

Daneben weicht der lateinische Sprachraum noch in einer weiteren Besonderheit vom deutschen ab. Bereits aus den letzten zwei französischen Zitaten wird ersichtlich, dass der Natur gerne „menschliche" Eigenschaften zugeschrieben werden: Das Bächlein in der sommerlichen Waadtländer Landschaft ist „lieb" (*la gentille rivière*), während der Fluss im anschliessenden Text „unaufhörlich schimpft" (*la rivière dont l'incessant grondement accompagne nos rêves*). Diese Neigung, im Erscheinungsbild von Natur und Landschaft soziale und menschlich-individuelle Eigenschaften zu erkennen, kommt in zahlreichen Passagen zum Ausdruck. Zwar trifft man auch im Deutschen auf Wendungen wie *freundliches* und *trauriges Landschaftsbild* oder *sanfte Hügelzüge*; indessen fallen im französischen und italienischen

Sprachraum die personifizierenden Ausdrucksweisen reichhaltiger und vielfältiger aus. Hier sind Natur, Landschaft oder Blumen nicht nur *sanft, wild, reich* oder *freundlich*, sondern sie sind „lachend" (*riant*), „erheitert" (*egayé*), „lächelnd" (*sorridente*), „drollig" (*cocasse*), „einladend" (*accueillant*), „anziehend" (*attrayant*), „anmutig" (*leggiadra*) und „phantasievoll" (*fantasioso*):

> En cette arrière automne, *les fleurs* les plus belles, les plus *riantes*, les plus capiteuses s'y épanouissent à foison [...]. (Liberté 20.11.1913)
>
> Un jury attribuera les nombreux prix qui déjà s'annoncent, tant cette initiative soulève d'enthousiasme ceux qui désirent garder ou redonner *à notre Gruyère son riant et frais visage*. (Liberté 8.11.1967)
>
> [...] les délégués [...] prirent place dans cinq grand cars décorés qui les conduisirent à travers *notre campagne égayée* par un soleil magnifique [...]. (Feuille d'avis de Lausanne 13.5.1935)
>
> Così nel mattino radioso dell'estate, fra *il sorriso del cielo*, e lo splendore della natura, saluti Novaggio, [...] gli Amici dell'Educazione del popolo nostro! (Il Dovere 1.9.1904) (So grüsse Du, Novaggio, im strahlenden Sommermorgen, zwischen dem Lächeln des Himmels und dem Glanz der Natur [...] die Freunde der Erziehung unseres Volkes!)
>
> Vuol essere [...] un irrefrenabile palpito d'amore, un fervido omaggio, un entusiastico evviva al nostro amato Ticino, alla nostra pittoresca, *leggiadra Lugano*, a tutto il buon popolo ticinese. (Popolo e Libertà 9.6.1925) (Das bedeutet [...] ein ungetümes Pulsen der Liebe, eine inbrünstige Huldigung des ganzen geliebten Tessinervolkes.)
>
> Sono [...] più *pittoresche*, più *fantasiose,* le *nostre cascate* [...]. (Giornale del Popolo 23.6.1958) (Unsere Wasserfälle sind malerischer, phantasiereicher)

Dieser Hang, mit der ästhetischen Beschreibung der Natur soziale und „menschliche" Eigenschaften zu verflechten, bietet sich letztlich auch als eine mögliche Erklärung an, weshalb im lateinischen Raum der schillernde deutsche Ausdruck ‚Heimat' während langer Zeit im Rückgriff auf die Ästhetik, auf das Schöne, umschrieben wurde: Das Sittlich-Moralische, die sozialen Imperative, die im Konzept von Heimat anklangen, liessen sich zumindest teilweise in der lateinischen Vorstellung des Schönen unterbringen. Oder umgekehrt formuliert: Da sich im Deutschen die Sprachverwendung offenbar weitgehend auf ästhetische Kategorien spezialisiert und eingeschliffen hatte, welche einseitig das Visuelle hervorhoben, fand sich in Heimat ein komplementäres Konzept, das sich primär auf das Sittlich-Moralische ausrichtete.

Wie gut sich im lateinischen Sprachraum die Ästhetik als Vehikel eignete, um sittliche Ansprüche zu transportieren, zeigt der Diskurs im Tessin, wo das Naturschöne explizit als Illustration und Argument in die Erziehungs- und Aufklärungsdebatte aufgenommen wurde.

Io domando: Dove si forma il nostro popolo? Nelle *scuole primarie e secondarie*. Qui appunto deve incominciare *la nostra educazione estetica*, elemento importante di *patriotismo*. Il quale non si fonda solamente sulle tradizioni, [...]; ma *raccoglie in sè tutti quei fattori*, che in qualunque modo, hanno influito sul carattere nazionale attraverso i secoli: *E la natura è appunto uno di questi fattori* [...]. (Popolo e Libertà 21.11.1913) (Ich frage: Wo wird unser Volk ausgebildet? In den Primar- und Sekundarschulen. Und genau hier muss unsere ästhetische Erziehung beginnen, ein wichtiges Element des Patriotismus. Dieser gründet nicht nur auf den Traditionen, [...] sondern vereinigt alle Faktoren, die im Laufe der Jahrhunderte auf irgendeine Weise unseren Nationalcharakter beeinflusst haben. Und die Natur gehört zu eben diesen Faktoren [...].)

Vedevo infatti i nostri ticinesi [...] far attiva ed autorevole propaganda a favore d'*una coltura estetica basata su* larga *conoscenza*, e su sacro *rispetto* della natura, fonte pura ed inesauribile d'arte, di poesia, di gioia. (Popolo e libertà 19.11.1913) (So sah ich unsere Tessiner, die wieder zu uns zurückgekehrt waren, wie sie sich aktiv und respektheischend für eine ästhetische Kultur einsetzen, die auf einem breiten Wissen und auf einem heiligen Respekt vor der Natur aufbaut, unerschöpfliche und reine Quelle der Kunst, der Dichtung und der Freude.)

Domenica e stata fondata a Locarno una società degli artisti *allo scopo di combattere la distruzione delle bellezze naturali* del nostro paesaggio così seriamente minacciate da continui deturpamenti e promuovere lo sviluppo dell'arte, *favorendo la creazione di una mostra permanente*. (Il Dovere 9.6.1925) (Am Sonntag wurde in Locarno eine Gesellschaft von Künstlern gegründet, welche den Kampf gegen die Zerstörung der natürlichen Schönheiten zum Ziel hat, die unsere Landschaft durch fortgesetzte Schädigungen bedroht, und welche die Entwicklung der Kunst fördern will, indem sie sich für die Gründung einer ständigen Ausstellung einsetzt.)

Im Lauf der Zeit allerdings gleichen sich die ästhetischen Diskurse der verschiedenen Sprachräume immer mehr an.

So nimmt überall die Anzahl von Meldungen zu, die das Naturschöne der Heimat „ex negativo" beschreiben – als etwas, das zerstört und vergangen oder zumindest von Zerstörung bedroht ist.

Unser Mittelland, durchflossen von *silberglänzenden Flüssen*, bereichert durch *blaue Seen*, war *früher* charakterisiert durch mächtige Feldbäume, zahllose Lebhäge, *malerische* Uferbüsche und sprudelnde Bächlein. Heute sind infolge zahlreicher schonungslos durchgeführter Meliorationen vielerorts Baum und Strauch aus Feld und Flur verschwunden. (NZZ 28.6.1958)

Handkehrum rennen wir in der Freizeit in den Süden und freuen uns dort an den *Unregelmässigkeiten und den bunten Farben*. Das ist unsere pervers gewordene Zivilisation. (Vaterland 12.10.1989)

[...] la seconde conférence [...] a été un réquisitoire implacable [...] contre *l'enlaidissement actuel du pays* et les tendances modernes d'en faire la victime d'un développement inconsidéré et *chaotique* [...]. Le pays s'enlaidit par l'*uniformisation* et la *synchronisation*. (Feuille d'avis de Lausanne 9.11.1967)

> Sulla nostra collina s'e tenuto poco conto degli allarmi in tal caso: *il verde* ha dovuto in troppi posti *cedere alla prepotenza del cemento armato* e al cattivo gusto di cui specula ai danni della bellezza della natura. (Giornale del Popolo 4.11.1967) (Auf unserem Hügel wurde den diesbezüglichen Warnungen kein Gehör geschenkt: das Grün musste an zu vielen Orten dem Übergriff des Eisenbetons und dem schlechten Geschmack jener weichen, die auf Kosten der Schönheit der Natur spekulieren.)

Zudem fällt weiter auf, dass in neuerer Zeit die „farbenfrohen" und anschaulichen Schilderungen von Natur und Landschaft weitgehend aus der Presse verschwunden sind: Landschaftsbilder sind kaum mehr einfach schön, sondern allenfalls vernetzt oder interessant.

> Das Intensivieren und Rationalisieren der Land- und Forstwirtschaft, [...] das flächenhafte Ausufern der Siedlungen, [...] usw. verändern den *Vernetzungscharakter der Landschaft* radikal und setzen unübersehbare Zerfallsprozesse in unserer Tier- und Pflanzenwelt in Gang. (NZZ 9.10.1989)

> [...] la construction ou le maintien des maisons de week-end ne saurait être autorisés en ignorant les autres aspirations légitimes de notre population et notamment nos besoins très pressants d'assurer la sauvegarde de la nature et des sites genevois [...]. [...] nous devons à tout prix empêcher la prolifération des maisons de week-end dans *des sites intéressants* - qui sont heureusement très nombreux dans notre canton. (Journal de Genève 1.4.1979)

Die ästhetische Dimension, deren unterschiedliche Konzeption zu Beginn unseres Jahrhunderts den jeweiligen Heimatdiskurs in den verschiedenen Sprachräumen der Schweiz beeinflusst haben dürfte, ist in der heutigen Auseinandersetzung um die Umwelt weitgehend an den Rand gerückt. Der Rückgang an Naturschilderungen und ästhetischen Kommentaren in den Zeitungen lässt sich wohl grösstenteils darauf zurückführen, dass sich mit den visuellen Medien (Fotografie und Film) geeignetere Bildträger ins Medienangebot eingefügt haben.

3.5 Die Alpen als Schweizermacher

In der Schweiz war, wenn man die unterschiedlichen Akzente im identifikatorischen Diskurs um die Heimat berücksichtigt, die Gefahr von Spaltungen und Gräben stets vorhanden: Anders als in Deutschland wurde in der Schweiz der durch das Konzept von Heimat gesicherte „Dreiklang von Volk, Natur und Individuum, eine organische Symbiose, die Wurzel jeder wahren und lebendigen Kultur sein sollte" (Sieferle, 1984: 187) dadurch verhindert, dass die unterschiedlichen Sprach- und Kulturgemeinschaften die

Berufung auf „ein" Volk, „eine" Rasse und „eine" Kultur nicht gestatteten (s. dazu auch Bachmann, 1992b: 145 f.). Für die Schweiz, ein sprachlich und kulturell geteiltes Land ohne topographisch einsichtige Grenzen, galt es, andere identifikatorische Symbole zu entwerfen; die Alpen boten sich dabei als Projektionsgrösse an und wurden zum Inbegriff des Schweizertums erhoben.

Die Alpen – das sind denn auch aus der Sicht der Selbstdarstellungen „der eindrucksvollste, ausgeprägteste, ureigenste Teil des Schweizerlandes" (Weber, 1927: 27), nach ihnen sehnt sich der heimwehkranke Schweizer in der Fremde:

> *Die Liebe zu den Bergen* hat bei der Gebirgsbevölkerung von jeher bestanden. [...] das bezeugen [...] die zahlreichen, oft sehr alten Sagen, das *Heimweh,* das die Schweizer Soldaten in fremden Diensten zuweilen mit solcher Wucht erfasste, dass sie den Gesang des Kuhreigens nicht anhören konnten, ohne in Tränen auszubrechen. (Lätt, 1935: 15)

Diese Selbstdarstellung weicht – selbst in den Details – kaum vom Stereotyp ab, das mehr als hundert Jahre zuvor bereits Immanuel Kant zu Papier gebracht hatte:

> Demnach scheint es denn, dass der besondere Charakter der Bewohner bergichter Gegenden [...] in der eigenthümlichen Beschaffenheit der hier herrschenden Luft liege. [...] Soll die Luft in dergleichen bergichten Gegenden die Ursache von dem Heimweh, namentlich der Schweizer sein, indem diese, wenn sie in andere Länder kommen, besonders bei Anhörung ihrer Nationalgesänge, melancholisch werden, ja, wenn man ihnen nicht erlaubt, in ihre Heimath zurückzukehren, dahin sterben. (Kant 1802/1968: 244)

Die „kuriose Empfehlung" (Neumeyer, 1992: 15), Heimwehkranke zur Heilung auf einen Turm zu schicken, leuchtet ein, sobald man in Rechnung stellt, dass die „Schweizerkrankheit" gemeinhin auf die Sehnsucht nach den Höhen der heimatlichen Berge zurückgeführt wurde.

3.5.1 Die heimatlichen Dimensionen in der Alpenrhetorik

Weshalb sich die Alpen so gut als identifikatorisches Symbol eignen, lässt sich unseres Erachtens damit begründen, dass sie sämtliche Aspekte zu umfassen vermögen, die in der Analyse der verschiedenen Dimensionen von Heimat herausgearbeitet worden sind.

Die Zeit
Es gibt wohl keine andere natürliche Gegebenheit, welche Beständigkeit, Dauer und Urwüchsigkeit so verkörpern kann, wie dies die Berge tun: Der Fels gilt als die Symbolisierung des Althergebrachten, Ursprünglichen und

Standfesten schlechthin, nichts kann ihn erschüttern. Da die zeitliche Dimension der Alpen über die Menschheitsgeschichte hinausgeht, eignen sie sich auch besonders, als Figur für das Ewige und Transzendentale zitiert zu werden. (Vgl. dazu Weber (1927:27): „Welche Urkraft muss am Werke gewesen sein, solche riesige Steinmassen aus der Erdrinde empor zu türmen!").

Der Raum
Geographisch sind die Alpen so gelegen, dass alle Schweizer Sprachgruppen daran Anteil haben. Ob sich die Verbindung von Alpen und Heimat auf die gesamte schweizerische Alpenwelt bezieht, wie dies vorwiegend im deutschsprachigen Raum geschieht, (*unsere Schweizer Alpen, die Berge unseres Landes*) oder nur auf den regionalen Alpenanteil verwiesen wird wie in der Romandie und im Tessin, die Idee der Zugehörigkeit zu etwas Übergeordnetem und Grossem findet darin ihren Ausdruck und ist in jedem Fall als Sinnbild zur Bekundung von heimatlichen Werten aufzufassen.

> Er sprach von *den Bergen unseres Landes* oft wie von höheren Wesen, und nichts missfiel ihm so sehr als Leute, die sich [...] brüsteten, diesen oder jenen Gipfel in einer Rekordzeit „gemacht" zu haben. (NZZ 6.7.1946)
>
> Sämtliche Säle [...] wurden benötigt, um alle die steinernen Herrlichkeiten übersichtlich ausbreiten zu können, die die Strahler und Sammler *aus unseren Schweizer Bergen* [...] zusammengetragen hatten. Dem Studienkreis Zürcher Mineraliensammler ist es zu danken, dass diese Ausstellung einem weiteren Publikumskreis ermöglicht, die „geheimen Schönheiten" *unserer Berge* zu bewundern. (NZZ 7.11.1967)
>
> Les *Alpes vaudoises* occupent-elles une place dans la littérature? Ont-elles inspiré des poètes? Leurs beautés naturelles se sont-elles reflétées dans des oeuvres d'art? [...] Nos poètes [...] sont les seuls et véritables chantres de la montagne; leurs oeuvres ont passé nos frontières et conquis *la chaîne des Alpes, partout où l'on parle français*. (Journal de Genève 16.11.1913)
>
> *Les Alpes vaudoises* [...] font partie des Alpes suisses, et je me garde de les en séparer. Elles s'en *distinguent* cependant, parce qu'elles sont essentiellement *romandes. Comme notre peuple, elles ont leur caractère spécial, leur couleur.* (Feuille d'avis de Lausanne 17.11.1913)
>
> Domenica [...] una grande colonna di fumo si levò sui monti, dietro *il nostro San Bernardo*. (Il Dovere 18.11.1913) (Sonntag [...] stieg eine grosse Rauchsäule über den Hügeln auf, hinter unserem San Bernardo.)
>
> *Il Ticino* deve gran parte del suo sviluppo economico [...] alle sue bellezze naturali e la flora dei *nostri monti* forma l'ammirazione del forastiero. E'quindi giusto che una legge trattenga la mano dei vandali i quali [...] spogliano *le nostre incantevoli montagne* di quei fiori che le rendono invidiate da tutti. (Popolo e Libertà 19.11.1913) (Das Tessin verdankt den Grossteil seiner wirtschaftlichen Entwicklung [...] seinen natürlichen Schönheiten und die Flora unserer Berge macht die Bewunderung der Fremden aus. Es ist

deshalb richtig, dass ein Gesetz die Hände der Vandalen bindet [...] welche unsere zauberhaften Berge jener Blumen berauben, aufgrund derer sie allseitig beniedet werden.)

Die Alpen als Inbegriff des Schweizerischen haben einen weiteren Vorteil: Sie gleichen durch ihre eindrücklichen vertikalen Ausmasse jene der geringen horizontalen Ausdehnung aus. Neben den in der Deutschschweiz gültigen heimatlichen Prädikaten der Kleinheit, Niedlichkeit und Schutzbedürftigkeit steht in der patriotischen Rhetorik also ein vaterländisches Sinnbild zur Verfügung, das sie durch Grandiosität und Pracht repräsentiert.

> Gewiss, die Alpen sind der *eindrucksvollste*, ausgeprägteste, ureigenste Teil des Schweizerlandes [...]. Die Schweiz besitzt den mittleren, schönsten und höchsten Ausschnitt des europäischen Hochgebirgsmassivs. (Weber, 1927:27)
>
> Welch' prachtvoller Ausblick bietet sich hier auf den See und auf die Gebirgswelt [...]! (Vaterland 10.6.1925)
>
> Als der liebe Gott die Erdkruste mit den Gütern versehen hatte, die der Menschheit nützlich werden sollten [...] gewahrte er, dass *ein kleines Land im Herzen Europas, mitten in den Alpen* [...] zu kurz gekommen war. [...] Nun sagte sich der Schöpfer: Da dieses Land so arm an irdischen Werten ausgefallen ist, soll es *um so schöner sein*. Und der liebe Gott ging noch ein mal ans Werk, *baute die Berge zu himmlischen Burgen* aus, indem er sie mit den schönsten und eindruckvollsten Gletschern schmückte. (nach Aebli, 1968: 2)

Die Sittlichkeit

Ist der Vorbildschweizer im deutschen Heimatdiskurs ein sittlicher Mensch, der sich durch Fleiss, Einfachheit und Traditionalität auszeichnet und in der ländlichen Gegend verwurzelt ist, so erfährt der Bergbauer wegen der besonders harten Bedingungen seiner Arbeit und der speziellen Umgebung eine symbolische Überhöhung. Dargestellt wird ein durch Entsagung und härteste Arbeit gezeichneter Mensch, dessen Mühen jedoch durch ein freies und unabhängiges Leben reich entgolten werden, und der deshalb das Heimatliche in seiner reinsten Form verkörpert:

> Was macht eines Mannes Wert aus? Sein Charakter. Was macht eines Volkes Kraft und Tüchtigkeit aus? Sein Heimatsinn. In ein charakterloses Grossstadtviertel passt der Materialist, dessen Wahlspruch lautet: ubi bene, ibi patria. [...] Ein gutes und reichliches Essen [...], ein Autorennen oder ein rassiger Negertanz[...]. Ihm steht gegenüber jener Emmentaler Bauer, der mir kürzlich erklärte, dass er in der Stickluft der städtischen Industriequartiere trotz schöner Verdienstmöglichkeiten zu Grunde gegangen wäre, wenn er nicht rechtzeitig wieder den Weg in die kargen Berge gefunden hätte, wo er jetzt *mit den Seinen den harten Kampf um das tägliche Brot kämpfe, aber dabei sich frei und glücklich fühle*. [...] Das Heimatgefühl dieses Bergbauern hat rein gar nichts von Süsslichkeit an sich. Es trägt in sich den herben Duft

des aufgebrochenen Erdbodens, *es atmet Gesundheit und Urkraft.* (Steinmann, 1928 in Bachmann, 1991: 108)

Dieser schlichte Mann, der für seine Frau und seine lieben Kinder mit dem harten Leben ringt, muss das Futter für seinen Viehbestand alle zwei Tage eine halbe Stunde weit unterhalb seiner Hütte holen; *aber er ist glücklich und wunschlos*! Das Wasser läuft ihm nicht in einer Eisenröhre ins Haus, er schöpft es, zehn Minuten von seinem Heim abgelegen, aus einem vereisten Bergbach, den er jedesmal wieder öffnen muss [...]; *aber er ist glücklich* [...]. (Vaterland 20.11.1913)

Während das Gefühl frommer Andacht die Geistlichen und ihre Gemeinde ganz erfüllt, verschmilzt dem Zuschauer beim Anblick der nahen Berge und von *deren schlichten Bewohnern, Verkörperern der Heimat*, der Begriff des Heimatlandes mit dem der Religion zu einem untrennbaren Ganzen. (NZZ 28.6.1958)

Wenngleich für die Agraridylle im französischen Sprachraum nicht dasselbe Interesse besteht, so ist doch auffällig, dass dem hart arbeitenden Bergbauern ein besonderes Wohlwollen entgegengebracht wird. Das deutschsprachige Pathos bleibt allerdings unübertroffen.

Puisse ce temps doré favoriser le plus longtemps possible *nos braves populations montagnardes* [...]! (Liberté 13.06.1925)

On a des bonnes nouvelles des alpages supérieurs [...]. *Le brave cultivateur* qui, trois saisons durant, s'acharne sur la glèbe, mérite bien, au terme de *son dur labeur*, de légitimes compensations. (Feuille d'avis de Lausanne 09.6.1925)

Einzig das Tessin scheint mit diesem Bild des gutmütigen, sittlichen und arbeitsamen einheimischen Älplers nichts anfangen zu können. Dies ist wenig verwunderlich, wenn man bedenkt, mit welcher Verzögerung die Industrialisierung des Südkantons vonstatten geht. Und die Agraridylle ist nur unter der Voraussetzung einer fortgeschrittenen Industrialisierung überhaupt möglich, ist sie doch der typische Ausdruck einer bereits zerfallenen ruralen Gesellschaft: „[...] désormais, le monde paysan acquiert une importance de nature avant tout idéologique; la campagne est vue comme un réservoir de références culturelles, le creuset de valeurs et de vertus à conserver d'autant plus précieusement qu'elles sont menacées par la société industrielle. On aboutit ainsi à la valorisation d'un nouveau concept, celui de ruralité, qui tient une place prépondérante dans l'identité suisse." (Le Dinh, 1992: 31).

Es ist nicht bloss die harte Arbeit auf dem kargen Bergboden, die den Menschen adelt. Die Alpen selbst mit ihrer *reinen Luft* und den *klaren Bächen* wirken auf Körper und Geist wohltuend und gesundheitsfördernd. Der Diskurs verläuft dabei in der Deutschschweiz und in der Romandie ähnlich. Allerdings muss an dieser Stelle auf den Wandel der Argumentation hingewiesen werden: Während anfänglich die Argumente für die Wirkung der Alpen vor allem den dauerhaften Gesundungsprozess für Körper und Geist betonten, wobei auch das sittlich Gesunde dazugehörte, flachte sich die Argumentationsweise schliesslich immer stärker ab. Die sittlichen Elemente wie Solidarität und Treue, Herz und Geist machten Begriffen wie Freizeit und Erholung Platz, und die heroischen Spielarten der Körperertüchtigung im Sinne des „gesunden Geistes in gesundem Körper" wurden durch die moderne Sportauffassung und das zweckgerichtete Entspannen und Auftanken für den wiederkehrenden Alltag ersetzt.

Eine zentrale Rolle bei der Verbreitung von wertenden Aussagen bezüglich der Wirkung der Alpen auf den Menschen spielte in schweizerischem Kontext seit Anfang Jahrhundert der Schweizerische Alpen Club SAC (Bachmann, 1992a: 52 ff.). Unterstützt wurde die herausragende Stellung des Alpinismus auch vom Katholizismus, der sich anfänglich gegen die meisten neu aufkommenden Sportarten wie Fussball sperrte, indessen gegen Bergwanderungen offenbar nichts einzuwenden hatte. Wie gut sich die ganze Alpenland-Rhetorik eignete, Heimat- und Naturschutz miteinander zu verbinden, lässt sich schliesslich auch aus einem formalen Kriterium schliessen: Unter den zehn von Bachmann (1992a: 37 ff.) genannten Gründungsmitgliedern der Schweizerischen Naturschutzkommission waren deren sechs zugleich Ehren- oder Vorstandsmitglied des Schweizerischen Alpenclubs SAC.

Dem Tessin kommt auch an dieser Stelle wieder eine Sonderstellung zu, da hier lange Zeit der Alpenwelt wenig Beachtung geschenkt wird. Es waren die aus der Fremde zurückkehrenden Gebildeten, welche eine neue Auffassung der Wirkung von Natur und Alpenwelt in ihren Heimatkanton trugen und dort verbreiteten. So wird auch in diesem Zusammenhang wieder das zentrale Augenmerk auf Erziehung und Bildung gerichtet.

Deutsche Schweiz und Romandie hingegen weisen beide eine gewisse Tradition in der Gegenüberstellung von städtischem Alltagsleben (mit Lärm und Hast konnotiert) und Alpenwelt (Abgeschiedenheit und Ruhe) auf.

> Nach wunderbaren Herbsttagen hat der Winter […] auf unseren Gebirgshöhen Einzug gehalten. Tausende und tausende von Sportsfreunden werden […] daher […] nach […] dem in weiter Ferne glitzernden Firne zueilen können, um in hoher Alpenwelt, fern vom Lärm der Grossstadt, Herz und Geist zu stärken für die Sorgen und Mühen des Alltagslebens. (Vaterland 18.11.1913)
>
> Im Bergwaldrauschen gesunden Tuberkulöse und Hypochonder (Schwermütige) [sic!]. Hier oben werden Auge, Herz und Hirn klar und gesund. (Weber, 1927:29)
>
> […] vergessen wir dennoch die Ferienstätten nicht, […] die dank generationenalter guter Gastungs-Tradition, erhebender Naturerlebnisse weltab-

geschiedener Bergtäler und fröhlich-friedlicher Atmosphäre ohne Unrast, ohne Auto- und Bahnhast gerade für den nervösen Stadtmenschen ein „Bad der Wiedergeburt" sind. Wer wirklich Erholung vom Alltag sucht, findet sie nirgends besser als im Schatten unserer Bergtannen, im Leuchten der Gletscher, im Rauschen der Wildbäche. Unsere Innerschweiz bietet solche Reduits für Leib und Seele in Fülle; sie liegen uns vor der Tür. (Vaterland 28.06.1958)

Mentionnons cependant l'impression toute particulière ressentie par le discours à la Patrie du pasteur Chamorel. Il est montagnard et c'est à la patrie alpestre qu'il regarde. Il songe à l'alpe qui nous fait rêver, qui donne à l'homme recueillement et bonté, à l'alpe qui nourrit nos âmes et nous donne le rêve de la liberté, de la noblesse, à l'alpe enfin qui nous console et fortifie. (Journal de Genève 16.11.1913)

Puisse l'amour des Alpes [...] se développer constamment et subsister toujours au sein de notre jeunesse! C'est l'une des plus solides barrières à opposer aux influences mauvaises, qui, aujourd'hui plus que jamais, la menacent; c'est l'un des moyens de développer simultanément toutes les qualités que les écrivains classiques des Hellènes considéraient comme l'idéal de l'Homme complet: vigueur corporelle, sang-froid dans le danger, solidarité et fidélité envers ses amis jusqu'à la mort. (Journal de Genève 16.11.1913)

Aux Suisses comme aux touristes étrangers, qui vont derechef nous arriver par milliers après le cauchemar de la guerre, le chemin de fer transalpin offre une occasion de se régénérer intérieurement au spectacle de la beauté de nos montagnes et de nos vallées. (La Liberté 4.7.1946)

E se, per un paio di ore all'anno, sarà consentito ai nostri ragazzi di lasciare le quattro pareti dell'aula per i più vasti orizzonti di una vallata alpina ed il banco scolastico per un sentiero sassoso, sarà orgoglio accompagnarli ancora, alla scoperta di quanto l'alpe e l'alpinismo possono insegnare. (Giornale del Popolo 7.11.1967) (Und wenn für ein paar Stunden im Jahr den Jugendlichen erlaubt sein wird, die vier Wände des Klassenzimmers mit den weiten Horizonten eines Alpentales und den Schulbank mit einem steinigen Weg zu tauschen, wird es eine Freude sein, sie dabei zu begleiten, die Alpen und den Alpinismus und alles zu entdecken, was diese ihnen lehren können.)

Die Ästhetik der Alpen

Während die Lebensumstände der Bergbevölkerung durch Armut und Entbehrungen, Arbeit und Mühsal in einer unwirtlichen Umgebung gekennzeichnet sind und uns ein Bergbauer vor Augen geführt wird, der ständig darum bemüht ist, dem kargen Boden unter grosser körperlicher Anstrengung eine Gabe zu entreissen, könnten die Prädikate zur ästhetischen Beschreibung der natürlichen Umgebung, der Alpenwelt, nicht gegensätzlicher ausfallen: Reichtum, Pracht und fast pompös anmutende Grossartigkeit bilden die Kernbegriffe des Vokabulars. Auffällig ist dabei vor allem der häufige Vergleich des Alpenbogens mit prunkvollen Schmuckstücken und Edelsteinen:

> „Es rüstet sich rücksichtslose Gewinnberechnung, um aus der mit flüssigen Saphiren gezierten Krone unserer Alpen das herrlichste Juwel auszubrechen", so der Schweizerische Bund für Naturschutz in seinem Aufruf zur Rettung des Silsersees [...]. (Sarasin, 1919, zit. nach Bachmann, 1992: 95)

> Sechshundert Gletscher zählt unser Vaterland. [...] sie sind poetisch gesprochen die Diademe, die Kronen unserer Berge, kriegerisch ausgedrückt die Eispanzer, praktisch gesagt unsere Wasserreservoire für die heissen, trockenen Tage des Hochsommers. (Weber, 1927: 29)

Diese Sicht einer grossartigen, erhabenen Bergwelt, die Betrachtung der „reinen Natur" in ihrer übermenschlichen Dimension, bietet nicht nur für transzendental-mystische Themen und für die Darstellung des Göttlichen zahlreiche Anknüpfungsmöglichkeiten. Der Alpen-Ästhetik wird eine eigentliche Wirkungskraft zugesprochen, die dem Menschen poetische Gedanken einflösst und den Dichter, im Sinne einer Muse, zum künstlerischen Ausdruck inspiriert.

> Vor wenigen Tagen stand ich auf der Kulmhöhe eines unserer bekanntesten Schweizerberge. Eben zerriss der lichte Wolkenschleier. Die Lichtströme unseres Sonnensommers fluteten nieder in Klüfte und Täler und über das weite Land. In grandiosem Halbkreis türmten sich über grünen Hügeln, die aus tiefblauen und smaragdenen Seespiegeln und Wasserarmen und von fruchtbaren Tälern aufsteigen, die ernsten Waldgebirge, die kühnen Steintürme und Hochburgen der Natur, Firnschnee bis hinauf zum Silberdiadem des königlichen Hochgebirges. [...] Unsere katholische Religion ist nicht etwa ein blosser Anbau, ein Rebenkapellenkranz einzelner Unterscheidungslehren, die man den Hauptwahrheiten der Religion mit der Zeit angefügt hat. Nein, sie ist eine vollendete Hochgebirgswelt, die sich aus den Tälern und Vorbergen der natürlichen und übernatürlichen Grundwahrheiten erhebt und diese in sich einschliesst. (Vaterland 30.08.1904)

> Les Alpes vaudoises occupent-elles une place dans la littérature? Ont-elles inspiré des poètes? Leurs beautés naturelles se sont-elles reflétées dans des oeuvres d'art? Nos pères y ont-ils prouvé des émotions nouvelles, des sentiments inédits? [...] Nos poètes, que de jeunes esthètes affectent de dédaigner, sont les seuls et véritables chantres de la montagne; leurs oeuvres ont passé nos frontières et conquis la chaîne des Alpes, partout où l'on parle français. (Journal de Genève 16.11.1913)

> Vedevo infatti i nostri ticinesi, ritornati fra noi, far attiva ed autorevole propaganda a favore d'una coltura estetica basata su larga conoscienza, e su sacro rispetto della natura, fonte pura ed inesauribile d'arte, di poesia, di gioia. (Popolo e Libertà 19.11.1913) (So sah ich unsere Tessiner, die wieder zu uns zurückgekehrt waren, wie sie sich aktiv und respektheischend für eine ästhetische Kultur einsetzen, die auf einem breiten Wissen und auf einem heiligen Respekt vor der Natur aufbaut, unerschöpfliche und reine Quelle der Kunst, der Dichtung und der Freude.)

3.6 Relikte des frühen Natur- und Heimatschutzdiskurses in der heutigen Auseinandersetzung um die Umwelt?

Mit zunehmender Aktualität der untersuchten Naturartikel schwindet der Bezug auf die Heimat. Zudem verweisen die Zugehörigkeit signalisierenden Possessivpronomina immer weniger auf soziale oder geographische „Konkreta" wie Berge, Städte oder Dörfer, dafür zunehmend häufiger auf „Abstrakta" wie „die Gesellschaft", „die Volkswirtschaft" oder „die Zivilisation".

> *Notre économie intensive* ne permet plus de perdre une ou deux récoltes, en attendant que les lois naturelles viennent à notre secours. (Feuille d'avis de Lausanne 27.6.1958)
>
> [...] *notre appareil économique* serait embarassé d'entraves que nos principaux voisins ne connaîtraient pas. (Feuille de Lausanne 8.11.1967)
>
> Nul ne l'ignore plus: le problème des déchets est l'un des principaux de *notre société de sur-consommation*. (Liberté 7.10.1989)
>
> Nel *nostro mondo economico*, i sistemi di trattamento dati, i computer e la moderna tecnica d'ufficio, sono ormai degli ausili comuni. (Corriere del Ticino 11.10.1989) (In unserer Wirtschaftswelt gehören die Datenverarbeitungssysteme, die Computer und die moderne Bürotechnik mittlerweile zu den allgemeinen Hilfsmitteln.)
>
> [...] il rapido sviluppo della nostra società ha consentito di migliorare il livello di vita della popolazione, ma ha pure creato parecchi problemi [...]. (Il Dovere 10.10.1989) ([...] die rasche Entwicklung unserer Gesellschaft hat zwar eine Verbesserung des Lebensstandards der Bevölkerung zugelassen, dabei aber auch zahlreiche Probleme geschaffen [...].)
>
> [...] wo gibt es *in unserem motorisierten Zeitalter* noch Menschen, die zu solchen gewaltigen Leistungen befähigt wären? (National-Zeitung 26.6.1958)
>
> Es ist ein Beweis der Kraft *unserer Zivilisation*, dass sie vielfältig und nicht monolithisch ist. (NZZ 24.6.1958)
>
> Da *unsere Bevölkerung* in Zukunft zweifellos weiterhin zunehmen wird [...] muss mit einer weiteren Verschlechterung der Verhältnisse gerechnet werden, [...] Aus dieser Erkenntnis heraus gehen *unsere öffentlichen Gemeinwesen* mit Recht immer mehr dazu über, im Rahmen langfristiger Planungen zu prüfen, welche Massnahmen sie ergreifen müssen [...]. (Vaterland 3.11.1967)
>
> Einerseits stehen sie [die Konsumenten] unter dem Einfluss der Werbung und der sich verändernden Lebensformen *unserer Konsumgesellschaft*, [...]. (BAZ 7.10.1989) 47 von 100 Befragten sind der Meinung, *unser Wohlstand* beruhe teilweise auf der Dritten Welt. (National-Zeitung/Basler Zeitung BAZ 9.10.1989)
>
> [...] eine nüchterne Analyse der Situation zeigt [...], dass *unsere „High-Tech-Zivilisation"* noch sehr stark in den traditionellen Materialien verankert ist. (NZZ 11.10.1989)

Vermeiden von Abfall ist heute eines der Hauptanliegen *unserer Gesellschaft*. (Vaterland, 13.10.1989)

In diesem Sinne ist zweifellos festzustellen, dass die Diskurse um die (heimatliche) Natur in der deutschen und lateinischen Schweiz aufeinander zulaufen: Das Bewusstsein um die ökologische Krise und eine kritische Haltung gegenüber den herrschenden Zuständen nimmt in allen Sprachräumen zu, desgleichen die Tendenz, die negativen Erscheinungen der Moderne nicht losgelöst von eigener Verantwortung und Betroffenheit zu betrachten.

Vergleicht man hingegen die Formulierungen der deutschen und der lateinischen Schweiz, so scheint doch zumindest in der *Entwicklung* der verschiedenen Umweltdiskurse ein gewichtiger Unterschied vorzuliegen: In der gegenwärtigen öffentlichen Diskussion über die Umwelt schwingt überall die Angst vor der Erschöpfung natürlicher Ressourcen und vor den Grenzen der Belastbarkeit mit. Diese Sorge um drohende Knappheit lässt sich nun mit dem frühen Natur- und Heimatschutzdiskurs der Deutschschweiz viel besser verbinden als mit dem eher an Bilder von Fülle und Üppigkeit gekoppelten Naturdiskurs des lateinischen Sprachraumes. Insofern kann der gegenwärtige Deutschschweizer Umweltdiskurs als nahtlose Fortsetzung der früheren Auseinandersetzung um Natur- und Heimatschutz betrachtet werden: statt die „kleine Schweiz" zu bewahren, gilt es jetzt, den knappen Boden ebenso zu schützen wie die begrenzten Wasserreserven – ja, der ganze Planet Erde scheint verwundbar und klein geworden zu sein:

> Die Erfahrungen in den letzten Jahren haben gezeigt, dass wir den Auswirkungen der stürmischen Bevölkerungszunahme in unserem Land nicht mehr länger untätig zusehen dürfen. Die vielerorts ungeregelte Ausweitung der Baugebiete, die durch Verzettelung der Bauten gefährdete, rationelle Nutzung *unseres knappen Bodens*, der enorme Verkehrsanfall […] sind Tatsachen, die ein einigermassen angenehmes, gefahrloses Leben […] in Frage stellen. (Vaterland 3.11.1967)

> Nachdem die Nutzung *unserer Wasserkraft* an ökologische und wirtschaftliche *Grenzen* stösst, bleibt nur die Kernenergie übrig, die massgeblich zur Deckung des Energiebedarfs unseres Landes beitragen kann.(NZZ 10.10.1989)

> Mit der weiterhin um nahezu eine Milliarde pro Jahrzehnt wachsenden Zahl der Menschen *auf unserem kleinen Planeten* ist es nicht weiter erstaunlich, dass steigende Mengen von Rohstoffen gebraucht werden und entsprechend auch mehr Abfall produziert wird. (NZZ 11.10.1989)

So gesehen steht die Deutschschweizer Debatte um die (heimatliche) Natur in einer Linie zwar modifizierter, aber fortgesetzter Tradition, während die lateinische Schweiz einen Bruch verzeichnet: Hier galt es, die tendenziell mit Fülle konnotierte Sicht der (heimatlichen) Natur auf eine Sensibilität für Begrenztheit umzustellen. Der heute oft angemahnte „Graben", der in der

Umweltfrage deutsche und lateinische Schweiz zu trennen drohe, wird verständlicher, wenn man von der These ausgeht, dass die in der kulturellen Tradition der Deutschschweiz verwurzelte Sorge um ein knappes Gut eine breitere Bevölkerungsschicht erfasst hat als im lateinischen Sprachraum, wo man sich erst vor vergleichsweise kurzer Zeit auf den Knappheitsdiskurs einzustellen begann.

Ein zweites „Relikt" aus der früheren Auseinandersetzung mit dem Natur- und Heimatschutz scheint uns in der hohen Aufmerksamkeit und Wertschätzung zu liegen, welche den Alpen nach wie vor entgegengebracht wird. Zwar rühmt man sie kaum mehr mit dem Pathos der 20er und 30er Jahre; indessen werden sie auch heute gern als Argument ins Feld geführt, um das spezifisch „Schweizerische" zu illustrieren:

> In räumlicher Hinsicht wird die Behandlung *spezifisch schweizerischer Problemstellungen* und von *Verantwortlichkeiten der Schweiz* im internationalen Kontext (*z. B. Alpenraum*) gefördert. (Schweizerischer Nationalfonds, 1995: 7)

Namentlich die deutsche Schweiz hält dem traditionellen Alpenbild beharrlich die Treue — was mitunter auf seiten der Romands Missmut oder zumindest Kopfschütteln hervorruft. So zitiert der Zürcher Tagesanzeiger die welsche Presse, welche ihrer Verärgerung über die (aufgrund der Deutschschweizer Mehrheit) abgelehnte Lockerung der Lex Friedrich Luft macht – eine Lockerung, die Ausländern den Erwerb von Grundeigentum in der Schweiz erleichtert und so namentlich den touristischen Bergregionen wirtschaftliche Wachstumsimpulse eingebracht hätte: „[D]er [fordert] mit gespielter Sachlichkeit [...] ein: Wenn ihr uns schon dauernd überstimmt, dann lasst uns wenigstens gewähren. In Daniel Miévilles Worten: Wenn die Deutschschweizer die Jungfräulichkeit ihrer Alpen über alles stellen, so sollen sie wenigstens akzeptieren, dass unsereiner die Vernunftehe vollzieht." (Tagesanzeiger 27.6.1995: 7).

Die oben genannte Abstimmung eignet sich als Beleg dafür, dass die unterschiedliche Konzeption von Heimat selbst in einer Zeit, wo das vaterländische Pathos überholt zu sein scheint, die Diskussion von und die Einstellung gegenüber politischen Sachfragen zu prägen vermag: „Zur Erklärung des Neins vom Wochenende gibt es [...] zahlreiche [...] Gründe: Der flaue Abstimmungskampf veranlasste tendenziell wohl eher die motivierten Gegner zum Gang an die Urne. Boden ist Heimat, und Heimat ist ein emotional besetzter Begriff. Bodenhandel ist für viele gleichbedeutend mit Spekulation – hier kehrte sich nicht zuletzt der Erfolg der früheren Argumentation bürgerlicher Schöpfer der Bodenbeschlüsse gegen diese selbst" (Neue Zürcher Zeitung 26.6.1995: 13).

Schliesslich vermochte die Berufung auf die Belastung der engen Alpentäler durch die internationalen Verkehrsströme gar, entgegen der ausdrücklichen bundesrätlichen Empfehlung, eine Mehrheit der Stimmbürger für die sogenannte „Alpeninitiative" zu mobilisieren: Diese verfolgt das Ziel, den alpenquerenden Güterverkehr von der Strasse auf die Schiene zu verlagern und so die Bewohner der engen Alpentäler zu schützen. Wie in der Bodenfrage bei der Lex Friedrich wurde die Romandie auch hier wieder majorisiert.

Dass der Ausdruck ‚Heimat' nach Jahrzehnten sprachlicher Randständigkeit ausgerechnet jetzt, wo sich die Gräben zwischen den Sprachgruppen zu vertiefen scheinen, wieder salonfähig zu werden beginnt, erstaunt vor diesem Hintergrund wenig. Nicht zufällig wurde das Wort durch Christoph Blocher wieder in die politische Diskussion eingebracht, einem bürgerlichen Politiker vom rechten Flügel, der durch seine pointierte Anti-Europahaltung im Welschland grosses Missbehagen weckt: „Er, der die subkutanen Schwingungen im Land registriert wie kein zweiter" – schreibt der Journalist Martin Beglinger (1995:16) über Nationalrat Blocher – „hat den Begriff auf die Wahlen hin besetzt und gleich genialisch gedreht: „Heimatmüde" nennt er jene Parteien, die den Schweizer Beitritt zur EU fordern. Die vaterlandslosen Gesellen, hallt die Botschaft nach, haben uns aufgegeben."

‚Heimat' ist so betrachtet das Stichwort, welches heute eine nationalistische Grundhaltung durch die Berufung auf ein traditionalistisch-romantisierendes Naturgefühl verstärkt. Die Beschwörung der Heimat bringt somit nicht nur Abgrenzung gegen aussen zum Ausdruck – sie verdeutlicht auch ein Vaterlandsideal, das der Mehrsprachigkeit der Schweiz und der damit verbundenen Verpflichtung zu Toleranz und Konsens keine Rechnung trägt.

4 Tödliche Sicherheit: Zur Entwicklung der Un-Natur

Eine der wichtigsten Relationen für die Analyse und die Beschreibung der Bedeutung sprachlicher Ausdrücke ist jene der Antonymie oder des Bedeutungsgegensatzes. Denn nicht nur die beigeordneten, auch die entgegengesetzten Merkmale bestimmen den Gehalt eines sprachlichen Ausdrucks. Dieses Kapitel wird daher anhand eines Beispiels den Kontrast zur Natur ins Zentrum stellen. Dabei wird sich herausstellen, dass die untersuchten Sprachgruppen dieses „Gegenteil" keineswegs gleich auffassen.

Als thematisches Beispiel dient uns der technisch-industrielle Term ‚Beton'. Bei der Wahl des Beispiels wurde intuitiv von der heutigen Gesprächssituation im Alltag ausgegangen, wo – zumindest im deutschen Sprachraum – die „Beton-" oder „Asphaltwüsten" als Gegensatz zur „grünen Natur" gesetzt werden: „Von der Mafia heisst es, sie pflege ihre Opfer in Beton zu beerdigen. Wir machen das mit unserer Restnatur", bringt Lieckfeld (in Schäfer, 1993: 159) diese Gegenüberstellung auf eine griffige Formel.

Die im folgenden dargestellte Empirie ist in weiten Teilen durch die von Umberto Eco analysierten Wechsel der Konnotationen zum Ausdruck ‚Cyclamat' (Eco, 1972/1991:94) beeinflusst. Anders als im Beispiel Ecos beschränken wir uns allerdings nicht auf ein einzelnes Wort (‚Beton'), sondern schliessen auch Bezeichnungen in die Untersuchung ein, die im Alltagsgespräch als Ersatz oder als Synonym für Beton verwendet werden. Wir möchten damit letztlich die Frage beantworten, ob die Demarkationslinie zwischen Beton und Natur im Alltagsgespräch der beiden anderen (grösseren) Schweizer Sprachgemeinschaften ähnlich gezogen wird wie im Deutschen.

Durchsucht man das mehr als 3'000 Artikel zählende Korpus nach Meldungen, welche die Wörter ‚Beton', ‚Zement', ‚Asphalt' oder ‚Teer' enthalten, reduziert sich der Umfang drastisch: insgesamt finden sich rund 100 Artikel (52 aus der deutschen, 33 aus der französischen und 23 aus der italienischen Schweiz), die den Baustoff Beton oder gleichwertige Materialien erwähnen. Es versteht sich von selbst, dass aufgrund dieser schmalen Stichprobe die Folgerungen allenfalls in Form von Hypothesen gezogen werden können und keine abschliessende Bearbeitung des Themas moderner Baustoffe zu erwarten ist. Trotzdem vermag die Zufallsauswahl aufschlussreiche Hinweise über die Wahrnehmung von Beton und deren Wandel im Verlauf des Jahrhunderts zu geben.

4.1 Der Wandel in der Wahrnehmung von Beton

Der erste Schritt bestand in der Analyse der einzelnen, die Wörter ‚Beton', ‚Teer', ‚Asphalt' usw. umgebenden Textpassagen. Neben der allgemeinen kontextuellen Einbettung (dem Gesprächszusammenhang) interessierten uns vor allem die jeweils dem Objekt zugeordneten Eigenschaften (Prädikation). So konnte schliesslich auf die Konnotation, d. h. die affektiven und assoziativen Nebenbedeutungen eines untersuchten Wortes, geschlossen werden.

4.1.1 Beton als Zeichen des Fortschritts

Betrachten wir den Verlauf der Prädikation für das gesamte Textkorpus, also ohne die Sprachen zu unterscheiden, fällt auf, dass ‚Beton' (respektive ‚Asphalt' und andere) in der ersten Hälfte dieses Jahrhunderts eine fast durchweg positive Konnotation zukam.

> Der grosse, prachtvolle Weiher steht fertig da, er ist ein in geschwungenen Linien verlaufendes Cementbecken. (National-Zeitung 28.08.1904)

> Über diese Tobel mit ihren so ungleichen, zumeist geringfügigen, dann wieder plötzlich gewaltig anschwellenden Sturzbächen helfen nur grosse, kostspielige Brücken hinweg. Sie sind, wie alle Hochbauten des Trassees, aus Eisenbeton erstellt und von vorbildlich einfacher und ins Gelände diskret eingefügter Form. (NZZ 21.11.1913)

> Actuellement, une équipe d'ouvriers spécialistes procèdent, selon toutes les règles de l'art, au cylindrage et à l'asphaltage de la nouvelle voie de communication. Celle-ci fait honneur à nos édiles et comble d'aise les propriétaires, dont elle met les immeubles en valeur. Etablies en pente douce, la route monte insensiblement, passe en droite ligne entre une double rangée de villas, décrit un S élégant, gagne une sorte d'esplanade d'où l'on jouit d'une belle vue d'ensemble sur les quartiers supérieurs de la cité, puis va rejoindre la route qui descend à Beauregard. (La Liberté 14.5.1935)

Bauwerke aus Zement, Beton und Asphalt werden vom ästhetischen Standpunkt als formschön empfunden: Der *prachtvolle* Weiher aus Zement weist *geschwungene Linien* auf, die Eisenbetonbrücke *fügt sich vorbildlich einfach* und *diskret ins Gelände ein;* die neu asphaltierte Strasse beschreibt ein elegantes „S" (*décrit un S élégant*).

Meldungen, die gegenüber dem neuen Baustoff eine kritische Haltung zum Ausdruck bringen, sind zu diesem frühen Zeitpunkt ausgesprochen selten.

Der alte Restiturm steht auf der Lauer. Glotzt gegen die Grimsel hin, wo am Morgen weisse Föhnbänke aufsteigen und zwinkert gegen Brienz hinunter, wenn der See in der Abendsonne aufblitzt, wie das Kammerfenster eines tausendwöchigen Jümpferleins. [...] Vor Jahren hat man seine Zinnen zurechtgestutzt und mit Zementplatten zugedeckelt. Es ist nicht schön. – Schade – Immerhin – er trägt die Platten wie eine Kappe, wie ein Barett und brütet darunter in seinem müden Hirn: Das waren noch Zeiten – ah ... ha. (NZZ 10.6.1925)

Zugleich lässt sich auch eine gewisse Euphorie bezüglich der Eigenschaften dieses Baustoffes feststellen, die dem Menschen zu Projekten gigantischer Ausmasse verhelfen. Dank Eisenbeton scheint sich der grosse Traum zu erfüllen, dass gefährliche Naturgewalten endgültig bezwungen und natürliche Mängel behoben werden können:

Die französische Regierung hat die amtliche Prüfung der Erfindung eines Meteorologen angeordnet, durch die die Sahara in einen blühenden Garten verwandelt werden soll. Es handelt sich um 600 Meter hohe Schornsteine aus Eisenbeton, durch die warme Bodenluft zu der kalten Höhenluft geleitet wird, um den dort vorhandenen Wasserdampf zu kondensieren und so nach Belieben Regen hervorzubringen [...]. (National-Zeitung 19.5.1935)

Bezeichnend für die frühe Auseinandersetzung mit dem neuen Baustoff Beton ist zudem das Beharren auf der Grossartigkeit der Bauten: auf ihre Länge, ihre Höhe oder das Gewicht. Es sind denn fast ausschliesslich die damals durchweg positiv verstandenen Eigenschaften der Dimension, der Stärke, der Modernität und des Fortschritts, die im Zusammenhang mit Eisenbetonkonstruktionen bis in die vierziger Jahre erwähnt werden. Die Berichterstattung bemüht sich, die Masse mit der grösstmöglichen Genauigkeit anzugeben, und setzt Asphaltierung und Betonierung ausdrücklich und wohlwollend mit Fortschritt gleich.

Der Damm übertrifft in den Längedimensionen sowohl den Boulder, als auch den Fontanadamm, und leitende Ingenieure klärten uns auf, dass das Prädikat des „grössten Dammes der Welt" nicht der Anlage im Tennessey-Valley, sondern dem Grand Coulee Dam zukommt. Für die 1391 Meter lange, 183 Meter hohe und an der Basis 167 Meter dicke Staumauer waren 10 Millionen Kubikmeter Zement notwendig. (National-Zeitung 03.07.1946)

Bei der Begehung des unvollendeten Bauwerkes und seiner provisorischen Rüstungen ist ausserordentliche Vorsicht am Platze, da sich durch Fehltritte leicht folgenschwere Abstürze in die 5 bis 10 Meter hohen Betonkammern ergeben könnten. (Neue Zürcher Zeitung 08.06.1925)

Die Totalhöhe des Atomiums ist 102 m, mit dem Blitzableiter 110 m. Bei der Ausführung der Fundamente mussten Eisenbeton-Pfähle bis etwa 17 m Länge geschlagen werden. (National-Zeitung 26.06.1958)

Cette opération de filtrage aura lieu dans une salle de 58 mètres de long sur 43 de large, fermée dans sa partie supérieure par deux immenses voûtes de béton, et bordée de trois galeries. (Journal de Genève 28.06.1958)

Linker Hand das Bahnviadukt, rechts die Stromschnellen ziehen wir an der Lorettokapelle vorüber, auf dem einstigen Karrenweg, der wie so viele seinesgleichen in den letzten Jahren *zur geteerten Fahrstrasse avanciert* ist. (National-Zeitung 03.11.1967)

A une récente conférence à la Société des ingénieurs civils, M. Candiot a communiqué d'intéressants renseignements sur les routes en béton aux Etats-Unis. Il y a actuellement plus de 50.000 km de routes en béton dans ce pays, et le bétonnage des routes suit une progression constante. Le quart de la production américaine de ciment, soit 6 millions de tonnes sur 25 millions de tonnes par an, est employé sur les routes. On consomme près de 400 tonnes au km. Le prix du kilomètre est d'environ 28.000 dollars; c'est un prix très élevé; [...] On a constaté d'autre part que l'entretien d'une route bétonnée est dix fois moindre que celui d'une route ordinaire, et que sa durée est d'une quarantaine d'années; de plus, dans une région où il existe une route en béton, les routes ordinaires sont délaissées par les automobilistes; moins fréquentées, elles se fatiguent moins et sont moins coûteuses à entretenir. (Feuille d'avis de Lausanne 09.06.1925)

Besonders aufschlussreich ist der nachfolgende Artikel aus der Liberté von 1946. Darin wird geradezu ein Hohelied auf die „titanische Zähmung" der Saane angestimmt, die mittels Betondeichen in den Stausee von Rossens geleitet wird – „ein grossartiges Werk", ein „monumentaler Deich", auf jeden Fall des Vergleichs mit Prometheus würdig.

L'eau [...] devient une force autrement redoutable sitôt que, formant rivière, elle se précipite, renversant, noyant, entraînant tout ce qui lui fait obstacle. On n'arrête pas la Sarine avec un clayonnage, on ne lui oppose pas un barrage avec des brouettées de terre glaise. Il y faudra bien autre chose. *Il y faudra des épaisseurs de béton, des machines pour fabriquer le béton,* des transports pour amener la matière première, des routes et des téléphériques pour assurer ces transports, *des ouvriers pour le béton,* pour les transports, pour les machines, des fonds pour payer ces ouvriers et, pour finir, des plans et des budgets pour s'assurer à vues humaines de la rentabilité de l'entreprise et lui trouver des débouchés. *Oeuvre grandiose* qui fait appel à de nombreuses disciplines et met en action des énergies de tous ordres. [...] Pour permettre l'édification de ces premières assises, on a, comme nous l'avons dit, détourné la Sarine. On lui a ménagé, dans les flancs de la montagne, une ouverture béante et noire, divisée par *quatre immenses portiques de béton* au travers desquels elle s'engouffre [...]. Pour mener à chef *ce domptage titanesque,* ce que l'homme a enlevé à la roche où s'ancrera le barrage, il en a fait une digue. *Une digue monumentale, de la couleur même du béton* auquel elle semble vouloir préluder. Une digue haute de 12 mètres, épaisse d'au moins 25 et dont le côté Sarine descend en pente douce vers la rivière, tandis que le côté barrage cascade en gradins réguliers évoquant, face à l'amphithéâtre grandiose de la vallée, un monument antique tout prêt à héberger à son tour un second Prométhée. (La Liberté 02.07.1946)

Schliesslich bedient man sich auch im Tessin des modernen Baustoffes, wenn dabei auch gemässigtere Töne angeschlagen werden. Man eliminiert damit die Nachteile traditioneller Strassenbeläge wie der Pflästerung. Bezeichnend für die Tessiner Berichterstattung ist zudem, dass die ästhetischen Folgen der Asphaltierung ausdrücklich erwähnt werden.

> Questo supplemento di pavimentazione consisterebbe nella posa di *una strada piana di bitume o di asfalto* ed avrebbe lo scopo di *ridurre al minimo i rumori* che i veicoli a trazione animale e con cerchioni di ferro producono percorrendo l'esistente pavimento in dadi di porfido. [...] L'asfaltare i tratti prospicenti gli alberghi potrebbe influire sulla estetica generale del lungo lago. Senza grave spesa si potrebbe però in parte ovviare all'inconveniente lamento dagli albergatori, colando fra i cubetti della pavimentazione dei quais, del catrame o dell'asfalto, chiudendo cioè con uno strato elastico le discontinuità tra dado e dado e formando una superficie unita. (Corriere del Ticino 16.05.1935) (Diese zusätzliche Pflasterung würde darin bestehen, eine ebene Strasse aus Teer oder Asphalt zu legen mit dem Ziel, den Lärm auf ein Minimum zu reduzieren, welchen die von Pferden gezogenen und oft mit Eisenrädern versehenen Fuhrwerke machen, wenn sie auf den bestehenden Porphyrwürfeln dahinfahren. [...] Wenn man diejenigen Teile asphaltieren würde, welche den Hotels gegenüber liegen, könnte dies das ästhetische Erscheinungsbild der Seepromenade beeinflussen. Ohne beträchtliche Ausgaben könnte man aber die störenden Klagen der Hotelbesitzer teilweise umgehen, indem man Teer oder Asphalt zwischen die Würfelchen der Quaipflasterung giessen, dadurch mit einer elastischen Schicht die Unebenheit zwischen den Würfeln schliessen und eine dicht gefügte Oberfläche erhalten würde.)

4.1.2 Beton als Schutzschild

In den vierziger Jahren, mit dem Abwurf der Atombomben über Nagasaki und Hiroshima, sowie den ersten Atombombenversuchen, rückt neben der technisch-funktionalen eine weitere positive Qualität des Eisenbetons in den Vordergrund: Der Schutz der Menschen – diesmal jedoch nicht vor Naturgewalten, sondern vor der A-Bombe:

> In Hiroschima [sic] sind die *Betonhäuser von besonders starker Bauart*, und zwar wegen der häufigen Erdbeben, von denen Japan heimgesucht wird. Die wenigen Bauten dieser Art wurden *nicht zertrümmert*, erlitten aber innen durch Einsturz des Daches und durch Brände schwere Schäden. *Normale Eisenbetongebäude* europäischer Konstruktion blieben in einer Entfernung von 800 und mehr Metern vom Zentrum der Zerstörung vor dem Einsturz *verschont*. *Leichte Betonbauten*, wie Fabrikhallen und Lagerschuppen, wurden 1,6 Kilometer und weiter vom Zentrum entfernt völlig *vernichtet*. [...]

Alle Holzbauten und Holzteile, auch in Betonhäusern, bis zu 1,2 Kilometer vom Zentrum, verbrannten; [...]. (National-Zeitung 01.07.1946, gleicher Wortlaut in der Neuen Zürcher Zeitung)

Auf dem Korallenriff, das den Meeresspiegel nur um wenige Meter überragt, wurden *35 Meter hohe Türme aus Stahl und Beton* errichtet und auf diesen, gegen schädigende Wirkungen [der atomaren Strahlung] geschützt, eine Batterie von Photoapparaten, Kinoaufnahmeapparaten und Fernsehgeräten angeordnet. (Neue Zürcher Zeitung 01.07.1946)

Compton [ein Arzt] fügte hinzu: „Wahrscheinlich würden *zwei bis drei Meter Eisenbeton* die Menschen vor den tödlichen Gamma-Strahlen *schützen*". (Neue Zürcher Zeitung 04.07.1946)

Granit und anderes Naturgestein mit rauher Oberfläche zeigte Verschlackungserscheinungen; Backstein- und *Zementmauern* wiesen rot ausgebrannte und zerfallene Stellen auf, und der *Asphaltbelag der Strassen begann geradezu zu sieden*, worauf sich grosse dunkle Blasen bildeten. (National-Zeitung 01.07.1946, gleicher Wortlaut in der Neuen Zürcher Zeitung)

4.1.3 Erste Kritik am Beton

Ende der fünfziger Jahre kommt es (zumindest in den Zeitungen der Deutschschweiz) erstmals zum Bruch in der uneingeschränkt positiven Bewertung des Betons. Dass diese neue, kritische Haltung gleichzeitig mit der Frage nach der „Natürlichkeit" und mit der Problematik des menschlichen Bedürfnisses nach einer natürlichen Umgebung auftritt, ist Voraussetzung für die nun feststellbare semantische Verschiebung, bei welcher ‚Natur' und ‚Natürlichkeit' in Opposition zu ‚Beton'/‚Asphalt' und ‚Technik' treten.

Folglich ist dafür zu sorgen, dass ständig eine genügend grosse Menge Niederschlagswasser in den Untergrund einsickern kann und dass bei Gewässerkorrektionen *auf den natürlichen Wasserhaushalt geachtet wird*. Bachsohlen dürfen nicht gepflästert und die Ufer *nicht mit Holz oder Beton abgedichtet* werden. (Neue Zürcher Zeitung 08.06.1958)

An diesen Stellen ist diesen Anlagen über ihren ästhetischen Wert der Stadtverschönerung hinaus noch ein Gesundheitspreis zuzuerkennen, nicht nur, weil sie helfen, die benzindurchsäuselte Autoluft der Verkehrsadern zu reinigen, sondern sehr auch [sic], weil ihr Bild mit einem oder ein paar Bäumen, einer Grasfläche und Blumenbeeten *die Natur selber in das Reich der Betontechnik bringt*. [...] *Blumeninsel in der Betonöde der Strassen* - welch Segen für den Bundesplatz. (Vaterland, 28.06.1958)

Mehrere Votanten sprachen sich dafür aus, der Staat könnte einzelne Parzellen aufkaufen und darauf sogenannte Westentaschen-Parks anlegen; als Spielplätze oder Grünflächen seien auch kleine Unterbrüche in der Beton-Öde willkommen. (National-Zeitung 04.04.1979)

D'une façon générale ne serait-il pas judicieux de planter d'une façon systématique des arbres en ville [...]? Cette mesure contribuerait à la lutte contre la pollution de l'atmosphère et rendrait plus attrayante notre ville en supprimant des surfaces trop importantes de ciment ou de bitume dont la place Bel-Air présente un exemple désolant. (Journal de Genève 04.11.1967)

La vie de bâton de chaise et l'univers bétonné du citadin moyen forcent souvent celui-ci à s'octroyer des moments de repli dans le silence de la nature. (Feuille d'avis de Lausanne/24 heures 11.10.1989)

Man sorgt nun plötzlich dafür, dass *auf den natürlichen Wasserhaushalt geachtet wird*, das heisst, dass *Bachsohlen* nun nicht mehr *gepflästert* werden und *die Ufer nicht mit Holz oder Beton abgedichtet werden* dürfen; in den Städten versucht man, *die Natur selber in das Reich der Betontechnik* zu bringen; *Blumeninseln* sollen *die Betonöde der Strassen* unterbrechen, *Westentaschenparks* sollen angelegt und *als Spielplätze oder Grünflächen* für *kleine Unterbrüche in der Betonöde* sorgen; mittels systematisch gepflanzter Bäume (*planter d'une façon systématique des arbres*) werden überdimensionierte Betonplätze aufgelockert (*en supprimant des surfaces trop importantes de ciment ou de bitume*), damit die Stadt wieder attraktiver wird (*renderait plus attrayante notre ville*) und um einen Beitrag gegen die Luftverschmutzung zu leisten (*Cette mesure contribuerait à la lutte contre la pollution de l'atmosphère*).

Auffällig ist für alle angeführten Beispiele, dass diese Beton und Technik kritisierenden Stimmen fast ausschliesslich im städtischen Milieu laut werden, in einem Raum also, der ein reines Kulturprodukt darstellt und der die Natur in ihrer nicht-menschbezogenen Dimension gewissermassen per definitionem ausschaltet. Man bemerkt, dass der Mensch viele seiner Bedürfnisse im zubetonierten Wohn- und Lebensraum nicht mehr erfüllen kann, so dass er gezwungen wird, sich in der Natur selber vom städtischen Rummel zu erholen (*l'univers bétonné du citadin forcent souvent celui-ci à s'octroyer des moments de repli dans le silence de la nature*).

4.1.4 Die ambivalente Sicht von Beton

Erst in den achtziger Jahren und mit dem Ökologie-Konzept kommt es (wiederum vor allem in der Deutschschweizer Presse) zu einer weiteren Umstrukturierung dieser Konnotationskette. Das Baumaterial Beton wird nun auch aus dem neuen Blickwinkel der „Naturverträglichkeit" und losgelöst vom städtischen Wohnraum betrachtet. Neben den nach wie vor angemahnten unästhetischen und „menschenfeindlichen" Eigenschaften sind es jetzt vor allem umwelttechnische Kriterien, die Betonkonstruktionen und Asphaltierungen in Verruf bringen. Diese neue Perspektive drückt sich insbesondere im Gebrauch eines technisch-wissenschaftlichen Vokabulars aus:

Auch sei insbesondere *die energetische Bilanz* der Umwandlung eines runden Stammes in das Fertigprodukt aus Holz, *verglichen zum Beispiel mit Beton oder Stahl*, sehr positiv. Aber auch die Entsorgungssituation präsentiere sich, verglichen mit anderen Materialien, günstig, argumentiert Houmard. (Basler Zeitung, 10.10.1989)

In der ganzen Schweiz müssten geschützte und untereinander verknüpfte Biotope entstehen, schreibt Landolt. Zudem müsse der Einsatz von Pestiziden und Düngemitteln reduziert *sowie weniger asphaltiert und versiegelt werden*. (Neue Zürcher Zeitung, 11.10.1989)

Gewählt wurde eine *möglichst naturverträgliche Lösung ohne Betonwände und Stahlkonstruktionen*, wie Projekt- und Bauleiter Urs Thali erklärte. [...] Ausser Beton für die Fundamente wurde das an Ort und Stelle vorhandene Material verwendet. (Neue Zürcher Zeitung 9.10.1989, gleicher Wortlaut im Vaterland 11.10.1989)

Il note en effet [...] que cette croissance est [...] la conséquence logique d'une transmutation irréversible des risques dont l'homme est responsable: concentration de la valeur par unité de surface, du fait de la technicité toujours plus grande des industries et l'amélioration du niveau de vie. *Elimination des propriétés hygroscopiques du sol, à cause d'un bétonnage et d'un asphaltage toujours plus étendus*. (La Liberté 4.4.1979)

Aber nicht nur aus naturschützerischer, sondern auch aus technischer Sicht wird Kritik am Beton laut, nachdem dessen Beständigkeit spätestens im Zusammenhang mit der Reaktorkatastrophe von Harrisburg 1979 stark angezweifelt worden war.

Ein Defekt im Kühlsystem eines 1000-MW-Reaktors des erst im Dezember 1978 in Betrieb genommenen Kernkraftwerkes Three Mile Island führte zu einer starken radioaktiven Verseuchung innerhalb des Reaktorgebäudes sowie *zu einer Abstrahlung durch die einen Meter dicken Stahl- und Betonwände* der zentralen Anlage. (National-Zeitung 30.03.1979)

Eine unerwartet hohe Dosis an Radioaktivität – angeblich „Tausende von Röntgens" – seien jedoch im Reaktorinnern freigesetzt worden. Ein Teil dieser Radioaktivität *drang durch Betonwände, die 1,20 Meter dick sind*, ins Freie. (National-Zeitung 30.03.1979)

Die Wissenschafter sind sich darin einig, dass, wenn es nicht gelingt, den Atomkern abzukühlen, die Gefahr einer nuklearen Explosion besteht, wenn auch nur ein Teil des nuklearen Brennstoffs zu schmelzen beginnt. Dann würde der geschmolzene Brennstoff *sich durch den Betonboden durchbeissen* und tief in die Erde sinken, mit einer Ausbreitung der Radioaktivität, die gar nicht abzuschätzen ist. (Vaterland 02.04.1979)

Un porte-parole de cette dernière [de l'entreprise responsable du fonctionnement de la centrale nucléaire] a affirmé que le chiffre donné par M. Denton était inexact. Soulignant que *l'épaisseur du toit de béton du bâtiment du réacteur ne permettait pas de retenir une telle dose de radiation*. (Journal de Genève 04.04.1979)

En cas d'accident, disaient-ils, les déchets seraient contenus à l'intérieur du réacteur, la vapeur dirigée vers *une structure en béton* réservée à cet effet, et le danger encouru par le public serait absolument nul. Cette déclaration a été faite la semaine dernière. (Feuille d'avis de Lausanne/24 heures 30.03.1979)

Trotz aller Zweifel gilt Beton indessen weiterhin als preiswertes, sicheres und undurchlässiges Baumaterial.

Und der mit Eisenstäben armierte Beton ist der Baustoff par excellence. [...] Eine besonders zukunftsträchtige Entwicklung ist die Kombination traditioneller Werkstoffe mit Beschichtungen aus Verbundwerkstoffen. Dank dieser Technik können sehr preiswerte Materialien wie Stahl und Beton an der Oberfläche die überlegenen Eigenschaften der kostspieligen verstärkten Kunststoffe zu relativ günstigen Preisen verliehen werden. (Neue Zürcher Zeitung 10.10.1989)

Die Konnotationskette zu Beton bringt nun eine gewisse Ambivalenz zum Ausdruck: Auf der einen Seite steht Beton für Un-Natur und für eine Technik, die nicht nur den Menschen und dessen Lebensraum, sondern den gesamten natürlichen Haushalt und insbesondere das ökologische Gleichgewicht des Bodens bedroht. Andererseits ist genau derselbe Baustoff als einziger in der Lage, den Menschen, seine natürliche Umwelt und insbesondere den Wasserhaushalt im Boden vor der selbstverschuldeten Umweltbelastung sicher zu schützen – so oder so steht also ‚Beton' als Zeichen für einen unangemessenen Umgang mit der Natur.

Schmid liess durchblicken, dass er das Sicherheitssystem und die Konstruktion als altmodisch und *ungenügend* betrachtet. *Offenbar fehlt eine Betonkonstruktion im Boden* ganz oder teilweise. (Neue Zürcher Zeitung 07.11.1967)

Die riesige Menge des ausgeflossenen Heizöls könnte das Grundwasser im Mittelwallis während eines Jahrhunderts verseuchen. Das Hauptproblem liegt nun in der Frage, wie eine weitere Ausbreitung der „schwarzen Flut" verhindert werden kann. Man spricht bereits davon, die verschmutzte *Zone auszubetonieren.* [...] Ausserdem wird man die *Schutzvorrichtung* bei den Tanks *durch Ausbetonierungen ausbauen.* (Vaterland 07.11.1967)

Der ausgediente Bahntunnel kann bis ins Jahr 2000 insgesamt 5000 Tonnen KVA-Reststoffe aufnehmen. Der Tunnel wurde für über 800 000 Franken hergerichtet: Neben einer gründlichen Reinigung wurde der Tunnel mit einem *Spritzbetonbelag* und mit einer Kunststoffolie, die bis zum Gewölbeansatz reicht, ausgekleidet. Eindringendes meteorisches Wasser und *Sickerwasser* aus den Reststoffen *können aufgefangen werden.* (National-Zeitung/Basler Zeitung 10.10.1989)

Die Reststoffe – sie würden aus aargauischen Kehrichtverbrennungsanlagen (KVA) stammen, sollen *mit Zement zu 1,8 Tonnen schweren Blöcken verfestigt* werden. (Basler Zeitung 11.10.1989, gleicher Wortlaut wie Neue Zürcher Zeitung 10.10.1989)

115

Cinq mille tonnes de déchets provenant des usines d'incinération pourraient y être entreposés temporairement dans un premier temps. Les déchets seraient *solidifiés par du ciment en blocs de 1,8 tonne.* (Journal de Genève 10.10.1989)

[...] une telle quantité de mazout pourrait polluer la nappe d'eau souterraine du Valais pendant un siècle. [...] On parle de *bétonner la zone polluée,* de remplacer la ceinture métallique par *une ceinture de béton.* [...]. On va d'autre part perfectionner *le rideau de protection en coulant un voile de béton* dit „rideau de gel". (Journal de Genève 07.11.1967)

[...] les sondages vont se poursuivre et [...] l'on envisage de cerner la zone dangereuse dans *un mur de béton protecteur.* Le mazout ne pourrait aller plus loin. (Feuille d'avis de Lausanne/24 heures 06.11.1967)

La zone infectée est actuellement ceinturée d'un rideau d'acier qui sera peut-être remplacé *par un rideau de béton.* (La Liberté 07.11.1967)

Le rayonnement est un *danger* interne. Il suffit *pour l'écarter* de placer entre la source et le personnel *un écran de béton* dont l'épaisseur peut aller jusqu'à 5 mètres. [...] Qu'advient des déchets radio-actifs? [...] Les premiers des éléments de combustible irradiés sont plongés dans un grand bassin entouré de béton et rempli d'eau chimiquement pure. (Journal de Genève 31.11.1967)

La soluzione potrebbe essere duplice: *solidificare il materiale inquinato con il cemento* o con altri preparati chimici e poi seppellirlo in appositi contenitori, oppure far evaporare dall'acqua il gas radioattivo e poi immagazzinarli in apposite cisterene all'interno della centrale. (Il Dovere 31.03.1979, gleicher Wortlaut im Giornale del Popolo vom 31.03.1979) (Die Lösung könnte zweifach sein: das verschmutzte Material könnte mit Zement oder anderen chemischen Präparaten verfestigt und dann in geeigneten Behältern vergraben werden, oder das radioaktive Gas könnte aus dem Wasser verdampft werden, welches dann in geeigneten Zisternen im Innern der Zentrale aufbewahrt werden könnte.)

Quale misura supplementare in Svizzera è stato indicato, per le centrali di recente costruzione, l'obbligo di *circondare il reattore* con un doppio *contenitore* in acciaio e con un terzo *in cemento armato.* Questo sistema dovrebbe rendere molto più difficile la fuoruscita di vapori radioattivi come è avvenuto a Harrisburg. (Il Dovere 03.04.1979, gleicher Wortlaut im Giornale del Popolo 03.04.1979) (In der Schweiz wurde für die Zentralen neuerer Bauart als zusätzliche Massnahme die Verpflichtung angegeben, den Reaktor mit einem doppelten Stahlbehälter und einem dritten aus Eisenbeton zu umgeben. Dieses System sollte das Entweichen radioaktiver Gase, wie es sich in Harrisburg ereignet hat, wesentlich erschweren.)

Auch im Kampf gegen die Unbill der Natur wird weiterhin auf Beton gesetzt. Allerdings hat sich jetzt, nachdem die Euphorie der ersten Jahrhunderthälfte abgeklungen ist, die Einsicht durchgesetzt, dass selbst ausgereifte Technik keine absolute Sicherheit bietet.

Mit der ersten Jahresausbauetappe, die im Herbst in Angriff genommen wird, sollen die erforderlichen *Betonsperren zur Zähmung des Wildbaches* erstellt werden. (Vaterland 03.04.1979)

> Una montagna praticamente in movimento da una trentina di anni, ossia del 1948 allorché una prima frana cadde sulla strada Weesen-Amden, interrompendola. Da allora gli scoscendimenti e le frane non sono stati più contati. *A nulla sono valse le iniezioni di cemento e i muraglioni in calcestruzzo.* La pericolosa montagna ha inghiottito e digerito vari milioni di franchi senza tuttavia essere domata. (Corriere del Ticino 29.03.1979) (Ein Berg, der praktisch seit dreissig Jahren in Bewegung ist, genaugenommen seit 1948, als ein erster Steinschlag auf die Strasse Weesen-Amden fiel und diese unterbrach. Seither wurden die Erdrutsche und Steinschläge nicht mehr gezählt. Nichts haben die Zementinjektionen und die Betonmauern gefruchtet. Der gefährliche Berg hat mehrere Millionen Franken verschluckt und verdaut, ohne jedoch gezähmt worden zu sein.)

4.2 Deutschschweiz, Romandie und Tessin im Vergleich

Bei der Durchsicht des gesamten Textmaterials fällt auf, dass in der Deutschschweizer Presse Kritik am Beton nicht nur früher, sondern auch gehäufter auftritt als in der Romandie und im Tessin. Auch die Adjektivierung fällt in deutschen Texten ganz anders, viel reicher aus. Über Betonkonstruktionen in den Städten wird beispielsweise gesagt, sie seien *phantasielos, reizlos, schlecht dimensioniert, herzlos, glatt, steril* und *anonym*. Es sind dies Qualitäten, die stark an menschliche Charaktereigenschaften des sozialen Verhaltens erinnern.

> Was aber passiert da, wo *phantasielose Betonburgen* an zu engen Strassen nicht zu befürchten, sondern bereits realisiert sind? Kann man gar nichts dagegen tun, wenn sich zeilenweise reizlose und schlecht dimensionierte Häuser aneinanderreihen? (National-Zeitung 04.04.1979)

> Ganze Überbauungen entsprechen nicht den gesetzlichen Bestimmungen. In Chancy zum Beispiel, auf der Genfer Landschaft, findet man eigentliche Mini-Villen mit Treppen, Terrassen – bis zum *betonierten Teich in der Gartenanlage: ein Reich der Gartenzwerg-Romantik*. (National-Zeitung 02.04.1979)

> Was ist eine „grüne Stadt"? Es liegt eine grosse Spanne an Meinungen zwischen den pragmatischen Grünflächen-Konzepten der Stadtplaner, dem *Architekten-Grün in Betonkübeln* und an Hausfassaden oder den radikalen Visionen eines Friedensreich Hundertwasser, der schon vor Jahrzehnten mit seinen Forderungen nach bewaldeten Siedlungen und wuchernden Gründächern die Gemüter erregte. [...] Sollte sich in der Bevölkerung die Gleichung „*Verdichtetes Bauen = Mehr Beton*" etablieren, so wären weiter *wachsende Unzufriedenheit* bei den einen und *Resignation* bei den andern vorprogrammiert, ist Döbeli überzeugt. [...] Dass *die Städte zu Beton* geworden sind, führt Hundertwasser auf die „Schnapsideen zweier Generationen von Architekten" zurück, auf die „Bauhaus-Mentalität" mit ihren „*herzlosen, glatten, sterilen, anonymen Strukturen*", welche die Träume und Sehnsüchte

> des Menschen negierten. [...] Die Städte seien deshalb so hässlich, weil wir *die Natur nicht mitgestalten lassen, sondern sie abtöten.* (Vaterland 13.10.1989)

Eine solch anthropomorphisierende Adjektivierung eines Gegenstandes impliziert seine negativen Auswirkungen auf den Menschen. Die Betonung der Menschenfeindlichkeit ist somit klar gegeben, wird jedoch nicht direkt ausgedrückt. Diese Betrachtungsweise setzt eine zugrundeliegende, allgemeingültige Moralvorstellung voraus, ohne die solche Texte nicht entschlüsselt werden können.

Anders verhält es sich bei den lateinischsprachigen Texten. Auch wenn diese, wie bereits erwähnt, in viel geringerem Mass auftreten, lässt sich doch eine ganz andere Grundhaltung ablesen.

In der welschen Presse können wir zwei Artikel ausmachen, die sich mit dem Problem der städtischen Betonbauten auseinandersetzen. In beiden Texten werden die Auswirkungen dieser Bauweise anhand konkreter Beispiele besprochen: der eine Artikel berichtet über den Widerstand einer lokalen Gruppe gegen den Neubau einer Betonbrücke, im anderen konstatiert der Autor mit persönlichem Grundton, dass es in seiner Stadt zuviel Betonflächen gebe, die es mit neuen Pflanzungen zu unterbrechen gelte. Aufgrund des Fehlens impliziter Urteile in der Adjektivierung wirken diese Texte im Unterschied zu den oben besprochenen weniger moralisierend.

> Après la demande d'abattage de vingt-neuf arbres *le long de la Drize*, [...] et de la reconstruction du pont de Grange-Colomb, *au profit d'une dalle de béton*, le Groupement des amis de la Drize, [...] a déposé un recours [...] à la Chancellerie." (Journal de Genève 09.10.1989)
>
> D'une façon générale ne serait-il pas judicieux de planter d'une façon systématique des arbres en ville ...? Cette mesure contribuerait à la lutte contre la pollution de l'atmosphère et rendrait plus attrayante notre ville en supprimant *des surfaces trop importantes de ciment ou de bitume* dont la *place Bel-Air* présente un exemple désolant. (Journal de Genève 04.11.1967)

Im Tessiner Text spielen zwar übergeordnete Werte eine Rolle, doch sind diese ästhetischer und nicht moralischer Art. Nicht die negativen Auswirkungen der beschriebenen Betonmauer auf den Menschen werden angeklagt, sondern die Verletzungen des guten Geschmacks. Die Schönheit der Natur gilt dabei als Massstab für die ästhetische Bewertung, weshalb denn auch alle menschlichen Bemühungen der künstlichen „Verschönerung" a priori zum Scheitern verurteilt sind. Der Mensch tritt hier also eindeutig als Täter und nicht, wie in den deutschen und französischen Texten, als Opfer in Erscheinung. Auch wenn es sich hier nur um einen einzelnen Artikel handelt, so vertritt er doch eine für das Tessin typische Grundhaltung, denn diese ästhetisierende Tendenz des Naturbezugs können wir auch in anderen Texten feststellen, z. B. in jenen, die auf die erste Internationale Naturschutzkonferenz von 1913 verweisen: Damals wurde ‚Naturschutz' durchweg mit ‚protezione delle bellezze naturali' übersetzt respektive als „Schutz der natürlichen Schönheiten" interpretiert.

> L'opera [...] comporta la correzione di 70 m. di riale a monte della strada del Pian Lorenzo, la costruzione di quattro camere di raccolta del materiale, con m. 64 di lunghezza complessiva e la sistemazione di ulteriori 30 m. di canale a monte delle camere. Il criterio di costruzione delle camere è nuovo ed originale; [...] L'intera opera [...] è in sano pietrame di granito e *malta di cemento*. [...] Oggi [...] bisogna ammettere che la soluzione è stata felice e che l'opera, nella *sua sobria eleganza*, si presenta assai bene. (Il Dovere 28.06.1958) (Das Werk [die Korrektur des Flusses Daro] [...] umfasst die Korrektur von 70 m des Flusses oberhalb der Strasse des Pian Lorenzo, den Bau von vier Kammern zur Sammlung des Geschiebes von insgesamt 64 m Länge und den Ausbau weiterer 30 Kanalmeter oberhalb der Kammern. Das Bauprinzip der Kammern ist neu und originell; [...] Das ganze Werk [...] besteht aus Granitblöcken und Zementfugen. [...] Heute [...] muss man eingestehen, dass es eine glückliche Lösung war und dass das Werk in seiner nüchternen Eleganz ziemlich gut aussieht.)

> [...] il nostro discorso si concentrava sulla montagna che fa da spalla a Locarno, rovinata da estesi *muraglioni* sia in facciavista sia (peggio!) *in calcestruzzo*. [...] il verde ha dovuto in troppi posti cedere alla *prepotenza del cemento armato e al cattivo gusto* di chi specula ai *danni della bellezza della natura*. [...] Alla vellutata linea della collina sopra Minusio è stato inferto una fendente che ha lasciato una ferita lungo non meno di quaranta metri: *un muraglione in calcestruzzo* che è soltanto premessa di un misfatto più grave. [...] Abbiamo sentito dire che ai piedi del muro saranno piantati alberi, in fila, a una certa distanza l'uno dall'altro; e che *il muro di calcestruzzo* sarà prossimamente trasformato in „facciavista"; e che ancora questo muraglione in facciavista sarà ricoperto d'edera. [...] Per eccesso di zelo, addirittura, si arrischia di confezionare *un poco gustoso „Birchermüsli"* con edera che nasconde un manufatto in facciavista realizzato *per nascondere il „béton"* e in concorrenza con gli alberi. [...] (Giornale del Popolo 04.11.1967) ([...] unsere Auseinandersetzung richtete sich auf den Berg, an dem Locarno gelegen ist, und der durch breite Schutzmauern zerstört wurde, die entweder verputzt sind oder {schlimmer noch!} aus Beton bestehen. [...] Das Grün hat an zu vielen Orten der Vorherrschaft des Eisenbetons und der Geschmacklosigkeit jener weichen müssen, die auf Kosten der Schönheit der Natur spekulieren. [...] In die samtige Linie des Hügels oberhalb von Minusio wurde eine Bresche geschlagen, die eine Wunde von mindestens vierzig Metern hinterlassen hat: eine Betonmauer, die nur die Voraussetzung für eine noch schlimmere Untat ist. [...] Wir haben gehört, dass am Fusse der Mauer Bäume in einer Reihe gepflanzt werden sollen, alle im selben Abstand, dass die Betonmauer nächstens in eine verputzte Mauer verwandelt wird, und dass diese verputzte Schutzmauer schliesslich vom Efeu versteckt wird. [...] Aus übertriebenem Eifer riskiert man also gar, ein geschmackloses „Birchermüsli"

anzurichten mit Efeu, das, im Wettstreit mit den Bäumen, den Verputz versteckt, welcher seinerseits den Beton verstecken soll [...].)

4.3 Betonöde durch Betontechnik: die ideologische Tendenz deutscher Komposita

In der deutschen Kritik am Beton wird von der Möglichkeit der Kompositabildung in einer Weise Gebrauch gemacht, die sehr aufschlussreich ist. Neben den ontologisch motivierten Fügungen wie *Betonmauer*, *Betonkübel*, *Betonboden* (also Kübel, Mauer, Boden aus Beton) wird der Baustoff Beton in den Komposita *Betonöde* (zweimal), *Betontechnik*, *Betonburgen* in einen neuen, durchweg negativ gemeinten und ontologisch nicht direkt nachvollziehbaren Sinnzusammenhang gestellt. Auffallend ist dabei wiederum, wie stark diese Wortfügungen den Aspekt der Menschen- und Lebensfeindlichkeit betonen, während in den französischen und italienischen Texten eine vergleichbare Neigung zur Polemik nicht ausgemacht werden kann. Eine einzige „betonkritische" Partizipialkonstruktion in einem französischen Text verwendet die Fügung ‚univers bétonné': Mit dem Wort ‚univers' (Universum, Erdkreis) wird aber einzig die überdimensionale Ausdehnung thematisiert.

> La vie de bâton de chaise et l'univers bétonné du citadin moyen forcent souvent celui-ci à s'octroyer des moments de repli dans le silence de la nature. (Feuille d'avis de Lausanne 11.10.1989)

Hingegen kommen die Substantivbildungen in französischen Texten viel phantasievoller und aufschlussreicher daher, wenn es darum geht, die Schutz- und Sicherheitsfunktion der Betonkonstruktionen hervorzuheben. Schutzvorrichtungen aus Beton werden hier mit *écran de béton* (Hülle/Schirm), *rideau de protection* (Vorhang/Blende), *voile de béton* (Schleier, Deckmantel), *enceinte de béton* (Umfassung/Umwallung) beschrieben. Dabei fällt auf, dass bei deutschen Texten in ähnlichen Kontexten keine einzige Fügung dieser Art (wie beispielsweise Betonschirm, Betonmantel, Schutzblende) zu finden ist. Daraus folgt, dass in der deutschen Sprache ganz offenbar kein enger semantischer Zusammenhang zwischen Schutz und Beton besteht. Was allein schon aufgrund unseres selektiven Textkorpus zutage tritt, wird durch die Eintragungen im Duden (1983) untermauert, denn auch dort lassen sich keine feststehenden Ausdrücke für Schutzvorrichtungen aus Beton finden. Dieser Befund veranlasst zur Frage, ob die Romands eher dazu tendieren, in die Schutzfunktion von Beton zu vertrauen.

> Il s'agit pour l'instant de *construire quatre barrages en béton* et deux cuvettes en maçonnerie dans un secteur du ruisseau d'Allières, là précisément où l'on

avait constaté une perte d'eau qui fut la principale cause du glissement de terrain. [...] L'ensemble des travaux [...] prévoit *la construction de vingt-sept barrages en béton* pour diminuer la pente du ruisseau d'Allières et son affluent, pour éviter l'érosion des berges et le charraige des matériaux. *Il s'agit également de protéger les routes et d'éviter l'enlèvement des pâturages.* (Feuille d'avis de Lausanne 08.11.1967)

A la raffinerie du Sud-Ouest, l'ensemble des installations est entouré d'*une enceinte de béton* de 4 m. 30 de profondeur. (Feuille d'avis de Lausanne 07.11.1967)

Depuis 1969, les Français ont accolé à l'usine de retraitement des combustibles nucléaires de la Hague près de Cherbourg une aire de stockage au sol pour les déchets de faible et de moyenne activité. *Enfouis dans des fûts ou des „colis" de béton*, ces déchets sont entassés dans des alvéoles, *enrobés de béton* ou de gravier, puis recouverts d'une couche imperméable. [...] Ainsi, le site de la Hague, qui repose sur deux soubassements géologiques différents, a vu *des radiers de béton* supportant les alvéoles et les fûts de déchets se fendre, il a fallu reconstruire totalement certains d'entre eux [...]. (Journal de Genève 11.10.1989)

4.4 Sonderfall Tessin

Der italienische Sprachraum stellt sich in zweifacher Hinsicht als Sonderfall dar. Auf der Ebene des Sprachsystems (langue) ist anzumerken, dass sich die italienische Sprache in der Bezeichnung des Baustoffes Beton von den beiden anderen Sprachen abhebt. Anders als die deutsche Sprache übernimmt sie nicht das französische ‚béton', sondern behält ihren eigenen Ausdruck ‚calcestruzzo' und ‚cemento armato' (für Eisenbeton) bei, obgleich das Wort ‚beton' zulässig wäre und in der Wortkombination ‚betoniera' (Betonmischmaschine) durchaus gebräuchlich ist.

Mit Blick auf die Analyse stellt man schliesslich fest, dass die Ausbeute an Artikeln, in denen die Wörter ‚Beton', ‚Asphalt' oder ähnliche Ausdrücke vorkommen, in den Tessiner Zeitungen deutlich geringer ausfällt als bei den anderen. Zudem kommt es zu keinen Prädikationen, bei denen eine bestimmte Tendenz bezüglich des präferentiellen Sinnzusammenhangs festgestellt werden könnte. Es überwiegen zwar eindeutig die „betonkritischen" Texte, doch beziehen sich diese ausschliesslich auf einzelne Bauwerke, die in ihrer konkreten Beschaffenheit beanstandet werden. Auch die Kritikpunkte sind konkret formuliert: Bemängelt wird entweder ihr Aussehen oder ihre unbefriedigende technische Qualität (Durchlässigkeit und Instabilität). Da die Sprache immer auf einen konkreten kontextuellen Zusammenhang verweist und, ausser bei den ästhetischen Anliegen, nicht auf einen übergeordneten Sinnzusammenhang geschlossen werden kann, können wir diese Perspektive als kritisch-neutral definieren: kritisch, weil sie die einzelnen Bauobjekte von Fall zu Fall mit wachsamem Auge analysiert, und neutral, weil sich keine übergeordnete Wertvorstellung nachweisen lässt.

4.5 Beton und Natur: Gegensatz oder Komplementarität?

In der vorangegangenen Auseinandersetzung mit dem Gebrauch des Ausdrucks ‚Beton' stellte sich klar heraus, dass nur im deutschen Sprachraum Beton als Kontrast zu Natur und Natürlichkeit gesehen wird. Die „Betontechnik" wird hier mit polemischer Schärfe abgelehnt, indem dem Baumaterial anti-soziale und lebensfeindliche Eigenschaften unterstellt werden.

In bezug auf die Einstellung der italienischen Schweiz sind wegen der spärlichen Datenlage nur zurückhaltende Aussagen möglich; moralisierende Pauschalabsagen aber scheinen nicht die Regel zu sein. Vielmehr richtet sich die Kritik jeweils auf die Mängel einzelner Bauten – und zwar mit besonderem Nachdruck auf ästhetische Fehlleistungen.

Im Vergleich zur Deutschschweiz nimmt schliesslich die Romandie gegenüber dem Beton eine eher nüchterne und oftmals gar zustimmende Haltung ein. Seine negativen Eigenschaften werden zwar in konkreten Fällen, etwa an einzelnen baulichen Missgriffen, durchaus beanstandet. Der pauschale Bann wird hingegen nicht gesprochen. Im Gegenteil: schützende und funktional zufriedenstellende Eigenschaften scheinen aus Sicht der Romandie zu überwiegen. Der ganze Diskurs im Zusammenhang mit Beton konvergiert mit einer generell fortschritts- und technikfreundlicheren Haltung, wie sie der frankophonen Schweiz gerne nachgesagt und durch verschiedene empirische Untersuchungen auch belegt wird (Meier-Dallach et al., 1995; Rey, 1995). Der Schluss liegt nahe, dass die gegenwärtigen Einstellungen gegenüber den Umweltproblemen nicht allein mit dem Zugang zur und der Wahrnehmung von Natur zusammenhängt, sondern ebenso mit der grundsätzlichen Haltung gegenüber dem (technischen) Fortschritt. Diesem Umstand werden die Vermittlungsversuche zwischen den verschiedenen Positionen im Umweltdiskurs Rechnung tragen müssen.

5 Schlüsselwörter des gegenwärtigen Umweltdiskurses: ‚Umwelt', ‚Öko-', ‚Bio-', ‚Grün'

Das erste empirische Kapitel behandelte die Frage, in welchen Kontexten der Ausdruck ‚Natur' Verwendung findet und ob es im Lauf der letzten 90 Jahre Veränderungen im Gespräch über die Natur zu verzeichnen gibt.

Der markanteste Wandel besteht darin, dass im Naturdiskurs der letzten 15 Jahre neben dem Ausdruck ‚Natur' jener der ‚Umwelt' erscheint und zunehmend an Bedeutung gewinnt. Auf den ersten Blick scheinen die beiden Ausdrücke nahezu synonym – von ‚Umweltschutz' ist jetzt ebenso häufig die Rede wie früher von ‚Naturschutz'. Wechselt man aber in ausgewählten Textpassagen ‚Natur' durch ‚Umwelt' aus und umgekehrt, sträubt sich das Sprachgefühl gegen die neu entstandenen Formulierungen; beispielhaft seien nachfolgend einige Textstellen angeführt, bei denen ‚Umwelt' durch ‚Natur' ersetzt wurde:

> Widerstand richtet sich denn auch nicht [...] gegen das Prinzip der Fernheizung, die [...] wegen ihrer geringen *Natur*belastung[1] zu begrüssen ist. (Nationalzeitung/Basler Zeitung 30.3.1979) Um die radioaktive Verseuchung der *Natur* zu bremsen, hat die NRC angeordnet, die aus dem Kühlwasser freiwerdenden Gase aufzufangen [...]. (NZZ 3.4.1979) Jeglicher Flugverkehr ist übermässig *natur*schädlich. (National-Zeitung/Basler Zeitung 12.10.1989) Nicht nur *Natur*minister Töpfer fühlte sich etwa im Stich gelassen. ‚Die Eidgenossen sind doch so *natur*bewusst, das ist ein Affront', meinte ein deutscher Journalistenkollege. (Vaterland 12.10.1989)

Die vorangegangenen, leicht verfälschten Textpassagen klingen nicht weniger befremdlich als die nachfolgenden, bei denen ‚Umwelt' an Stelle von ‚Natur' gesetzt wurde:

> Näher treten die Ufer zusammen, [...] ruhig liegt der Strom in seinen dicht bewaldeten grünen Ufern, unberührte *Umwelt* umgibt uns völlig. (National-Zeitung 8.6.1925) Während der letzten drei Wochen hat die *Umwelt* auch im Appenzellerlande förmliche Wunder bewirkt. (NZZ 10.6.1925). Es beweist, dass die rätselhafte *Umwelt* auch die kleinsten Beeren mit geheimnisvollen Kräften ausgestattet hat. (National-Zeitung 19.5.1935) An den Ästen hingen die Äpfel ringsherum, dicht nebeneinander; ein Wunder, dass sie nicht viel früher herunterfielen. Ein Geschenk der *Umwelt*. (NZZ 3.11.1967) Die

---

[1] Kursiv gedruckt sind die ausgetauschten Ausdrücke (‚Natur' gegen ‚Umwelt' und umgekehrt).

Rottanne hätte wohl noch eine Weile überdauert, doch wie die *Umwelt* manchmal spielt – die beiden Bäume waren zeit ihres Lebens Schicksalsgenossen und voneinander abhängig. (Vaterland 12.10.1989)

Die nähere Auseinandersetzung mit ‚Natur' und ‚Umwelt' erhärtet die Vermutung, die allein schon aufgrund der sprachlichen Intuition entsteht: beide Ausdrücke überlappen sich nur innerhalb enger Grenzen und weisen daneben zahlreiche Unterschiede auf.

5.1 Umwelt – environnement – ambiente: Entstehung der Ausdrücke

‚Umwelt', ‚environnement' und ‚ambiente' unterscheiden sich in mehrfacher Hinsicht voneinander. Das *italienische* ‚ambiente' ist etymologisch auf das Präsenspartizip von lat. ‚ambire' [(rund)herum gehen] zurückzuführen (Cortelazzo, Zolli, 1991: 45). Der Plural ‚ambienti' bezog sich zunächst auf bestimmte soziale Milieus: *ambienti agricoli, ambienti familiari, ambienti ministeriali, ambienti automobilistici* oder *ambienti sociali* sind auch zu Beginn des 20. Jahrhunderts geläufige Formulierungen und in unserem Textkorpus häufig anzutreffen.

Daneben weist der italienische Wortschatz auch das Verb ‚ambientare' auf [wörtlich: an eine Umgebung gewöhnen, akklimatisieren, ein Theaterstück, einen Roman usw. situieren], sowie ‚ambientarsi' [sich eingewöhnen] und weitere Ableitungen, die sich sowohl auf naturräumliche als auch auf gesellschaftliche Zusammenhänge beziehen: ‚ambientista' [Landschaftsmaler, -photograph], ‚ambientatore' [Gestalter von Innenräumen, Innenarchitekt], ‚ambientalista' [Umweltschützer]. Dass sich auch das Adjektiv

Abbildung 1: Wortumfeld und Entstehung von ‚ambiente'

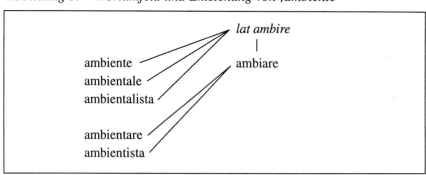

‚ambientale' bilden lässt, erhöht die Verwendungsmöglichkeiten des Ausdrucks.

Auch *im Deutschen* scheint sich ‚Umwelt' im nicht-wissenschaftlichen Alltagsdiskurs zunächst vornehmlich auf soziale Kreise bezogen zu haben – zumindest drängt sich dieser Schluss beim Lesen einer der wenigen frühen Nennungen auf:

> Ein feiner Zerstäuber hat über das luftig gekämmte Haar den süssen Hauch von Frühlingsblumen geweht. Über die Umwelt rümpfen sie [die Hunde an der Hundeausstellung] ihre eingepressten Näschen als wollten sie sagen, wir riechen nicht hündisch. (NZZ 13.5.1935)

Im Gegensatz zum italienischen ‚ambiente' ist ‚Umwelt' ein relativ junges Wort: Laut Duden ist der Ausdruck seit 1800 bezeugt und entspricht einer Lehnübersetzung des dänischen ‚omverden' [umgebendes Land]. „In der 2. Hälfte des 19. Jh.s wurde ‚Umwelt' als Ersatzwort für frz. milieu gebräuchlich. Im biologischen Sinne von „Umwelt eines Lebewesens, die auf es

Abbildung 2: Wortumfeld und Entstehung von ‚Umwelt'

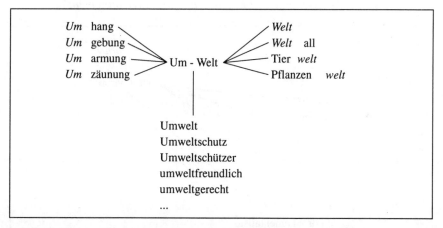

einwirkt und seine Lebensbedingungen beeinflusst", wurde es zuerst 1909 von dem deutschen Biologen v. Uexküll [...] verwendet" (Duden, 1989).

Der *französische Ausdruck* ‚environnement' geht ursprünglich auf das lat. ‚vibrare', [Schwingen, vibrieren] zurück (von Wartburg), auf welches auch das Wort ‚environ' [ungefähr, circa] zurückzuführen ist. Gamillscheg (1966: 378) führt auf, dass ‚environ' fürs 12. Jahrhundert bezeugt ist: zunächst als Adverb, „seit dem 15. Jh. auch Präposition, [...]; dazu seit dem 15. Jh. subst.

les environs ‚Umgebung'; ist Zusammensetzung von *en* und afrz. *viron* ‚Runde', ‚Kreis', d.i. ursprünglich abstrakte Abl. von *virer* ‚drehen' [...] dazu seit dem 12. Jh. die Abl. *environner*, umgeben'". Es ist anzunehmen, dass die Formulierung ‚environnement' von ‚les environs' abgeleitet und in Anlehnung an das englische ‚environment' geprägt wurde.

Im Unterschied zum Italienischen scheint die adjektivische Fügung (‚environnemental') nicht gebräuchlich zu sein. Larousse (1959/1963) erwähnt sie überhaupt nicht, und in unserer ganzen Textsammlung taucht die Fügung nur einmal auf: in einer (übersetzten) Fachpublikation des Bundesamtes für Umwelt, Wald und Landschaft (BUWAL):

> Der Einfluss und Spielraum für Umweltanliegen ist in dieser Phase am grössten [wird zu]: C'est à la phase initiale que les préoccupations environnementales peuvent avoir le plus d'influence. (BUWAL, 1995: 28)

Hingegen scheint die Ableitung ‚environnementaliste' für Umweltschützer im aktuellen Diskurs zulässig zu sein, denn sie taucht in unserem Textkorpus wiederholt auf.

Abbildung 3:   *Wortumfeld und Entstehung von ‚environnement'*

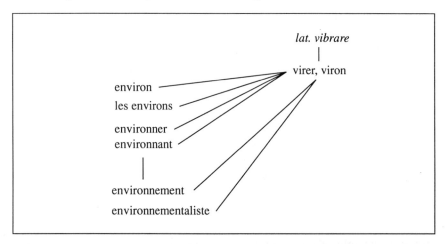

Ein weiterer Unterschied zwischen den Sprachräumen kann schliesslich ausgemacht werden, wenn man den Zeitpunkt des erstmaligen Auftretens von ‚Umwelt', ‚ambiente' und ‚environnement' eruiert. In der diachronen Betrachtung ist festzustellen, dass zwar sowohl der deutsche als auch der italienische Ausdruck bereits in den frühen Zeitschnitten unseres Korpus auftreten (deutsch: 3. ZS, 1935; italienisch: 1. ZS, 1904), doch nehmen zu jenem Zeitpunkt ‚Umwelt' und ‚ambiente' auf anderes Bezug als heute, nämlich auf die erwähnten sozialen Milieus. Zudem weist die Anzahl der Nennungen darauf hin, dass der deutsche Ausdruck wohl etwas weniger gebräuchlich war als der italienische.

5.1.1 Gemeinsamkeiten im ‚Umwelt'diskurs der drei untersuchten Sprachräume

Abgesehen davon, dass ‚ambiente' (und in geringerem Masse auch ‚Umwelt') in der Bedeutung von „sozialem Milieu" Verwendung finden kann, tritt im untersuchten Korpus der Ausdruck im Sinne der „natürlichen Umwelt" überall erst in den letzten zwei untersuchten Zeitschnitten (1979 und 1989) auf.

Auch bei der Wahl der *Attribute, welche der Umwelt zugeschrieben werden,* ähneln sich die Diskurse der verschiedenen Sprachräume – namentlich jene der französischen und der deutschen Schweiz: Die Eigenschaften der Umwelt sind in den meisten Fällen besorgniserregend: sie ist *gefährdet, belastet, verseucht, menacé, mis en danger, fragile, dégradé*. Selbst in den wenigen Fällen, wo von *sauberer* oder *gesunder* Umwelt bzw. von *environnement sain* gesprochen wird, geschieht dies in einem problematisierten Gesprächszusammenhang, welcher die Gefährdung der natürlichen Ressourcen stillschweigend einschliesst:

> Mit dem Blick auf eine unabhängigere Position in der Energieversorgung des Landes und einer sauberen Umwelt scheint die Bundesregierung in Washington [...] entschlossen, die Umstellung auf die Sonnenenergie [...] nach Kräften zu fördern. (National-Zeitung 29.3.1979)
>
> Für die bedrohten Natur- und Kulturwerte in der Alpenregion fordert die Internationale Alpenschutzkommission (Cipra) einen [...] „Marshall-Plan". Eine gesunde Umwelt und das blühende Kulturleben der Region seien nicht zum Nulltarif zu haben, [...]. (NZZ 9.10.89)
>
> Les priorités ont changé depuis 1980: la croissance et la création d'emplois font place à la qualité de vie, à l'esprit d'entreprise et à un environnement sain. (Liberté 10.10.1989)

Im Tessin fehlen die negativen Zuschreibungen zwar nicht völlig, von *ambiente tossico* [giftige Umwelt] oder *ambiente inquinato* [verschmutzte Umwelt] ist hier ebenfalls die Rede, hingegen treten im italienischen Diskurs häufig auch vergleichsweise „neutrale" (d. h. spezifizierende und nicht wertende) Formulierungen auf wie *il nuovo ambiente* [die neue Umgebung], *l'ambiente vasto* [die weitläufige Umgebung], *l'ambiente naturale* [die natürliche Umwelt], *l'ambiente alpino* [die alpine Umwelt] oder *ambienti secchi* [trockene Milieus]. So gesehen, scheint der italienische Ausdruck im

Alltagsgespräch weniger ausschliesslich mit Bedrohungen konnotiert zu sein als das deutsche und das französische Pendant. Diese vergleichsweise „neutrale" Haltung im Tessin erklärt sich daraus, dass die italienische Sprache den Ausdruck ‚ambiente' sowohl zur Bezeichnung des sozialen Milieus wie für die natürliche Umwelt verwendet.

Eine weitere Gemeinsamkeit lässt sich herausarbeiten, wenn man untersucht, bei welcher Gelegenheit ‚*Umwelt' als aktiv wirkende Kraft* auftritt: nämlich sozusagen nie. Im Unterschied zu ‚Natur' (siehe Kapitel 2), die ja oft personifiziert wird und als Akteurin in Erscheinung tritt, verhält sich ‚Umwelt' durchweg passiv. In den deutschen Texten kann man keine einzige, und in den französischen Texten nur gerade zwei Passagen mit aktiven Wendungen ausmachen, während es im italienischen Sprachraum wiederum die sozialen Milieus sind, welche in das Geschehen eingreifen.

> Les trois grands problèmes qui nous font face aujourd'hui – environnement, énergie, échanges commerciaux – recèlent au moins deux exigences communes, celle de les aborder globalement et celle d'y faire front ensemble [...]. (Journal de Genève 29.3.1979)
>
> Autre priorité: l'environnement. „C'est le fondement même du tourisme. En plus, l'environnement ouvre un marché porteur pour la création d'emplois. [...]" (Liberté 10.10.1989)
>
> Noi vorremmo che fosse sollevato [...] in ispecie dagli ambienti agricoli un grido di protesta contro la distruzione degli uccelli utili all'agricoltura, [...]. (Il Dovere 18.11.1913) (Wir möchten, dass [...] namentlich aus den landwirtschaftlichen Kreisen ein Protestschrei gegen die Vernichtung der für die Landwirtschaft nützlichen Vögel erschallen würde [...].)
>
> E la stessa domanda debbono anche porsi tutti [...] coloro che appartengono a quegli ambienti sociali, che si dedicano attivamente allo sviluppo ed al progresso dei nostri tempi. (Giornale del popolo 29.3.1979) (Und die gleiche Frage müssen sich auch all diejenigen stellen, welche jenen Kreisen angehören, die sich aktiv der Entwicklung und dem Fortschritt unserer Zeit widmen.)
>
> Sappiamo [...] che ci sono buoni motivi per supporre che l'ambiente, inteso come luogo e modalità di vita, svolga un ruolo essenziale nella partecipazione alla introduzione del cancro. (Il Dovere 7.10.89) (Wie wir wissen, gibt es gute Gründe zur Annahme, dass die Umwelt, verstanden als Lebensraum und Lebensweise, bei der Entstehung von Krebskrankheiten eine grundlegende Rolle spielt.)

Geht man der Frage nach, welche *Einwirkungen auf die Umwelt* beschrieben werden, sind es – wie bei der Zuschreibung der Attribute – auch hier wieder in allen Sprachräumen mehrheitlich bedrohliche und schädliche Eingriffe, die zur Sprache gebracht werden: Im besten Fall wird Umwelt *gestaltet* oder in sie *eingegriffen*, im schlimmsten wird sie *gefährdet, belastet, geschädigt* oder gar *zerstört*. Die übrigen Formulierungen beziehen sich auf die Anstrengungen *zum Schutz der Umwelt* - auch sie implizieren dadurch eine Bedrohung, vor der es die Umwelt zu bewahren gilt.

„Falls (die) Behörden das A-Werk Graben bauen wollen und uns und *unsere Umwelt dadurch gefährden und schädigen,* ist es unser legitimes Recht, uns dagegen zur Wehr zu setzen", heisst es in der Pressemitteilung. (NZZ 3.4.1979)

Um die radioaktive *Verseuchung der Umwelt* zu bremsen, hat die NCR angeordnet, die aus dem Kühlwasser freiwerdenden radioaktiven Gase aufzufangen und mittels vier riesiger Kohlefilter zu reinigen, bevor sie in die Atmosphäre abgegeben werden. (NZZ 3.4.1979)

Um die *Umwelt damit nicht zu belasten,* wird dieses Wasser vorerst im Reaktorgebäude zurückbehalten. (NZZ 4.4.1979)

[...] zur Sprache kamen [...] die Bemühungen, den Touristenstrom so zu lenken, dass *die Schäden für die Umwelt* möglichst gering gehalten werden können. (Vaterland 11.10.1989)

„Au cas où les autorités [...] veulent construire cette centrale et *mettre par là en danger notre environnement,* notre droit légitime est de nous défendre", indique le communiqué de ces organisations. (Journal de Genève 3.4.1979)

Non qu'il faille se livrer à un procès d'intention contre cette forme d'énergie et *les risques qu'elle entraîne pour l'environnement,* mais le fait est là: malgré toutes les précautions envisagés, il y a toujours une faille, [...]. [...] il faut penser à ce que serait une catastrophe et à *ses dommages sur l'environnement.* (Liberté 30.3.1979)

[...] [des] autres déchêts, nullement radioactifs, ont une virulence qui ne diminue pas avec le temps, mais *empoisonnent durablement l'environnement.* (Journal de Genève 11.10.1989)

La présence de l'homme dans l'Antarctique fait peser *une menace constante sur un environnement* extrêmement fragile. (Feuille d'avis de Lausanne 7.10.1989)

Comme la plupart des autres cantons, Vaud a établi une liste de toutes les entreprises pouvant représenter *un danger pour* la population et *l'environnement.* (Feuille d'avis de Lausanne 10.10.1989)

[...] tale sfruttamento per scopi non soltanto industriali, ma anche militari, lo sviluppo della tecnica non controllato [...] *portano spesso con sé la minaccia all'ambiente naturale* dell'uomo [...]. (Giornale del Popolo 29.3.1979) ([...]eine solche Ausbeutung, die nicht nur industrielle, sondern auch militärische Ziele verfolgt, sowie die unkontrollierte Entwicklung der Technik ziehen oft die Bedrohung der natürlichen Umwelt des Menschen nach sich.)

Non vi è però alcuna rinuncia all'uso di concimi [...] chimici, pur sapendo che il loro impiego anche ridotto danneggia l'ambiente. (Corriere del Ticino 10.10.1989) (Es wird jedoch nicht auf die Verwendung von chemischen Düngemitteln verzichtet, obwohl bekannt ist, dass auch deren beschränkter Einsatz die Umwelt schädigt.)

Eine letzte Gemeinsamkeit im Umweltdiskurs der drei grossen Schweizer Sprachräume lässt sich mit Blick auf die *Akteure* herausarbeiten, *welche in die Umwelt eingreifen*. In den meisten Fällen wird nicht ersichtlich, wer genau der Handelnde ist: die Formulierungen sind oft unpersönlich. Als Akteure treten die Sprecher grösserer Firmen, offizielle Vertreter anonymer Gemeinschaften, Regierungsmitglieder oder ganze Staaten auf. Anders als die Natur, in welcher sich benannte Individuen oder klar umrissene Gruppen bewegen, ist die Umwelt das Handlungsfeld der „organisierten Unverantwortlichkeit" (in Anlehnung an Beck, 1988). Zudem erwecken die verschleiernden Formulierungen mitunter gar den Eindruck, die Umweltprobleme seien selber eine Art „Naturkatastrophe", die unabhängig von äusserer Einwirkung entstünden: Wendungen wie: *la dégradation de notre environnement provoque des changements climatiques* oder *Schäden an Umwelt und Gesundheit [...] sind der unsichtbare Tribut, welcher [in] der aktuellen Situation entrichtet werden muss,* führen im fatalistisch anmutenden Zirkelschluss das eine Umweltproblem auf das andere zurück.

Die nachfolgenden Zitate mögen die Unterschiede zwischen dem „Natur-" und dem „Umweltdiskurs" verdeutlichen:

Natur:

> *Kleinbürger, besser gestellte Arbeiter, aber auch Lehrer, Beamte usw.* stellen das Kontingent für die Bewohnerschaft der Lauben, alle beseelt von dem [...] Trieb, Natur [...] ihr eigen nennen zu dürfen. [...] *kein Sommerfrischler* [...] kostet den Genuss der Natur mit so inbrünstigem dankbarem Behagen aus wie solch kleine *Laubagrarier* [...]. (NZZ 28.8.1904)
>
> *Wer Landwirtschaft treibt* ohne Geflügelzucht, der nutzt [...] was die Natur sonst noch [...] bringen mag, gar nicht aus [...]. (Vaterland 13.6.1925)
>
> *Der nervöse Tourist* [...] sucht [...] Entspannung in der Natur. (NZZ 9.11.1967)
>
> Das Verhältnis *der Schotten* zur Natur drückt sich [...] in ihrer [...] Beziehung zu Blumen aus. (NZZ 28.3.1979)

Umwelt:

> Radioaktivität an die Umwelt sei durch den Hüllrohrschaden nicht abgegeben worden. (National-Zeitung 4.4.1979)
>
> Alle bisher diskutierten Varianten sind [...] mit [...] grossen Risiken für die Umwelt verbunden. (NZZ 2.4.1979)
>
> Das Inventar wird eine Entscheidungshilfe für die Beurteilung von geplanten Eingriffen in die natürliche Umwelt und eine wichtige Grundlage für Schutzmassnahmen bilden. (Vaterland 31.3.1979)
>
> Mit dem Geld sollte breitenwirksam saniert und ein Schritt für die Umwelt gemacht werden. (National-Zeitung 7.10.1989)

In den USA und Deutschland wurde seinerzeit zum Schutz der Umwelt auf den Bau von Überschall-Verkehrsflugzeugen verzichtet. (National-Zeitung 12.10.1989)

Für Kupfer sieht die Zukunft also nicht gerade rosig aus; dies ist zumindest für die Umwelt ein Vorteil, erübrigt es sich doch, im Südwesten der USA und in Chile noch gigantischere Tagbauwerke zu errichten. (NZZ 11.10.89)

[…] *certaines sociétés* voudraient obtenir un relâchement des mesures destinées à protéger l'environnement en diminuant les normes exigées dans la lutte contre la pollution atmosphérique. (Journal de Genève 3.4.1979)

La France a appuyé lundi l'appel des organisations de défense de l'environnement pour la création d'un Parc mondial en Antarctique afin de protéger son environnement menacé, […]. (Journal de Genève 10.10.1989)

Des voix ont d'ores et déjà réclamé la protection totale […] du pachyderme africain […]. Elles entendent profiter du fort courant qui souffle sur le monde politique en faveur de l'environnement […]. (Liberté 10.10.1989)

L'AGIE di Losone, […] da sempre sensibile alla salvaguardia dell'ambiente, intende intensificare gli sforzi per una più efficace politica ambientale. […] Grazie a un flussante di nuova concezione si sono ridotte dell'85% le emissioni nell'ambiente di freon (clorofluorocarburi), […]. (Corriere del Ticino 12.10.1989) (Die Industriebetriebe von Losone, die seit jeher empfänglich für die Belange des Umweltschutzes sind, beabsichtigen, ihre Bemühungen für eine wirkungsvollere Umweltpolitik zu verstärken. […] Dank eines neuartigen Härtemittels [Fluorsilikat] wurden die Freonemissionen (Fluorchlorkohlenwasserstoffe) in die Umwelt um 85% verringert […].)

Code e ingorghi ai caselli autostradali, rallentamenti nei centri vicini, danni all'ambiente e alla salute delle popolazioni, è il dazio invisibile ma ricorrente causato dall'attuale situazione. (Il Dovere 13.10.1989) (Autokolonnen und Staus vor den Autobahnzahlstellen, schleppender Verkehr in den nahen Zentren, Schäden an der Umwelt und an der Gesundheit der Anwohner, dies ist der unsichtbare, aber regelmässig erhobene Tribut, der wegen der gegenwärtigen Situation entrichtet wird.)

Gesamthaft gesehen lassen die untersuchten Texte also den Schluss zu, dass es sich in allen drei Sprachräumen bei ‚Natur' und ‚Umwelt' weniger um Synonyme als um komplementäre Ausdrücke handelt: ‚Natur' nimmt dabei tendenziell auf die subjektive Erlebniswelt und auf die den Menschen gegenüberstehenden Kräfte und Erscheinungen Bezug, während ‚Umwelt' auf die staatlich verwalteten Ressourcen verweist, welche von einer gesichtslosen, überindividuellen Gesellschaft genutzt werden.

5.1.2   Komposita und Wortverbindungen mit ‚Umwelt':
         „Durchsichtige Wörter"

Die in allen drei Sprachräumen mit Abstand am häufigsten genannte Wortverbindung ist ‚Umweltschutz' (beziehungsweise ‚protection de l'environnement' und ‚protezione dell'ambiente'/‚protezione ambientale'). Namentlich in den lateinischsprachigen Texten erscheint ‚environnement' beziehungsweise ‚ambiente' zu einem überwiegenden Teil in Kombination mit ‚protection' beziehungsweise ‚protezione', und zwar meistens im Zusammenhang mit Behördennamen. Dabei gilt es zu beachten, dass oft verkürzte Formulierungen verwendet werden: So wird *service de la protection de l'environnement* gerne zu *service de l'environnement, Ministère de l'environnement, les conseillers pour l'environnement* oder *Dipartimento dell'ambiente* zusammengefasst. Auch im Deutschen scheint man ‚Umwelt*schutz*organisationen' mit ‚Umweltorganisationen' stillschweigend gleichzusetzen.

Zudem gilt es zu berücksichtigen, dass von den untersuchten Sprachen einzig das Italienische das Adjektiv ‚ambientale' verwendet – obwohl eine entsprechende Ableitung auch im Deutschen theoretisch nahe läge: analog zu „weltlich" hätte auch „umweltlich" gebildet werden können. Tatsächlich treten im deutschen Sprachraum aber ausschliesslich Kompositabildungen auf – statt etwa von *politica ambientale* bzw. von „umweltlicher Politik" spricht man hier von *Umweltpolitik*.

Ein weiterer Unterschied zwischen den Sprachgruppen äussert sich darin, dass im Gegensatz zum Italienischen und Französischen, wo die Ausdrücke ‚environnementaliste' beziehungsweise ‚ambientalista' gebräuchlich sind, die deutsche Sprache keine direkte Ableitung in der Art von „Umweltler" kennt.

Hingegen sind die Wortneuschöpfungen im Zusammenhang mit ‚Umwelt' nirgends so zahlreich wie im deutschen Sprachraum. Begünstigt wird diese Leichtigkeit, neue Wörter zu prägen, durch die Möglichkeiten, die der deutschen Sprache zur Kompositabildung gegeben sind. Für eine bestimmte Form von Wortzusammensetzung prägte der Sprachwissenschaftler Hans-Martin Gauger die Bezeichnung des „durchsichtigen Wortes" (Kapitel 1.2.3). Aber nicht nur Zusammensetzungen, sondern auch Ableitungen (Verschiebungen oder Variationen; Gauger 136) können zur Entstehung durchsichtiger Wörter führen: die oben erwähnten Ausdrücke ‚environnemental*iste*' und ‚ambiental*ista* gehören als Analogiebildung zu ‚expressionn*iste*', ‚fleur*iste*', ‚human*iste*' beziehungsweise ‚radical*ista*', ‚capital*ista*' ebenfalls dazu.

Die „Durchsichtigkeit" von Ausdrücken ist nirgends so augenfällig wie dort, wo die einzelnen Bestandteile des Wortes auch unabhängig voneinander existieren können (vgl. dazu ‚Schaf-Hirte', ‚Wolfs-Hund', ‚Menschen-Leben' usw.): „Das zusammengesetzte Wort – darin besteht seine Durchsichtigkeit – ist stets in einen Satz oder ein satzartiges Gebilde auflösbar das – mehr oder minder vollständig – seinem Inhalt entspricht. Dieser Satz ist nichts anderes als eine Paraphrase dieses Inhalts; als solche ist er durchaus nachträglich und sekundär: der Satz ist das mögliche Produkt der Zusammensetzung, nicht aber diese das Produkt des Satzes" (Gauger, 1971: 158).

Bei den nunmehr geläufigen Ausdrücken ‚Umweltschutz', ‚Umweltbelastung', ‚Umweltfreundlichkeit', ‚Umweltbewusstsein', ‚Umweltkatastrophe', ‚Umweltproblem' handelt es sich um durchsichtige Wörter im Sinne von Gauger. Auch vergleichsweise ungewöhnliche Formulierungen wie ‚Umweltschoninstallation', ‚Umweltprozess', ‚Umweltvergehen', ‚Umweltwochen', ‚Umweltsensibilisierung' oder ‚Umweltverträglichkeit', ‚Umweltverträglichkeitsprüfung' beziehungsweise ‚Umweltverträglichkeitsnachweis' lassen sich dieser Kategorie zuordnen – ja, die Tatsache, dass solche Ausdrücke spontan gebildet und im jeweiligen Gesprächszusammenhang meistens ohne Schwierigkeiten verstanden werden, belegt, dass die „Durchsichtigkeit" gewissermassen zum „Funktionsprogramm" der deutschen Sprache gehört.

5.1.3 Die Widersprüchlichkeit des deutschen Redens über ‚Umwelt'

Es ist für unsere Zwecke erhellend zu untersuchen, aus welchen Domänen der Sprache die determinierten Primärworte stammen. Unter ‚Domäne' verstehen wir in Anlehnung an Hartig (1980: 49) einen inhaltlichen Sprachbereich, der sich durch bestimmte Situationsmerkmale auszeichnet. Sprachliche Domänen können sich auf berufliche Aktivitäten, aber auch auf Familie, Religion oder Freundschaft beziehen.

Es gibt eine ganze Reihe von Komposita, die im Einklang mit der Tatsache stehen, dass ‚Umwelt' meistens in unpersönlichen, überindividuellen Gesprächszusammenhängen thematisiert wird: diese Komposita beziehen das determinierte Primärwort aus der Domäne der *formalisierten Sozialbeziehungen,* sprich: aus der Rechts- und Wirtschaftssprache. Hierunter fallen Wortfügungen wie Umweltschaden, Umweltgüter, Umweltverbrauch, Umweltvergehen, Umweltprozess und weitere. Die vergleichsweise zahlreichen Komposita, die auf wirtschaftlicher und juristischer Terminologie beruhen, weisen darauf hin, wie stark der Umwelt implizit der Charakter einer Ware und eines Verhandlungsobjektes zugesprochen wird.

Im Widerspruch zum versachlichten Umweltdiskurs stehen dagegen die Komposita, deren Determinatum aus der Domäne der *emotionalen Sozialbeziehungen* stammt. Hierzu gehören etwa die Ausdrücke Umweltfreundlich(keit), Umweltschutz, umweltverträglich, umweltschonend, Umweltsorgen u. ä.

Zudem stammen zahlreiche Determinata aus der Domäne der *kognitiven Erfahrung und geistigen Auseinandersetzung*. Darunter fallen Umweltfragen, Umweltbewusst(sein), Umweltproblem, Umweltsensibilisierung usw.

Weniger zahlreich sind schliesslich jene Komposita, die auf Primärwörtern aus den Domänen von *physischer Erfahrung* und von *Religion und Ethik* beruhen; zu den erstgenannten zählen Umweltwärme (erwähnt im Zusammenhang mit neuen Heiztechniken) und Umweltzerstörung, zu den zweitgenannten Umweltsünder und Umweltgewissen.

Wir können hier also zwischen Komposita unterscheiden, die im Einklang mit dem versachlichten Umweltdiskurs stehen, indem sie ihre Primärwörter aus der sprachlichen Domäne der formalisierten (und in diesem Sinne überindividuellen und unpersönlichen) Sozialbeziehungen ziehen, und solchen, die einen gewissen Widerspruch zum Ausdruck bringen, indem sie ‚Umwelt' an Ausdrücke koppeln, die der Domäne der emotionalen Sozialbeziehungen, der physischen Erfahrung und der Domäne von Religion und Ethik entnommen sind: unsere bisherigen Analysen belegen nämlich, dass die Domänen der individuellen Sinneserfahrung und der mystisch-religiösen Sphäre zwar mit dem Diskurs über ‚Natur' harmonisieren, kaum jedoch mit der unpersönlichen und versachlichten Darstellung von ‚Umwelt'.

Aufschlussreich ist es nun zu überprüfen, ob bei der Übersetzung von ‚Umwelt'-Komposita in die lateinischen Sprachen jeweils die gleiche Domäne wie im Deutschen aktualisiert wird, oder ob Verschiebungen stattfinden. Übers Ganze gesehen fällt auf, dass die leichthin gebildeten deutschen Komposita mit ‚Umwelt' die französischen und italienischen Übersetzer nicht selten vor Schwierigkeiten stellen. Je nach Kontext werden für die Übersetzung des gleichen deutschen Wortes andere Möglichkeiten in Anspruch genommen. Und der Umstand, dass beispielsweise ‚écologique' zur Übersetzung von ‚umweltfreundlich', ‚umweltverträglich', ‚umweltschonend' und schliesslich auch von ‚naturnah' verwendet wird, zeigt, welche Variationenvielfalt das Instrument der Kompositabildung hervorzubringen vermag.

Die Ausdrücke in der nachfolgenden Liste sind nach Domänen geordnet, ausgehend vom jeweiligen deutschsprachigen Wort. Kursiv gedruckt sind Übersetzungen, die ‚environnement' beziehungsweise ‚ambiente' nicht mit Wörtern aus derselben Domäne verbinden wie der deutsche Originalterm, oder die ein deutsches ‚Umwelt'-Kompositum gar ohne Verweis auf ‚environnement' beziehungsweise ‚ambiente' übersetzen.

Dabei ist festzustellen, dass die Übersetzer im Falle von Komposita, die ihr Primärwort aus der sprachlichen Domäne der emotionalen Sozialbeziehungen beziehen, „freier" verfahren, indem sie entweder die entsprechenden ‚Umwelt'-Komposita nicht mit ‚environnement' beziehungsweise ‚ambiente' übersetzen oder aber die Domäne wechseln – und zwar vornehmlich in jene der formalisierten Sozialbeziehungen: So wird ‚umweltfreundlich' nie mit Berufung auf „freundschaftliche" Gefühle (‚amical/-e', ‚amicalement', ‚amichevole' o. ä.) übersetzt – einzig die italienischen Formulierung ‚in armonia con l'ambiente' kann als Annäherung an das „Freundschaftliche" verstanden werden. Auffallend sind zudem die zahlreichen Wendungen, welche den emotionalen Gehalt der deutschen Ausdrücke mit „Respekt" übersetzen: Hier findet eindeutig eine Verschiebung von der Ebene familiär-emotionaler in Richtung distanziert-formalisierter Sozialbeziehungen statt – eine Verschiebung, die wie gesagt im Einklang steht mit dem weitgehend unpersönlich gehaltenen Umweltdiskurs.

Deutsch	Französisch	Italienisch
umweltfreundlich	– *écologiquement raisonnable* – *écologique* – *non polluant*	– in armonia con l'ambiente – *rispettoso dell'ambiente*
Umweltschutz	– protection de l'environnement – défense de l'environnement	– protezione dell'ambiente – salvaguardia dell'ambiente – protezione ambientale
umweltverträglich	– *écologique* – compatible avec l'environnement – *écologiquement supportable* – *respectueux de l'environnement*	– *ecologico* – *rispettando i criteri ecologici* – ... – *rispettoso dell'ambiente* – in armonia con l'ambiente
Umweltschonung	– sauvegarde de l'environnement – „*respect de l'environnement*"	– ... – ...
umweltschonend	– ménageant l'environnement – *respectant les principes de la protection de l'environnement* – *respectueux de l'environnement* – *en respectant l'environnement* – *écologique* – *dans le respect de l'environnement*	 – *operando nel rispetto dell'ambiente* – *rispettoso dell'ambiente* – ... – ... – ...
Umweltsorgen	– *des problèmes de protection de l'environnement*	– ...

Anzumerken ist schliesslich, dass bei den lateinischen Ausdrücken ‚conscience' bzw. ‚coscienza' zwischen dem moralisch konnotierten ‚Gewissen' und dem kognitiven ‚Bewusstsein' nicht unterschieden wird (‚perdre conscience' = bewusstlos werden; ‚avoir mauvaise conscience' = schlechtes Gewissen haben). Die oben dargestellte Liste, die auf Übersetzungen von Publikationen aus Naturschutzkreisen und aus der Verwaltung beruht, stellt einige Übersetzungen von deutschen Komposita zusammen, die ‚Umwelt' mit einem Determinans aus der Domäne der emotionalen Sozialbeziehungen in Verbindung bringen. Die Lücken in der Spalte fürs Italienische (...) sind darauf zurückzuführen, dass nicht alle Publikationen auch auf italienisch übersetzt wurden. Kursiv gedruckt sind jene Übersetzungen, bei denen ein Wechsel der Domäne stattfindet.

Man darf also behaupten, dass im deutschen Sprachraum die Terminologie des modernen Umweltdiskurses widersprüchlicher ist als im lateinischsprachigen: statt im Deutschen ‚Umwelt' in Komposita einzubinden, die mit dem objektiven und versachlichten Umweltdiskurs im Einklang stehen, sind hier Wortverbindungen mit „emotionalen" und „freundschaftlichen" Primärwörtern gang und gäbe. Demgegenüber neigen Angehörige der französischen und italienischen Sprache zu sprachlichen Wendungen, welche die Umwelt mit formalisierten (Sozial)beziehungen in Verbindung bringen.

5.2 Ökologie und Ökologisches

‚Ökologie' und ‚ökologisch' (beziehungsweise écologie/ecologia) stehen in einer derart engen semantischen Beziehung zu ‚Umwelt' (beziehungsweise ‚environnement'/‚ambiente'), dass sie in bestimmten Fällen gar synonym verwendet werden. Besonders eng scheint der Bezug im Französischen zu sein, wo ‚écologique' als Ersatz für die ungebräuchliche Adjektivform ‚environnemental' und als Ausweichsmöglichkeit bei der Übersetzung deutscher Komposita mit ‚Umwelt-' dient.

Der Ausdruck ‚Ökologie' (‚écologie'/‚ecologia') bezeichnet eine relativ junge Wissenschaft und setzt sich aus den beiden griechischen Wörtern ‚Oikos' (Haus, Haushalt) und ‚logos' (Wort, Lehre) zusammen. Gemeint ist damit die Wissenschaft des „Naturhaushaltes", der Zusammenhänge zwischen den verschiedenen Naturerscheinungen. Im modernen Umweltdiskurs hat er sich allerdings vom ausschliesslich wissenschaftlichen Gesprächszusammenhang gelöst: Wendungen wie ‚ökologische Anliegen', ‚ökologische Beeinträchtigungen', ‚parti écologique', ‚menace écologique' oder ‚contributo ecologico' [ökologischer Beitrag] beziehen sich nicht in erster

Linie auf die Wissenschaft – zumindest nicht im gleichen Sinn wie etwa in der Formulierung ‚eine ökologische Bestandesaufnahme'.

5.2.1 Wissenschaftlichkeit oder politische Aktion?

In der Tat besteht eine Schwierigkeit darin, dass sich im Adjektiv ‚ökologisch' die wissenschaftliche und die politische Ebene überlappen: ‚ökologisch' bedeutet im einen Fall „von Ökologen ermittelt", im anderen „relevant im Hinblick auf den Schutz natürlicher Ressourcen". Grob lässt sich also eine „wissenschaftliche" von einer „politisch-planerischen" Ökologie trennen, wobei wie gesagt der Übergang zwischen beiden fliessend ist. Ausgehend vom jeweiligen Gesprächszusammenhang weist die nachfolgende Liste die Zuordnung des „Ökologischen", wie sie unserem Textkorpus zu entnehmen ist, dem wissenschaftlichen und dem politisch-planerischen Kontext zu. Diejenigen adjektivischen Wendungen, die im Grenzbereich zwischen Wissenschaft und Politik liegen, werden mit * markiert.

Die Liste der Ausdrücke aus dem untersuchten Textkorpus bringt einen klaren Unterschied zwischen den lateinischen Sprachen und dem Deutschen zutage: Im deutschen Sprachraum scheint die Wissenschaft „gegenwärtiger" zu sein als im lateinischen, wo ‚écologique' beziehungsweise ‚ecologico' nahezu ausschliesslich im Zusammenhang mit politischen Bemühungen verwendet wird. Aus der wissenschaftlichen Terminologie scheinen einzig die Wendungen ‚ökologisches System' (sistema ecologico) und ‚ökologisches Gleichgewicht' (équilibre écologique/equilibrio ecologico) auch im lateinischen Sprachraum geläufig zu sein. Dieser Befund überrascht insofern wenig, als im Deutschen (wie oben dargelegt) zahlreiche Komposita mit ‚Umwelt' zur Verfügung stehen, um auf die politisch-planerische Ebene zu verweisen, während im lateinischen Sprachraum und insbesondere im Französischen ‚écologique' das ungebräuchliche Adjektiv (‚environnemental') ersetzt.

Dass ‚Umwelt' und ‚Ökologie' in der lateinischen Schweiz oft synonym und mit Vorliebe im Zusammenhang mit politischen Fragen verwendet werden, mögen die folgenden Passagen verdeutlichen:

> Il citato piano viario [...] è da ritenere frutto di una concezione oramai superata sia sul piano tecnico, sia su quello *ecologico-ambientale*. [...] la sua attuazione porterebbe il [...] traffico di transito proprio nel centro commerciale e sociale di altri comuni, come per esempio Viganello, [...]. Se l'esecuzione di tali opere causerà un maggior impegno finanziario, si è sicuri che questi sforzi saranno ripagati da enormi effetti positivi *sul piano ecologico-ambientale* e della sicurezza per tutta la popolazione. (Il Dovere 29.3.1979) (Der erwähn-

„wissenschaftliche" Ökologie:	„politisch-planerische" Ökologie
ökol. Bestandesaufnahme	
ökol. Gruppen (die Rote Liste untersucht die Gefährdung auch nach ökologischen Gruppen)	ökol. Motive
ökol. Vielfalt	ökol. Anliegen
ökol. Kreislauf	ökol. Verbesserungen
ökol. Ausgleichsfunktionen *	ökol. Bewirtschaftung
ökol. erforderlicher Anteil *	ökol. Engagement
ökol. Gleichgewicht	ökol. Erfordernisse
ökol. Grenzen	ökol. Aufgabe
ökol. wichtige Naturstandorte	ökol. Beeinträchtigungen *
klimatisch-ökol. Wirkung	ökol. Auswirkungen *
équilibre écologique	un Christianisme écologique
(système écologique)	un vote écologique
	politique écologique
	prise de conscience écologique
	milieux écologiques
	menaces écologiques
equilibrio ecologico	contributo ecologico
sistema ecologico	sul piano ecologico-ambientale
L'Ente cantonale eco-zoologico	ripercussioni ecologiche
la chiave ecologica	svolta ecologica (in der Politik)
una malattia ecologica	sotto il profilo ecologico
	il problema ecologico
	agricoltura ecologica
	educazione ecologica
	produzione ecologica
	impatto ecologico
	percorso ecologico
	sentinelle ecologiche
	azione ecologica
	movimenti ecologici

te Verkehrsplan muss als Ergebnis einer Konzeption aufgefasst werden, die mittlerweile sowohl in technischer als auch in ökologisch-umweltbezogener Hinsicht überholt ist. [...] seine Umsetzung würde den Transitverkehr mitten ins wirtschaftliche und soziale Zentrum anderer Gemeinden, wie beispielsweise Viganello, bringen [...]. Wenn auch die Durchführung solcher Arbeiten einen grösseren finanziellen Aufwand erfordert, so ist man doch sicher, dass diese Bemühungen durch enorm positive Auswirkungen auf ökologisch-umweltbezogener Ebene und durch die Sicherheit der ganzen Bevölkerung entschädigt wird.)

Svolta eco-politica" con il partito SVEPO? [...] Lo SVEPO vuole occupare questo spazio di manovra [...] per un mutamento radicale: *un'azione ecologica* ad ampio respiro, con al centro la qualità della vita umana in connubio con la natura [...]: Maggior attenzione anche *ai problemi ambientali* e alla questione dei rifugiati. (Il Dovere 7.10.1989) (Öko-politische Kehrtwendung mit der SVEPO-Partei? [...] Die SVEPO will diesen Freiraum [...] für eine radikale Veränderung nutzen: eine ökologische Aktion mit Durchhaltevermögen, welche die Lebensqualität im Einklang mit der Natur ins Zentrum stellt [...]. Erhöhte Aufmerksamkeit soll auch den Umweltproblemen und der Flüchtlingsfrage zukommen.)

In Anbetracht der Tatsache, dass in der lateinischen Schweiz „die Ökologie" stärker politisiert ist als in der deutschen, erstaunt es nicht, dass sowohl im Französischen als auch im Italienischen Wörter abgeleitet werden, welche den wissenschaftlichen Begriff der Ökologie in unmittelbare Beziehung zur politischen Aktion setzen: mit ‚écologiste' bzw. ‚ecologista' werden Personen bezeichnet, die sich für den Schutz der Natur einsetzen; die Ausdrücke werden auch adjektivisch verwendet. Dagegen ist eine entsprechende Ableitung ‚Ökologist' bzw. ‚ökologistisch' im Deutschen nicht gebräuchlich – sie tritt in unserem Korpus bloss ein einziges Mal auf, und zwar bezeichnenderweise in einem Artikel aus Frankreich, dem vermutlich ein französischer Originaltext zugrundelag.

Die französische Ökologistenorganisation „Freunde der Erde" forderte eine Einstellung des Betriebs sowie einen Baustopp für alle französischen Kernkraftwerke [...]. (National-Zeitung 2.4.1979)

60'000 *écologistes* manifestent à Hanovre. Hanovre, 31 (ATS). La ville de Hanovre, en Allemagne fédérale, a connu, samedi, la plus grande manifestation antinucléaire d'Europe. (Journal de Genève 2.4.1979)

L'opposition *des mouvements écologistes* se justifie d'autant mieux qu'en Europe, nombre de centrales nucléaires sont du même type que celle de Harrisburg. (Liberté 2.4.1979)

Deux positions s'affrontent: la gauche et *les écologistes* veulent préserver le patrimoine genevois, tel qu'il est, vide, désincarné, un musée en quelque sorte. (Journal de Genève 7.10.1989)

Les enjeux et risques de la biotechnologie ici et dans les pays du tiers monde seront l'objet d'un débat prévu [...] par [...] une quinzaine de *mouvements* tiers-mondistes, *écologistes*, producteurs et consommateurs. (Journal de Genève 11.10.1989)

Au nom du PDC, Vital Darbellay est venu dire que l'article [...] conservait une substance intéressante sur laquelle il est possible de bâtir une politique fédérale de l'énergie. *Les écologistes* ont adopté la même position. (Feuille d'avis de Lausanne 7.10.1989)

Une nausée saisit le visiteur, dont *les militants écologistes* espèrent qu'elle culminera en fureur contre un ordre économique qui fait perdre de vue aux hommes qu'ils appartiennent aussi au règne animal. (Feuille d'avis de Lausanne 13.10.1989)

Le *correnti ecologiste* vogliono fondersi in un unico partito. (Corriere del Ticino 7.10.1989) (Die ökologischen Strömungen wollen sich in einer einzigen Partei vereinigen.)

L'attuale sessione del Soviet Supremo sta per votare un ambizioso pacchetto economico che, secondo *gli ecologisti*, potrebbe, con il tempo, contribuire a proteggere le risorse del paese. (Il Dovere 11.10.1989) (Der Oberste Sowjet stimmt gegenwärtig über ein anspruchsvolles ökonomisches Massnahmenpaket ab, das aus Sicht der Umweltschützer mit der Zeit dazu beitragen könnte, die Ressourcen des Landes zu schützen.)

Allerdings wird die Unterscheidung zwischen ‚écologiste'/‚ecologista' und ‚écologique'/‚ecologico' weder im Tessin noch in der Romandie konsequent eingehalten, so dass der letztgenannte Ausdruck oftmals auch in politischen Gesprächszusammenhängen verwendet wird.

Le nouveau parti [...] entend dépasser le traditionnel clivage gauche-droite par *une politique écologique* fondamentale. [...] Il est reproché au *Mouvement écologiste* tessinois [...] d'avoir manqué *ses objectifs politiques en matière d'écologie*, et de n'avoir attiré que trop peu d'électeurs. (Journal de Genève 7.10.1989)

[...] là est la seule solution si l'on veut que la Confédération participe financièrement au trafic urbain; étudier dans un terme de trois ans les variantes techniques, y compris celle du tunnel routier Flon – Saint-Martin proposée par la réunion *des milieux écologiques* et économiques [...]. (Feuille d'avis de Lausanne 12.11.1989)

L'incidente in Pennsylvania ha spinto vari *ecologi francesi* a invocare la cessazione immediata del programma di sviluppo nucleare. *Secondo i difensori dell'ambiente*, ha mentito al paese circa i pericoli potenziali delle centrali nucleari. (Corriere del Ticino 3.4.1979) (Der Zwischenfall in Pennsylvania hat verschiedene Ökologen [gemeint sind: Umweltschützer] dazu gebracht, den sofortigen Abbruch des Ausbauplanes für Nuklearenergie zu fordern. Gemäss den Umweltschützern wurde das Land in bezug auf die möglichen Gefahren der Kernkraftwerke belogen.)

Relegato per decenni nel ghetto degli argomenti tabù il problema della eliminazione dei rifiuti, grazie anche alle campagne dei *movimenti ecologici*, ha conquistato improvvisamente l'attenzione degli americani. (Il Dovere 10.10.1989) (Nachdem das Problem der Kehrichtbeseitigung während Jahrzehnten ins Ghetto der tabuisierten Themen verbannt worden war, hat es nicht zuletzt dank der Ökologiebewegungen [gemeint sind: Umweltschutzbewegungen] plötzlich die Aufmerksamkeit der Amerikaner erobert.)

5.2.2 ‚Ökologie' in Wortfügungen

Wie bereits mehrere Male erwähnt wurde, besteht im Deutschen die Möglichkeit, adjektivische Wendungen in bestimmten Fällen durch die Bildung von Komposita zu ersetzen: Es kann sowohl von ‚Naturschönheit' als auch von ‚natürlicher Schönheit', von ‚Naturprodukten' als auch von ‚natürlichen Produkten' von ‚Naturkreislauf' als auch von ‚natürlichem Kreislauf' usw. die Rede sein. In bezug auf ‚Umwelt' treten die Komposita gar ganz an die Stelle des fehlenden Adjektivs.

Auch ‚Ökologie' wird mitunter in Wortneubildungen eingebunden – allerdings ausschliesslich in ihrer Kurzform ‚Öko', beispielsweise in den Kombinationen:

- Öko-Gleichgewicht (statt: ökologisches Gleichgewicht),
- Öko-Häuser,
- Öko-Zelt,
- öko-mobil,
- Öko-System/Ökosystem und
- Ökobilanz beziehungsweise Ökobilanzwert.

Dabei ist ein Teil dieser Ausdrücke – nämlich ‚Öko-Gleichgewicht', ‚Ökosystem' und ‚Ökobilanz' – der wissenschaftlichen Terminologie entnommen. Die ungewöhnlicheren (gelegentlich mit Anführungsstrichen gekennzeichneten) und gewissermassen „spontan" gebildeten Komposita beziehen sich hingegen auf politisch-umweltschützerische Gesprächszusammenhänge (siehe nachfolgende Textpassagen). Die Bildung von Komposita mit der Kurzform ‚Öko' ist so gesehen die Möglichkeit des Deutschen, das mit Wissenschaft konnotierte Adjektiv ‚ökologisch' durch einen Ausdruck zu ersetzen, der politisches Engagement evoziert.

> Die meisten dieser neuen Öko-Häuser entstehen in geduldiger Heimarbeit, d. h. auf eigene Faust und Kosten ihrer Bauherrren. Lokale Behörden und Staat reden ihnen nicht drein. (NZZ 31.3.1979)

> Die Umweltschutzkommission, der Gemeinderat und die Vereine führen zusammen mit dem „Öko-mobil" breit angelegte Umweltwochen durch. Neben der individuellen Beratung im Öko-zelt, das mitten im Dorf aufgestellt wird, werden verschiedene Veranstaltungen, Diskussionen und Vorträge angeboten. [...] Für die noch junge Institution „Öko-mobil" ist Meierskappel [...] die sechste Station. In Meierskappel wurden die Umweltwochen aber nicht einfach vom „fremden" Team des „Öko-mobils" vorbereitet, sondern das Programm ist Ergebnis einer engen Zusammenarbeit mit der hiesigen Bevölkerung. (Vaterland 11.10.1989)

Im lateinischen Sprachraum, wo die Möglichkeiten zur Kompositabildung beschränkt sind, lässt sich einzig die Wortverbindung ‚écosystème' bzw.

,ecosistema' ausmachen, die mittlerweile fester Bestandteil der internationalen wissenschaftlichen Terminologie ist.

> Les espèces en danger sont le symptôme d'un écosystème malade, précise la Ligue. (Journal de Genève 11.10.1989)
>
> [...] [il bosco] non è un semplice insieme di alberi, ma un complicato ecosistema; [...]. (Corriere del Ticino 7.10.1989) ([...] [der Wald] ist nicht einfach eine Menge von Bäumen, sondern ein kompliziertes Ökosystem; [...].)
>
> Secondo relatore è il prof. Raffaele Pedruzzi, insegnante di idrobiologia microbica all'Università di Ginevra, che parlerà sul tema „Cos'è e come funziona un ecosistema: un esempio tratto dalla realità ticinese." (Corriere del Ticino 12.10.1989) (Der zweite Redner ist Professor R.P., Lehrstuhlinhaber für mikrobielle Hydrologie an der Universität Genf, der über das Thema sprechen wird: „Was ist und wie funktioniert ein Ökosystem: ein Beispiel aus der Tessiner Realität".)
>
> La minaccia che incombe sulle piante è il sintomo di un ecosistema malato [...]. (Il Dovere 12.10.1989) (Die Bedrohung, die auf den Pflanzen lastet, ist das Symptom eines kranken Ökosystems.)

Hinsichtlich der Konnotationen von Ökologie scheinen also der deutsche und der lateinische Sprachraum unterschiedlich zu verfahren: Während im Deutschen Wortfügungen mit der Kurzform ‚Öko-' gerne benützt werden, um das Konzept der Ökologie auf politisch-planerische und umweltschützerische Gesprächszusammenhänge auszudehnen, vermochten sich im lateinischen Sprachraum einzig Komposita aus der Wissenschaftsterminologie durchzusetzen. Wie wir im vorangegangenen Kapitel 5.2.1 feststellen konnten, verhält es sich beim Adjektiv ‚ökologisch' (beziehungsweise ‚écologique'/ ‚ecologico') und seinen Ableitungen (‚écologiste'/‚ecologista') gerade umgekehrt: dieses wird namentlich im Französischen (und in geringerem Ausmass auch im Italienischen) öfters in politisch-umweltschützerischen Kontexten verwendet als ‚ökologisch' im Deutschen.

5.3 Biologie – biologisch – bio

Wie ‚Ökologie' ist auch ‚Biologie' aus dem Griechischen abgeleitet (bios: das Leben; logos: die Lehre). Beide Ausdrücke drangen aus der internationalen Wissenschaftssprache in den Alltagsdiskurs ein. Entsprechend weisen beide Termini in allen Sprachräumen gewisse Gemeinsamkeiten auf: So werden neben dem Substantiv überall adjektivische Ableitungen verwendet (‚biologisch', ‚biologique', ‚biologico') und Komposita mit der Kurzform ‚Bio-' (beziehungsweise ‚bio-') gebildet. Zudem existiert sowohl im Deutschen als auch im Französischen und Italienischen die Berufsbezeichnung des Biologen (‚biologiste'/‚biologue'; ‚biologo').

Neben den Gemeinsamkeiten fallen allerdings auch zahlreiche Unterschiede auf. Während die Ökologie erst im modernen Umweltdiskurs (d. h. in den letzten zwei untersuchten Zeitschnitten von 1979 und 1989) in Erscheinung tritt, wird die Biologie bereits ab Mitte der dreissiger Jahre im Alltagsgespräch der Schweizer Medien oft erwähnt.

Daneben sticht hervor, dass ‚Biologie'/‚biologisch' in allen Sprachräumen stärker in der Wissenschaft verhaftet blieb als ‚Ökologie'/‚ökologisch': Die Eigenschaft des Biologischen wird überwiegend Gesprächsgegenständen aus dem Tätigkeits- und Untersuchungsfeld von Wissenschaft und Technik zugeschrieben. So ist etwa die Rede von *biologischen Prozessen, biologischen Vorlesungen, biologischer Forschung, biologischen Daten, biologischen Bestandsaufnahmen, biologischer Expedition* bzw. von *sciences biologiques, milieu biologique, caractéristiques biologiques, recherches biologiques* oder schliesslich von *condizioni biologiche, Istituto biologico* und *analisi biologiche*. Dort, wo der Geltungsbereich des Ausdrucks ‚biologisch' auf nicht-wissenschaftliche Gesprächszusammenhänge ausgedehnt wird, geschieht dies, wie weiter unten ersichtlich sein wird, nach engeren Kriterien als im Fall des Ausdrucks ‚ökologisch'.

Vielleicht ist es gerade diese relativ enge Verbindung mit der Wissenschaft, die dazu führte, dass sich ‚bio-' in den letzten Jahren zu einem eigentlichen „Hochwertwort" der Werbung entwickelt hat.

5.3.1 ‚Ökologisch' vs. ‚biologisch': der engere Geltungsbereich des „Biologischen"

Mit dem Umweltdiskurs der siebziger Jahre beginnt man, auch ‚biologisch' (beziehungsweise ‚biologique'/‚biologico') auf nicht-wissenschaftliche Gesprächszusammenhänge zu übertragen – im Unterschied zum weit gefassten ‚ökologisch' allerdings in einem klar umrissenen und engeren Rahmen: Es sind insbesondere die Bereiche der Abwasserreinigung und des Pflanzenbaus, denen gelegentlich die Eigenschaft ‚biologisch' zugeschrieben wird.

> Die biologische Pflanzenkultur wird von verschiedenen Seiten propagiert. [...] Vor jeder Saat oder Pflanzung aufs Beet den Gartenboden mit verrotteter Komposterde verbessern. Eine Mulchdecke entlang den Reihen anzubringen, ist im biologischen Anbau üblich. (National-Zeitung 30.3.1979)
>
> Die Waschmittel sollen biologisch gut abbaubar sein, auch bei niederen Waschtemperaturen wirken und die Gewebe schonen. [...] Verschiedene synthetische Waschmittel sind biologisch ebensogut abbaubar wie Seife. (NZZ 13.10.1989)
>
> Der Regierungsrat beantragt dem Kantonsrat, die Einzelinitiativen betreffend Förderung des biologischen Landbaus nicht definitiv zu unterstützen. [...] Im

Zweckartikel soll generell festgehalten werden, dass der Staat den biologischen Landbau fördert. (NZZ 13.10.1989)

Die früher üblichen Netze aus Baumwolle waren biologisch abbaubar. Die heutigen Nylonnetze sind regelrechte Todeswaffen, erklärt Mike Riddle vom „Marineland" in Antibes [...].(Vaterland 10.10.1989)

Dans un premier temps [...], ces eaux ont été neutralisées dans les canalisations dont dispose le réseau, et de ce fait les bacs biologiques n'ont pas été atteints. (Feuille d'avis de Lausanne 31.3.1979)

La produzione integrata, PI, sta prendendo piede anche da noi. [...] il consumatore è confuso: la PI equivale all'agricoltura biologica? (Corriere del Ticino 10.10.1989) (Die integrierte Produktion, IP, beginnt auch bei uns Fuss zu fassen. [...] der Konsument ist verwirrt: ist die IP dem biologischen Landbau gleichzusetzen?)

Werner Nussbaumer, [...] e Valentino Oehen, di Sessa, agricoltore biologico [...] fungevano da portavoce del movimento, ieri, presentandolo ai media. (Il Dovere 7.10.1989) (Werner Nussbaumer und der Biobauer Valentin Oehen aus Sessa fungierten als Sprecher der Bewegung, die sie gestern den Medien vorstellten.)

Il Governo zurighese non ritiene necessario promulgare una legge sull'agricoltura biologica. (Il Dovere 12.10.89) (Die Zürcher Regierung hält es nicht für notwendig, ein Gesetz für den biologischen Landbau zu erlassen.)

Es stellt sich nun die Frage, ob sich Kriterien herausarbeiten lassen, die entscheiden, wann ein Sachverhalt als ‚ökologisch' und wann als ‚biologisch' zu gelten hat.

‚Ökologisch' (beziehungsweise ‚écologique' und ‚ecologico') wird, wie bereits gezeigt, einerseits in wissenschaftlichen Kontexten, im Zusammenhang mit der Disziplin der Ökologie, angewendet, andererseits qualifiziert diese Bezeichnung einen Sachverhalt als „günstig im Hinblick auf den Umweltschutz". Nun ist es sicher zulässig, dem *biologischen Landbau* oder der Verwendung *biologisch abbaubarer Waschmittel* einen „ökologischen Beitrag" zuzusprechen – insofern überlappen sich ‚biologisch' und ‚ökologisch' bis zu einem gewissen Grad. Allerdings scheint nicht alles, was ‚ökologisch' ist, auch ‚biologisch' zu sein. Der Geltungsbereich des zweitgenannten Ausdrucks wird offensichtlich schärfer abgegrenzt. Als „biologisch" gilt ein Gegenstand vor allem dann, wenn er (und sei es nur implizit) in Opposition steht zu „chemisch/künstlich", „technisch" oder „mechanisch": So verzichtet der biologische Anbau auf Kunstdünger, die biologische Abwasserreinigung wird üblicherweise durch eine mechanische Klärstufe ergänzt, Biogas stellt eine Alternative zu industriell gewonnenem Erdgas dar, von einem „biologischen Gehirn" zu sprechen ergibt nur einen Sinn, wenn es einem künstlichen Computerhirn entgegengesetzt wird, und die Qualifikation eines Katalysators als „biologisch" zeigt an, dass ein „normaler" Katalysator ein technisches Artefakt darstellt.

Im Einführungsreferat erläuterte Hardy Vogelmann, Mitarbeiter des Forschungsinstitutes für biologischen Landbau, Oberwil BL, wie ein ertragreicher Mutterboden erhalten werden kann [...]. Sogenannte *„Biologische* Präparate" sind nur kurze Zeit lagerfähig. In verschiedenen industriell hergestellten Produkten sind pflanzliche und natürliche Wirkstoffe vorhanden. Die *Chemischen* dürfen nikotinhaltige, also aus Tabakblättern hergestellte Blattbekämpfungsmittel nicht mehr verkaufen, weil sie nach den heutigen Bestimmungen der Giftgesetzgebung als „gefährlich toxisch" eingestuft sind. (National-Zeitung 30.3.1979)

Die geplante Anlage bewältigt folgende fünf Verfahrensstufen: die *mechanische Reinigung* zur Ausscheidung der gelösten Schmutzstoffe, wie Textilien, Papier, Sand, Fette usw. Die *biologische Reinigung* zur Ausscheidung der gelösten Schmutzstoffe, die *chemische Reinigung*, die der Ausscheidung des Phosphors dient, sodann die Filtration [...]. (NZZ 30.3.1979)

Nobelpreisträger in Chemie, Altmann und Cech haben durch ihre Forschung zum erstenmal nachgewiesen, dass RNA nicht nur Informationen der Erbmasse in einer lebenden Zelle lesen und überführen, sondern auch als *biologischer Katalysator* tätig sein kann. (Vaterland 13.10.1989)

L'enjeu de la recherche sur les réseaux de neurons artificiels est de *reproduire artificiellement* toutes les étapes du comportement du *cerveau biologique*. C'est le thème des Journées d'électronique 1989, qui se sont ouvertes mardi à l'Ecole polytechnique fédérale de Lausanne; trois jours durant, 300 chercheurs [...] vont étudier ces réseaux de neurones, *constructions électroniques* capables d'apprendre par expérience, à la façon des *cerveaux biologiques*. (Feuille d'avis de Lausanne 11.10.1989)

Par leurs travaux, les deux chercheurs ont montré que l'ARN pouvait faire office de *catalyseur biologique*, en plus de sa capacité à lire et transférer les informations du matériel héréditaire contenues dans une cellule vivante. (Liberté 13.10.1989)

Nell'agricoltura biologica i prodotti chimico-sintetici non sono ammessi. [...] Nella pratica e nei principi però la PI e *l'agricoltura biologica* sono sostanzialmente diverse. Staremo a vedere se l'impiego di *sostanze chimiche* potrà effettivamente essere ridotta con la PI. (Corriere del Ticino 10.10.1989) (Im biologischen Landbau sind chemisch-synthetische Produkte nicht zugelassen. In der Praxis und hinsichtlich der Prinzipien bestehen zwischen der Integrierten Produktion IP und dem biologischen Landbau grundlegende Unterschiede. Wir werden sehen, ob der Einsatz chemischer Substanzen mit der IP effektiv vermindert werden kann.)

Die angeführten Zitate erhärten die Vermutung, dass ‚biologisch' im Kontrast zum Chemisch-Artifiziellen und Künstlichen steht und somit fallweise als Synonym von ‚natürlich' gelten kann; im Unterschied zu ‚ökologisch', das sich im breiteren Sinne auf jeden umweltschützerischen Gesprächsgegenstand bezieht, impliziert also die Übertragung von ‚biologisch' auf nichtwissenschaftliche Diskurse in allen drei untersuchten Sprachräumen eine Opposition zum Künstlichen.

5.3.2 Kompositaformen mit ‚Bio-'

In Entsprechung mit dem wissenschaftlichen Rahmen, der die meisten Erwähnungen von ‚Biologie' umgibt, lassen sich in allen Sprachen zahlreiche wissenschaftliche Komposita von ‚Biologie' respektive ‚bio-' unterscheiden: Neben Bezeichnungen der akademisch-disziplinären Abgrenzung wie ‚Molekularbiologie' (‚biologie moleculaire'), ‚Mikrobiologie' (‚microbiologia') und ‚Biochemie' (‚biochimie') findet insbesondere der Ausdruck ‚Biotop' häufig Verwendung. Gemeint ist damit nach Duden (1974, Band 5) ein „1. durch bestimmte Pflanzen und Tiergesellschaften gekennzeichneter Lebensraum. 2. Lebensraum einer einzelnen Art".

Ausserdem wird die Kurzform ‚bio-' in einem relativ eng umrissenen Geltungsbereich auf nicht-wissenschaftliche Kontexte übertragen; auch hier herrscht Konsistenz mit der Art und Weise, wie ‚biologisch' im Umweltdiskurs verwendet wird: insbesondere in den deutschen Komposita bezieht sich ‚bio-' im nicht-wissenschaftlichen Sinn nahezu ausschliesslich auf landwirtschaftliche Gesprächszusammenhänge. Ausdrücke wie *Bio-Anbau*, *Biogärtner, Biolandbau, Biodünger* und schliesslich *Biogas* sind hier geläufig.

> Die Informations- und Beratergruppe [...] hat [...] zu einem Podiumsgespräch über „Pro und Kontra des Bio-Anbaues" in die Aula der Kantonsschule Olten eingeladen. (National-Zeitung 30.3.1979)
>
> Der Biogärtner bevorzugt als Saisongemüse Bodenkohlrabi, Mairüben, Pastinaken, Schwarzwurzeln. (National-Zeitung 12.10.1989)
>
> Diese „Methode immergrün" entspricht den alten Grundsätzen der Pioniere des Biolandbaus, auf die man jetzt auf dem Umweg über wissenschaftliche Experimente und Computersimulationen zurückkommt. (NZZ 11.10.1989)
>
> Wie entsteht Biogas? Darüber orientiert Dr. Arthur Wellinger, [...] versierter Fachmann für den Bau von Biogas-Anlagen an der landwirtschaftlichen Schule in Schüpfheim. (Vaterland 12.10.1989)
>
> Im Gegensatz zu teurem chemischem Dünger entstehen bei richtiger Handhabung des Biodüngers keine negativen ökologischen Auswirkungen. (Vaterland 12.10.1989)
>
> Niente sussidi ai bio-contadini. [...] Il Governo zurighese non ritiene necessario promulgare una legge sull'agricoltura biologica. (Il Dovere 12.10.1989) (Keine Unterstützung für Biobauern. [...] Die Zürcher Regierung hält es nicht für notwendig, ein Gesetz für den biologischen Landbau zu erlassen.)

Das Wort ‚Biologie' beziehungsweise ‚biologisch' dürfte von allen Ausdrükken des modernen Umweltdiskurses jenes sein, das in allen drei Sprachräumen mit der grössten Übereinstimmung verwendet wird. Es ist nach wie vor stark im wissenschaftlichen Diskurs verankert und findet überall nur dann im umweltschützerischen, nicht-wissenschaftlichen Geltungsbereich Anwendung, wenn eine Opposition zwischen „Natürlich-Biologischem" und „Künstlich-Synthetisch-Chemischem" zum Ausdruck gebracht werden soll.

5.4 „Die grüne Welle"

Der Einzug der „Grünen" in die Politik steht am Höhepunkt einer Entwicklung, die sich im deutschen Sprachraum während der vergangenen 90 Jahre abspielte: Der Verschiebung einer sinnlich wahrnehmbaren Eigenschaft, der Farbe Grün, hin zu einer (unsichtbaren) geistigen Haltung.

Der Ausdruck ‚grün' (beziehungsweise ‚vert' und ‚verde') tritt als Farbbezeichnung in allen drei Sprachräumen in jedem der untersuchten Zeitschnitte auf: Von dunkel- und hellgrün, samtgrün, schwarzgrün, saftgrün, immergrün und anderem ist die Rede, ebenso von *vert pâle*, *vert-jaune*, *vert-kaki* oder von *verde tenero* und *verde fresco*. In allen untersuchten Sprachen werden von der Farbbezeichnung zudem Substantive (‚das Grün'; ‚le vert', ‚la verdure'; ‚il verde') und Verben abgeleitet: ‚grünen' und ‚(sich) begrünen' beziehungsweise ‚verdoyer' und ‚verdir' beziehungsweise ‚verdeggiare'.

Neben den verschiedenen Grünstufen, deren Bezeichnungen in allen drei Sprachräumen bei Bedarf auch spontan erfunden und metaphorisch umschrieben werden, existieren in den untersuchten „sprachlichen Paletten" indessen Unterschiede, die, wie wir sehen werden, in bezug auf den heutigen Umweltdiskurs von Bedeutung sind.

Abgesehen von ‚verdir', dem Pendant zum deutschen Verb ‚grünen' (bzw. zum italienischen ‚verdeggiare'), weist das Französische das Verb ‚verdoyer' auf. Es erscheint meistens in der Form des Präsenspartizipes ‚verdoyant' und wird in den Handwörterbüchern mit „grünen" übersetzt; dass es in Analogie zu ‚flamboyer'/‚flamboyant' [aufflammen, lodern/lodernd] und ‚chatoyer/chatoyant' [schillern, schimmern/bildreich, farbig] konjugiert wird, verleitet zur Annahme, dass (im Unterschied zu ‚vert') mit ‚verdoyant' Assoziationen eines besonders leuchtenden, schillernden Grüns geweckt werden.

Dabei gilt es zu beachten, dass sich die Ausdrücke ‚verdure' beziehungsweise ‚verdura' im Französischen und im Italienischen nicht auf den gleichen Gegenstand beziehen. Während das französische ‚verdure' als Synonym von ‚le vert' mit „das Grün", „grünes Laub", „Grünzeug" o. ä. übersetzt werden kann, ist ‚verdura' die italienische Bezeichnung für Gemüse.

5.4.1 Vom Sinneseindruck zur Ideologie

Eine Analyse des Gesprächzusammenhanges, in welchen die Farbe Grün eingebettet wird, lässt zunächst die ausserordentliche Wertschätzung hervortreten, die ihr – namentlich *im deutsch- und im italienischsprachigen Raum* – entgegengebracht wird. ‚Das Grün' (beziehungsweise ‚il verde') wird hier durchweg mit positiven Eigenschaften in Verbindung gebracht, mit Merkmalen wie zart, hell und saftig, sonnig, frisch, prächtig beziehungsweise mit *tenero* [zart], *variato all'infinito* [unendlich vielfältig] usw. Die Farbbezeichnung ‚grün' wiederum bezieht sich ihrerseits auf positiv konnotierte Gegenstände (*un trionfo di verde e di natura* [ein Triumph des Grün und der Natur]; das grüne Kleid des jungen Laubes; dunkelgrüne, herrlich bewaldete Vorberge; grüne, blumenübersäte Wiesen; der grüne Glanz des Wassers). Zudem geht sie oft Wortverbindungen ein, die ihrerseits die erfreulichen Eigenschaften von ‚grün' hervorheben: zartgrün, frischgrün, samtgrün mögen als Beispiele gelten. Besonders reich an Schattierungen ist die sprachliche Grünpalette in der ersten Jahrhunderthälfte, in der Natur, Landschaft und Gärten auch in den Zeitungen oft und ausführlich beschrieben werden.

> Die talförmige Einsenkung in der Mitte des Terrains kleidet ein teppichartiges, *zartes, frisches Grün* aus, das aus niedrigen kleeartigen Pflanzen gebildet ist. Ich hätte mich noch lange gelabt an dem wohltuenden Eindruck, welchen diese saftige Farbenfülle auf das Auge ausübt [...]. (National-Zeitung 31.8.1904)
>
> *Heller und saftiger* sticht dann *das Grün* des Laubwaldes von der dunkeln Färbung der Tannen ab, die sich auf der leuchtenden Folie des tiefblauen Himmels wunderbar kontrastierend abheben. [...] Mit prachtvollen alten Baumriesen, die ernst und erhaben dastehen, wechselt junges Volk, das auf schlanken biegsamen Stämmchen sein *grünes Blättergelock* wispernd und lachend in der es treffenden Sonne schüttelt und mit dem luftig wuchernden, beerentragenden Geranke wechselt der *weiche grüne Sammet* eines weit sich ausbreitenden Moosteppichs. (NZZ 28.8.1904)
>
> [...] innert acht Tagen hat sich die Landschaft vom trockenen Grau in das *erfrischende Grün* verwandelt. (Vaterland 1.9.1904)
>
> [...] die blaue Färbung des Gesteins und die rötliche des Bodens wird durch ein paar *saftiggrüne Accente* im Weinberg des Vordergrundes eigenartig belebt. (NZZ 22.11.1913)
>
> Der Himmel setzt [...] seine fröhlichste Miene auf. Seiner anhaltenden Gunst ist es zu verdanken, dass die Berge [...] mächtig hinauflocken auf ihre *samtgrünen Gräte und Flanken*. (National-Zeitung 14.6.1925)
>
> Die Mahden sind allmählich zum *neuen grünen Kleid* übergegangen, schon hoffte der Bauer, sein liebes Vieh zum ersten Graset zu schicken. (Vaterland 18.5.1935)

Die grazilen, *zartgrünen Bambusarten* [...] könnten auch bei uns als Belebung und Bereicherung der Gartenvegetation gute Dienste leisten. (NZZ 7.7.1946)

[...] es hat Wiesen, Buschwerk und Wälder von saftstrotzender Üppigkeit, und selbst das nackte Gestein ist noch von einem *grünen Hauch* überzogen. (NZZ 29.3.1979)

Rebberge wechseln sich ab mit Obstplantagen, Nussbäumen, Oliven- und Feigenbäumen, *tiefgrünen Kieferhainen*. (National-Zeitung 11.10.1989)

Novaggio, [...] splendidamente adagiato fra molli praterie, i cui *verdi declivi smaltati di fiori* e piantati ad annosi e folti alberi, circondano il paese quasi d'un parco naturale. (Il Dovere 1.9.1904) (Novaggio, herrlich inmitten weicher Weiden gebettet, deren grüne Hänge mit Blumen übersät und mit alten, dichtbelaubten Bäumen bepflanzt sind, und welche das Dorf fast wie einen Naturpark umgeben.)

Ecco quello che ci vorrebbe. Ecco la vera distensione: *i prati verdi,* l'ossigeno delle piante, e una giornata densa di silenzi e di lunghi sonni. (Corriere del Ticino 24.6.1958) (Das ist es, was wir bräuchten. Das wäre richtige Entspannung: die grünen Wiesen, der Sauerstoff der Pflanzen und einen Tag voller Ruhe und langen Schlafes.)

Lo specchio d'acqua *verde cupo,* quasi circolare, fiancheggiato dai pendii frondosi del promontorio una visione di pace e di ideale bellezza. (Corriere del Ticino. 28.6.1958) (Der fast runde, dunkelgrüne Wasserspiegel, beidseitig eingerahmt von den belaubten Hängen des Kaps – eine Vision von Frieden und idealer Schönheit.)

‚Grün' tritt also – zumindest im deutschen Sprachraum – kaum je in der Beschreibung einer unerfreulichen Erscheinung auf, und negativ belegt ist allenfalls ‚grünlich':

Die dritte „kommende" Sorte [von Äpfeln] – „Gloster" – ist etwas zurückgefallen. Seine Kernhausprobleme und das grünliche Fruchtfleisch haben ihn offenbar gebremst. (Vaterland 9.10.1989)

In der *französischen Schweiz* weicht der „grüne Diskurs" von jenem des deutschen und des italienischen Sprachraumes ab. Anders als im positiv aufgeladenen ‚grün' (beziehungsweise ‚verde'), drückt sich in ‚vert' eine wesentlich neutralere Haltung aus. ‚Vert' bezeichnet hier einfach eine Farbe, der weder besonders positive noch besonders negative Eigenschaften anhängen: Grün sind der Rasen, das Licht eines Meteors, die giftigen Teile der Kartoffel, die Pappabdeckung eines hässlichen alten Möbels, die Trachtenröcke junger Mädchen, die Blattläuse, die Abgaswolken und vieles mehr.

Nous nous trouvons au milieu des plantations plus récentes [...]: vertes pelouses plantes en quinconces d'arbres vulgaires, servant de supports aux plantés grimpantes semées à leur pied. (Journal de Genève 29.8.1904)

> Le météore avait l'aspect d'un magnifique feu vert qui a traversé l'horizon sud de l'est à l'ouest. (Feuille d'avis de Lausanne 21.11.1913)
>
> [...] la pomme de terre [...] renferme dans ses parties vertes un poison assez violent [...]. (Feuille d'avis de Lausanne 22.11.1913)
>
> Dieu sait ce que pouvait peser [...] ce meuble grave, et qui se présentait sans grâce [...] avec son fronton de cartonnages vert sombre et son cylindre de bois ciré [...] (Journal de Genève 8.6.1925)
>
> Déjà sur l'estrade sont groupés de jeunes garçons et de jeunes filles, en costumes villageois, les garçons avec le gilet rouge, les fillettes avec la jupe verte, ce qui constitue les couleurs carougeoises. (Journal de Genève 8.6.1925)
>
> La triste engeance des pucerons! Pommiers, rosiers, plantes de jardins ont leurs tiges et leurs feuilles recouvertes de ces bestioles molles et vertes, qui sucent la sève des plantes au moyen de leur trompe acérée. (Feuille d'avis de Lausanne 12.6.1925)
>
> Entre deux, des groupes de scooters passaient entourés de fumée verte, comme des clairons. (La Liberté 25.6.1958)

Indessen zeigt man sich auch in der Romandie empfänglich für die Reize der grünen Natur – nur wird sie hier weniger mit der schlichten Farbangabe des „Grünen" (‚vert', ‚le vert') in Verbindung gebracht, sondern vielmehr mit den poetischeren Ausdrücken ‚verdoyant' beziehungsweise ‚la verdure'. Über die Gründe lässt sich hier nur spekulieren; den Ausschlag für die Neigung zu diesen etwas „umständlicheren" Formulierungen mag vielleicht die Homophonie geben zwischen ‚le vert' [das Grün], ‚le vers' [der Vers], ‚le verre' [das Glas] und ‚le ver' [der Wurm], ein Gleichklang, welcher sich namentlich in der (mit dem Sprachrhythmus und -klang spielenden) Lyrik störend auswirken dürfte. Vor dem Hintergrund, dass die Natur oft als Inspirationsquelle für Dichter und Denker diente, erstaunt es wenig, wenn sich schliesslich ein entsprechend „poetisches", sprich: ein auf die Anforderungen von Lyrik und Poesie ausgerichtetes Vokabular durchzusetzen vermochte. Überall dort, wo auf Schönheit, Pracht und Fülle des „Naturgrün" verwiesen wird, erscheinen also in der Romandie vorzugsweise die Bezeichnungen ‚verdoyant' bzw. ‚verdure'.

> [...] un grand nombre de cours d'eau, prenant leur source jusque dans les plus hauts sommets, ruissèlent de toutes parts sur *les coteaux verdoyants*. (La Liberté 29.8.1904)
>
> Citer si fragmentaire les vers de M. Malche, c'est trahir l'auteur de cette cantante, [...] si bien en sa place *dans ce cadre verdoyant*, avec, au loin, la croupe du vieux Salève, et tout près, le bruit grondant de la rivière alpestre. (Journal de Genève 9.6.1925)
>
> Sans fatigue et comme par enchantement, ils voient se dérouler sous leurs yeux les paysages tantôt sauvages, tantôt suaves du Valais, la vallée d'Urseren

chantée par Schiller et *les pentes verdoyantes du vénérable Oberland grison.* (La Liberté 4.7.1946)

Ses rives verdoyantes qui donnent au paysage *une note de gaieté* deviennent arides. (Feuille d'avis de Lausanne 26.6.1958)

C'est le long de la mer qu'on rencontre les plus jolies villas, [...]. Elles sont noyées dans *des flots de verdure aux nuances les plus variées.* [...] Le „Government House" est une simple maison d'habitation, mais plongée dans *une vraie corbeille de verdure.* (La Liberté 30.8.1904)

[...] mon vieux cousin [...] partait pour la Savoie de ses bons dimanches, vers Pérignier, les Allinges et *les verdures bleues de l'automne.* (Journal de Genève, 1925)

Les paysans ont maintenant fait la conquête de l'alpe, où *des tapis de verdure* ont remplacé les champs de neige. (La Liberté 13.6.1925)

[...] sous l'ardent soleil, face au lac qui étincelle, les hauts marroniers du port [...] opposant *leur verdure sombre* aux fraîches couleurs des toilettes d'été [...], *le coup d'oeil est charmant.* (Feuille d'avis de Lausanne 8.6.1925)

Un plateau chargé de prairies splendides, et qui s'abaisse en *une cuvette de verdure.* [...] la Molombaz, [...] garde assez d'eau pour chanter *dans son lit de verdure* et pour remplir un canal de dérivation. [...] pour l'heure, elle chante, presque invisible *sous un fouillis de verdure* (Feuille d'avis de Lausanne 11.6.1925)

Régale-toi du spectacle de *cette fraîche verdure toute en nuances tendres et claires.* Chaque essence te dira son poème de jeunesse et de beauté. (Feuille d'avis de Lausanne 16.5.1935)

Des appartements confortables, de l'air pur, du soleil, *de la verdure à profusion*, une vue superbe, le tout à proximité de la ville, voilà ce que peut offrir à ses habitants *le joli quartier* qu'est la Vignettaz. (La Liberté 14.5.1935)

Les chemins et sentiers sont fréquemment *de véritables tunnels de verdure, pleins d'ombre et de fraîcheur.* (Feuille d'avis de Lausanne 27.6.1958)

Im Lauf der 60er und 70er Jahre gleicht sich der „grüne" Diskurs der Romandie jenem der anderen Sprachräume zunehmend an: War in der ersten Jahrhunderthälfte allenfalls der landwirtschaftliche Fachausdruck ‚Grünfutter' gebräuchlich, hält jetzt neben dem „ästhetischen Naturgrün" überall das „funktionale Gebrauchsgrün" in der Presse Einzug: Ausdrücke wie Grünverkleidung, Grünstreifen, Grünfläche beziehungsweise *espace vert, parcelle verte* und *zona verde, area verde, spazio verde* werden aus der Fachsprache von Ingenieuren und Architekten übernommen.

> Die einzelnen Häuser wurden durch Architekt Dr. Erh. Gull so disponiert, dass die Aussicht möglichst gewahrt bleibt. Sie verteilen sich unter Wahrung *grosser Grünflächen*, der Goldbachstrasse und einer Seitenstrasse entlang bis zum Wald [...]. (NZZ 13.05.1935)

> Im modernen Städtebau sind die Begriffe von *Grünfläche*, Sportfläche, Freibadfläche zu wichtigen Elementen der Stadtplanung geworden. [...] Die

Nachfrage nach der meist zu geringen verbleibenden Freifläche ist daher stark gestiegen. (NZZ 16.5.1935)

Die Baslerstrasse selbst wird eine Fahrbahnbreite von 9 Metern [...] erhalten. [...] Die *Grünverkleidung* der neuen Birsigböschung wird die umfangreichen, zweieinhalb Jahre dauernden Bauvorhaben abschliessen. (National-Zeitung 28.6.1958)

Die Fahrzeuge sind in fortlaufender Bewegung, normalerweise kommen keine plötzlichen Schwenkungen und keine unvorhergesehenen Manöver vor. Die Fahrbahnen sind durch *Grünstreifen* richtungsgetrennt, frontale Kollisionen sind ausgeschlossen. (NZZ 27.6.1958)

Mit Recht legte die Expertenkommission Wert [...] auf die grossräumige Zusammenfassung der *Grünflächen* und deren Bezugsetzung zum Wald des Zürichberges sowie auf die Freihaltung der Wasserscheide am südlichen Rand des Geländes. (NZZ 7.11.1967)

Absicht des Tiefbauamtes war, auf dem [...] Grundstück des Nationalstrassenunternehmens [...] einen durch einen *Grünstreifen* von der Strasse abgetrennten Gehweg anzulegen, damit die Monotonie der Strassenanlage unterbrochen wird. [...] In diesem [...] Streifen sollte längs der Strasse ein 2,5 m breiter *begrünter Längsparkplatz* [...] hergerichtet werden. (Vaterland 31.3.1979)

Der Stadtrat schlägt dem Grossen Stadtrat möglichst bald die Umzonung der Hausermatte in die *Grünzone* [...] vor. [...] Es gilt, zu gegebener Zeit jene Kräfte zu unterstützen, die alles daran setzen, um die Hausermatte als *Grünfläche* [...] zu retten. (Vaterland 4.4.1979)

Kernstück des Projektes [...] ist der [...] Schutzwall. Er wurde aus Natursteinen gebaut, dem Gelände angepasst und schliesslich *begrünt.* (NZZ 7.10.1989)

L'architecte [...] les aurait voulus ouverts, à l'italienne. Mais les promoteurs ont exigé et obtenu que ces jardinets minuscules soient circonvenus par des haies de thuyas, chacun sa petite haie, ce qui fait qu'on a un peu *l'impression d'espaces verts* dessinés par le Douanier Rousseau, avec le parallélisme exacerbé des plantations et leur rigidité presque mécanique. (Journal de Genève 9.10.1989)

Genève compte *300 hectares d'espaces verts.* Depuis 1980, l'accès aux pelouses est toléré. (Journal de Genève 13.10.1989)

Les écologistes souhaitent encore vivement la sortie du plan directeur qui mentionnerait: les zones à densifier, les endroits où une extension peut être admise, *les parcelles vertes* à préserver. (Feuille d'avis de Lausanne 13.10.1989)

In un primo tempo, sia il Municipio di Locarno che il Cantone avevano respinto la domanda di costruzione in quanto la fattoria era prevista *in zona verde*, quindi non edificabile, ai sensi del decreto federale urgente. (Il Dovere 29.3.1979) (Im ersten Anlauf hatten sowohl die Gemeindeverwaltung von Locarno als auch der Kanton das Baugesuch abgelehnt, weil das Bauernhaus in der Grünzone hätte errichtet werden sollen, die gemäss dem dringlichen Bundesbeschluss nicht bebaut werden darf.)

Le previste arterie a forte traffico annullerebbero gli sforzi fatti ultimamente dal comune per l'acquisto di proprietà non ancora edificate [...] da riservare a scopi di pubblica utilità, fra i quali la costituzione di *aree verdi*. (Il Dovere 4.4.1979) (Die vorgesehenen Verkehrsadern würden die Anstrengungen hintertreiben, die in der letzten Zeit unternommen wurden, um unbebauten Grundbesitz aufzukaufen und für öffentliche Interessen zu reservieren, worunter auch die Errichtung von *Grünzonen* gehört.)

I docenti ritengono che la strada risulta assolutamente incompatibile con le esigenze di una sede scolastica e del terreno adiacente, un terreno che dovrebbe qualificarsi come *zona verde* della scuola e del quartiere circostante, piuttosto che come possibile zona di transito per il traffico veicolare. (Il Dovere 7.10.1989) (Die Lehrer weisen darauf hin, dass die Strasse sich absolut nicht mit den Ansprüchen einer Schule und mit dem benachbarten Gelände vertrage, einem Gelände, das den Anforderungen eines Grünraums für die Schule und für das umliegende Quartier genügen sollte, statt als mögliche Transitzone für den Autoverkehr zu dienen.)

Altre *zone verdi* sono inoltre previste all'interno del comparto stesso. La sistemazione di queste superfici sfrutterà principalmente alberature, aiuole, ed i già citati percorsi pedonali e ciclabili. (Giornale del Popolo 10.10.1989) (Ausserdem sind im Innern des Bezirkes selbst noch weitere Grünflächen vorgesehen. Diese Flächen sollen so eingerichtet werden, dass sie durch Baumreihen, Blumenbeete und die schon erwähnten Fussgänger- und Velowege ausgenützt werden.)

Zudem beginnt die öffentliche Hand, auch ihre Hoch- und Tiefbauanlagen zu *begrünen*. Das in der ersten Jahrhunderthälfte relativ selten verwendete Verb brachte in der Reflexivform zunächst einen natürlichen Prozess zum Ausdruck, bevor es dann zunehmend als Beitrag zum architektonischen Feinschliff aufgefasst wurde.

Vom Nordufer des Bodensees hat die lange Dürre so grossen Schaden angerichtet, dass nicht einmal die Regengüsse dieser Woche dem ausgebrannten Rasen wieder aufhelfen können. Es ist kaum anzunehmen, dass *sich* der Rasen wieder zu einer Herbstwiese *begrüne*. (NZZ 30.08.1904)

Sinnvollerweise würde [...] auch eine Gelegenheit geschaffen, die Motorfahrzeuge abzustellen, was hier mit dem *begrünten* Längsparkplatz erreicht werden könnte, ohne dass die Landschaft ungebührlich Schaden litte. (Vaterland 31.3.1979)

In Anbetracht der massiven Umweltproblematik wird die klimatisch-ökologische Wirkung der *Stadtbegrünung („grüne Lunge")* in Frage gestellt. Die Begrünung der Innenstadt habe an umweltwirksamer Glaubwürdigkeit verloren. (Vaterland 12.10.1989)

Mit der wachsenden Bedeutung, die der Tätigkeit und damit dem Ausdruck ‚begrünen' im modernen Umweltdiskurs zugewiesen wird, vergrössern sich die Unterschiede im Assoziationsfeld zwischen deutscher und französischer

153

Schweiz: ‚Begrünung' wird in der Romandie durchweg mit ‚vegetalisation' oder mit ‚tapisser de verdure' (und ohne Rückgriff auf die Farbangabe ‚vert') ausgedrückt. Bemerkenswert scheint uns zudem, dass im Deutschen der ‚Grünraum' oft im Zusammenhang mit oder gleichbedeutend wie ‚Freiraum' erwähnt wird; dies bestätigt die in Kapitel 2.3.1 herausgearbeitete, für den deutschen Sprachraum spezifische Verbindung der Konzepte von Natur und Freiheit. Als Illustration kann eine Passage aus einer BUWAL-Publikation dienen:

> *Grüne Fassaden* sind kein Privileg von Schlössern und alten Villen. Sie halten Einzug in die moderne Arbeits- und Wohnwelt. *Das Fassadengrün* ist die lebendige Naht zwischen drinnen und draussen. [...] Gerade in dicht überbauten und stark versiegelten Quartieren ist *die Begrünung von Wänden* oft ein letztes grosses Naturpotential. [...] *Fassadengrün* ist praktisch und kostengünstig. [...] *Begrünte Dächer* erhöhen die Wohnlichkeit. [...] Sie können von den Bewohnern als *grüne Freiräume* betreten und genutzt werden oder sind Lebensraum teils selten gewordener Pflanzen und Tiere. [...] *Begrünte Dächer* haben eine nachweislich längere Lebensdauer.

Übersetzt wurden diese Passagen wie folgt:

> Châteaux et vieilles maisons de maîtres n'ont pas le monopole des *façades tapissées de végétation*. Les habitations modernes et le monde du travail apprécient cette transition vivante entre l'intérieur et l'extérieur. [...] *La végétalisation des murs* constitue souvent l'ultime moyen d'apporter une grande bouffée de nature dans les quartiers les plus densément urbanisés. [...] *Tapisser les façades de verdure* est pratique et ne coûte pas cher. [...] *Des toits végétalisés* améliorent la qualité de l'habitat; [...] Ces *espaces de verdure* servent de jardins aux habitants ou de milieu accueillant pour des animaux et des plantes indigènes parfois rares. [...] Et il est prouvé que *la végétalisation* rend un toit plus durable. (BUWAL, 1995: 40–42)

Die eben zitierte Publikation wurde nicht ins Italienische übertragen. Gemäss Sansoni (1985) kann ‚(sich) begrünen' mit ‚coprirsi di verde' oder ‚rinverdire' übersetzt werden; im Unterschied zum Französischen erscheint dabei also wieder die Farbangabe „grün".

Mit dem modernen Umweltdiskurs im Lauf der 70er Jahre, nimmt der „grüne Diskurs" seine bisher letzte Wende: ‚Grün' wird jetzt nicht mehr ausschliesslich auf physisch-materielle Objekte angewendet, die sichtlich mit der grünen Farbe und mit Vegetation in Zusammenhang gebracht werden können, sondern auch auf „geistige Gegenstände", die unsichtbar und als solche auch „farblos" sind: Das zunächst an sinnliche Erfahrung gebundene Grün ist damit in allen Sprachräumen der Schweiz auch zum ideellen Wert und zum Symbol einer politischen Haltung geworden. „Grün" sind in diesem Sinne nicht mehr nur physische Objekte, sondern auch Personengruppen,

Individuen, politische Fraktionen, Ideen, Ansichten, Industriebetriebe und Universitätsveranstaltungen.

> Bemerkenswert diszipliniert [...] endete am Samstag in Hannover ein friedlicher Marsch der Kernkraftwerkgegner [...], der sich eine Woche lang [...] quer durch Niedersachsen bis in die Landeshauptstadt gezogen hatte und dort auf Demonstranten „grüner Gruppen" aus der ganzen Bundesrepublik traf. (NZZ 2.4.1979)
>
> In bezug auf die „Weiler-Bauzonen" sah sich der Bundesrat gezwungen, aufgrund föderalistischer und „grüner" Einwände auf zwingende Bundesvorschriften zu verzichten. (National-Zeitung 7.10.1989)
>
> Sprecher von SPD und Grünen forderten Österreich auf, [...] am geplanten Nachtfahrverbot für Lastwagen festzuhalten. (National-Zeitung 7.10.1989)
>
> In ihrer Anfrage, in der die grüne Bundestagsfraktion die bisherige Zurückhaltung der Bundesregierung [...] gegenüber den Sicherheitsproblemen bei dem grenznahen AKW kritisiert, wird die Bonner Regierung angemahnt, sich gründlich mit der Fessenheim-Studie auseinanderzusetzen. (National-Zeitung 9.10.1989)
>
> Das Grüne Bündnis Littau-Reussbühl richtet eine dringliche Interpellation an den Gemeinderat. (Vaterland 12.10.1989)
>
> La ville de Hanovre [...] a connu, samedi, la plus grande manifestation antinucléaire d'Europe. [...] près de 600 000 personnes en „parka" vert-kaki, ou en cirés jaunes, la fleur à la boutonière, étaient venus de toute l'Allemagne [...] pour protester [...]. (Journal de Genève 22.4.1979)
>
> [...] l'article sur l'énergie a été vidé de sa substance [...]. [...] les Verts ont estimé qu'il fallait tout de même ancrer cet article dans la Constitution. (Journal de Genève 7.10.1989)
>
> Au printemps prochain, un nouveau parti vert verra le jour au Tessin. (Journal de Genève 7.10.1989)
>
> Avec cette nouvelle expédition, Richard Branson, l'ancien hippy hirsute et barbu, [...] donne de lui une nouvelle image conforme aux idées „vertes" du temps. (Feuille d'avis de Lausanne 12.10.1989)
>
> Delusi per questa situazione, indipendenti e socialisti si sono astenuti, mentre i verdi hanno „nonostante tutto" votato a favore. (Corriere del Ticino 7.10.1989) (Von dieser Situation enttäuscht, enthielten sich Unabhängige und die Sozialisten der Stimme, während die Grünen [dem Energieartikel] „trotz allem" zustimmten.)
>
> Le correnti ecologiste vogliono fondersi in un unico partito. Una svolta ecopolitica sotto l'ombrello verde? (Corriere del Ticino 7.10.1989) (Die ökologischen Strömungen wollen sich in einer einzigen Partei vereinigen. Eine ökologisch-politische Kehrtwendung unter dem grünen Schirm?)
>
> Sabato, 14 ottobre si iniziano i corsi all'Università Verde ticinese. (Corriere del Ticino, 12.10.1989) (Am Samstag, dem 14. Oktober, beginnen die Kurse an der Grünen Universität Tessin.)

Sempre più „verde". [...] L'AGIE di Losone, leader mondiale nel campo dell'eletroerosione [...] intende intensificare gli sforzi per una più efficace politica ambientale. (Il Dovere 13.10.1989) (Immer „grüner". Die AGIE in Losone, weltweit führend im Bereich der Elektroerosion, will ihre Anstrengungen für eine effizientere Umweltpolitik verstärken.)

Una proposta „provocatoria" dei verdi nostrani. Al bando falciatrici a motore per tornare alla falce fienaia. (Giornale del Popolo 12.10.1989) (Ein provozierender Vorschlag unserer Grünen: weg mit den Motormähern, her mit der Sense.)

Wenn man sich vor Augen hält, dass neben dem „technisch-funktionalen" und dem „politischen" Grün das ästhetische Naturgrün nach wie vor im Umweltdiskurs gegenwärtig ist, wird klar, dass die Angleichung der drei Sprachgruppen nur eine vordergründige und scheinbare ist.

Im Deutschen und im Italienischen wird mit der Übertragung der Eigenschaft „grün" auf Technik und Planung sowie auf eine politische Haltung implizit auch die an den Ausdruck ‚grün' gebundene Wertschätzung weitergegeben. In der Romandie dagegen bricht diese Verbindung ab, und zwar weil Termini aus Raumplanung und Politik durchweg im Rückgriff auf ‚vert' gebildet beziehungsweise übersetzt werden, während Schönheitsempfinden und Gemütsbewegung immer noch vorzugsweise an die Wörter ‚verdoyant' und ‚verdure' gebunden sind. In der Verwendung von ‚vert' in den planerisch-technischen Fachtermini ‚espace vert', ‚zone verte' usw. manifestiert sich so gesehen ein Wechsel hin zu einem neutralen, weder besonders positiv noch besonders negativ konnotierten Ausdruck. Oder anders gesagt: Die positive, um nicht zu sagen euphorische Haltung, die im Deutschen und im Italienischen mit ‚grün' (beziehungsweise ‚verde') in den modernen Umweltdiskurs eindringt, kann mit wörtlichen Übersetzungen nicht ans Französische weitergegeben werden: Eine solche Übertragung könnte allenfalls stattfinden, wenn zumindest die „grünen" Fachtermini aus der Planung im Rückgriff auf ‚verdoyant' beziehungsweise ‚verdure' (*zone de verdure, liaison de verdure, îlots de verdure*) übersetzt würden – Wendungen, die übrigens in früheren Textpassagen durchaus zu finden sind:

Nous avons annoncé la mort prochaine, par abattage, du tilleul „du centenaire" suté sur la place du même nom, à Aigle, et dont la disparition, rançon de la circulation, chagrinait les amis des témoins du passé et des *îlots de verdure*. (Feuille d'avis de Lausanne 23.6.1958)

Cette disposition [...] permet ainsi [...] de mettre à la disposition de la population et des enfants du quartier, l'ensemble de ces terrains qu[i] assurent *une liaison de verdure* avec le préau de l'école de Roches. (Journal de Genève 6.11.1967)

Métamorphoser un remblai en *un verdoyant centre de loisirs*. [...] Un crédit d'un million de francs sera demandé [...] pour que les travaux puissent commencer le plus rapidement possible. *Des espaces de verdure* seront d'ailleurs prévus en harmonisation avec le paysage, et si ce projet arrive à exécution, les rives du lac n'en seront que plus belles. (Feuille d'avis de Lausanne 4.–5.11.1967)

5.5 Übersetzungsschwierigkeiten und Worthülsen

Die Auseinandersetzung mit dem Entwicklungsverlauf des „grünen" Diskurses zeigt, wie schwierig es ist, eine in einer Sprachgemeinschaft gewachsene und eingebundene Idee in eine andere Sprache zu übertragen. Wenn die Übersetzung allzu wörtlich und ohne Rücksicht auf historische Zusammenhänge vorgenommen wird, kann sie gar das Gegenteil bewirken und statt Annäherung und Verständnis aufzubauen, Entfremdung und Unverständnis fördern.

Dem Risiko der Unübersetzbarkeit ist die deutsche Sprache aufgrund ihrer fast unbegrenzten Wortfügungsmöglichkeiten ganz besonders ausgesetzt. Gerade die Flut an neuen Komposita mit ‚umwelt-' und ‚natur-', deren spezifischer Bedeutungsunterschied oft nicht einmal den Sprechern selbst klar ist, stellen die französischen und italienischen Übersetzer vor fast unüberwindbare Probleme. Die Möglichkeiten, ein der Natur Rechnung tragendes Verhalten gleichzeitig als ‚umweltverträglich', ‚umweltgerecht', ‚umweltfreundlich', ‚umweltschonend', ‚naturnah' oder ‚umweltbewusst' bezeichnen zu können, ist der inner-schweizerischen Verständigung jedenfalls nicht zuträglich. Es fragt sich zudem, ob die Masse von bedeutungsnahen Ausdrücken nicht gerade ein Beweis für die diffuse Strukturierung des Wortfelds „Umweltschutz" ist. Oder anders ausgedrückt: anhand einer vordergründig differenzierten Ausdrucksweise wird hier eine Trennschärfe vorgetäuscht, die im Grunde nicht gegeben ist.

Für die deutschsprachigen Wortführer bedeutet diese Einsicht, sich bei gesamtschweizerischen Entscheidungsprozessen eines einheitlichen und klar definierten Vokabulars zu bedienen und sich – im Streben nach einer reibungslosen Verständigung – nicht in den Mäandern der zwar abwechslungsreichen, aber inhaltsentleerten Wortklauberei zu verlieren.

6 Fremd- und Eigenbilder der drei Sprachgemeinschaften in bezug auf die Natur

Die vorangegangene Auseinandersetzung mit ausgewählten Schlüsselwörtern des Umweltdiskurses bestätigt einmal mehr, dass die gemeinsame (Mutter)Sprache nicht bloss als Voraussetzung einer funktionierenden Kommunikation aufgefasst werden darf: Als Verbindungsglied zwischen den einzelnen Gesprächsteilnehmern wirkt sie ausserdem identitätsstiftend und bildet die Basis für das soziale und kulturelle Zugehörigkeitsgefühl der Gleichsprachigen. Dabei implizieren Gemeinsamkeit und Nähe natürlich immer auch ihr Gegenteil, nämlich Ausgrenzung und Fremdheit.

Wenn wir uns in diesem abschliessenden empirischen Kapitel der Frage zuwenden, welche Eigen- und Fremdbilder in unserem Korpus durch die verschiedenen Sprachgemeinschaften vermittelt werden, so soll damit die typisch schweizerische Problematik der vielsprachigen Nation im Zusammenhang mit der Umweltschutzdebatte noch einmal aufgegriffen und aus einer etwas anderen Perspektive dargelegt werden. Dem hier vertretenen Ansatz liegt die Annahme zugrunde, dass Verhaltensweisen und Einstellungen der einzelnen Sprachgemeinschaften nicht nur durch die in der Sprache selbst angelegten Naturvorstellungen geprägt werden, sondern dass auch (Vor)Urteile über sich und „die anderen" gesamtschweizerische Auseinandersetzungen und Entscheidungsprozesse massgeblich zu beeinflussen vermögen.

Eine solche Annäherung an die kollektiven Eigen- und Fremd-Vorstellungen bedingt allerdings einen Wechsel in der Auffassung von Sprache: Sie wird uns nun einzig in ihrer Funktion als Informationsträgerin interessieren und nicht mehr als kognitiv vorstrukturierendes System.

Methodisch wurde mit dem Textkorpus so verfahren, dass wir zuerst für jede Sprache respektive Sprachgemeinschaft einen „Verweiskatalog" zusammenstellten. Dieser Katalog ist nichts anderes als eine Sammlung von Wörtern, mit welchen in den einzelnen Sprachen auf die eigene und auf die anderen schweizerischen Sprachgemeinschaften sowie auf die grossen angrenzenden Kulturnationen verwiesen werden kann. Beim Tessiner Korpus mussten beispielsweise folgende Wörter und Wendungen berücksichtigt werden: ‚tedesco/a' (für Svizzera tedesca – Deutschschweiz), ‚intern/o' (für Svizzera interna, also „Innerschweiz", womit allerdings die gesamte Deutschschweiz gemeint ist), ‚francese' (für Svizzera francese), ‚romanda' (für Svizzera romanda), aber auch nach ‚oltr'alpe' (jenseits der Alpen, eine häufige Bezeichnung für die Restschweiz), ‚oltre (San) Gottardo' (auch dieser Ausdruck wird häufig für die Restschweiz gebraucht, er schliesst allerdings den Kanton Graubünden aus, da der Weg dorthin bekanntlich nicht über den Gotthard führt), ‚ticino', ‚il cantone' (häufige Eigenbezeichnung), ‚italiano' und ‚Italia'.

Mit Hilfe dieses Verweiskatalogs konnte schliesslich das gesamte Korpus auf Hinweise und Aussagen der jeweiligen Sprachgruppen abgefragt und eine gesonderte Artikelsammlung zusammengestellt werden.

Bevor wir jedoch die empirischen Resultate diskutieren, sollen einige grundsätzliche Überlegungen die Situation der viersprachigen Schweiz erläutern.

6.1 Die grossen Nachbarn

Ausser der rätoromanischen Sprachgemeinschaft steht jeder Schweizer Sprachgruppe, die über eine Hochsprache (Standardsprache) verfügt, ein sprachlich verwandter, aber politisch getrennter grosser Nachbar gegenüber. Dadurch befinden sich die Romandie, das Tessin und die Deutschschweiz zwangsläufig in einer sowohl ideellen als auch sprachlichen Konfliktsituation zwischen Anpassung und Eigenständigkeit gegenüber einem territorial, kulturell und politisch übermächtigen „grossen Bruder". Wie wir später sehen werden, reagiert jede Sprachgemeinschaft etwas anders auf diese Situation.

Was den Gebrauch der Schriftsprache betrifft, sind alle Schweizer Sprachgemeinschaften bestrebt, die allgemeine Verständlichkeit im übernationalen Sprachraum sicherzustellen: Sie passen sich den gegebenen Regeln an, lassen aber, innerhalb eines mehr oder weniger engen Spielraumes, auch „schweizerische" Eigenheiten zu. Trotzdem stehen die einzelnen Sprachgruppen gerade wegen der gemeinsamen Hochsprache mit den grossen Nachbarn unweigerlich in einer ganz speziellen (sprich: kulturellen) Beziehung, die durch historische, politische, wirtschaftliche, medienpolitische, ja gar migratorische Eigenheiten geprägt ist.

6.1.1 Frankreich, Deutschland und Italien als Bezugsraum

In unserer quantitativen Erhebung wurde kodiert, in welchem Land bzw. in welcher Region das beschriebene Ereignis stattfand, das in der Zeitungsmeldung beschrieben wird. Anhand der „Verortung" der Ereignisse können nun Rückschlüsse auf die kulturelle Ausrichtung der Schweizer Sprachgemein-

Der gesamte Verweiskatalog im Überblick:

	Eigenbild	Gleichsprachiges Ausland	Fremdbild Inland	Fremdbild Ausland
Zeitungen aus:				
Deutschschweiz	Deutschschweiz	Deutschland; BRD; deutsch...	Romandie; Westschweiz; französische (Schweiz); Welsch(schweiz); Tessin(er); italienische Schweiz	Frankreich; französisch; Italien; italienisch
Romandie	Romandie; romand	France; français	(Suisse) alémanique; outre Sarine; (Suisse) allemande; Tessin; tessinois	Allemagne; allemand; RDF; Italie; italien
Tessin	Ticino; ticinese; il Cantone	Italia; italiano	Svizzera tedesca; S. interna; oltr'Alpe/ oltre (le) Alpi; oltre (San) Gottardo; S. romanda; S. francese	Germania; tedesco; Francia; francese

schaften gezogen werden: Wie in Kapitel 1.4 gehen wir auch hier wieder davon aus, dass der Anteil an Berichten, die sich auf ein bestimmtes Land beziehen, als Indikator für das Interesse gewertet werden kann, das diesem Land/dieser Region entgegengebracht wird.

Über alle Zeitschnitte gemittelt, ist die Auslandorientierung der drei Sprachgemeinschaften bemerkenswert ähnlich: Zwischen 39 Prozent (Deutschschweiz) und 35 Prozent (Romandie) aller erhobenen Naturmeldungen sind im Ausland angesiedelt. Der leicht höhere Anteil an Auslandmeldungen in der Deutschschweiz ist namentlich darauf zurückzuführen, dass mit der Neuen Zürcher Zeitung und der National-Zeitung zwei Titel mit internationalem Anspruch ausgewertet wurden.

Betrachtet man die Herkunft der Auslandmeldungen gesamthaft, stellt man fest, dass die unmittelbaren Nachbarstaaten vor allem zu Beginn des Jahrhunderts und in den letzten beiden Zeitschnitten (1979 und 1989) Bezugs-

Grafik 4: Anzahl der Berichte über die Nachbarstaaten seitens der deutschschweizerischen Presse (in %)

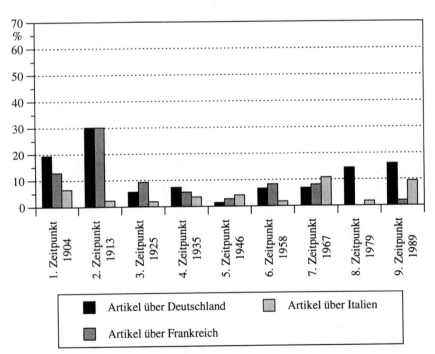

raum sind, während sich die öffentliche Aufmerksamkeit seit den 20er Jahren bis in die Zeit des kalten Krieges stärker dem aussereuropäischen Raum zuwendet.

Weiter fällt auf, dass in der deutschen Schweiz der Bezug zum gleichsprachigen Ausland (also zu Deutschland und Österreich) weniger stark ist als in den lateinischen Sprachräumen: Nur in vier von neun Zeitschnitten ist der Anteil an Deutschschweizer Zeitungsmeldungen, die sich auf Frankreich oder Italien beziehen, grösser als jener an Berichten über Deutschland. Dagegen setzen die Zeitungen der Romandie den Schwerpunkt ihrer ausländischen „Naturmeldungen" mehrheitlich (nämlich in sechs der neun Zeitschnitte) auf Frankreich. Am deutlichsten kommt die sprachliche „Schicksalsgemeinschaft" in den Tessiner Zeitungen zum Ausdruck, die sich – abgesehen vom Zeitschnitt 1925 – vorwiegend auf Italien beziehen.

Grafik 5: *Anzahl der Berichte über die Nachbarstaaten seitens der Presse aus der Romandie (in %)*

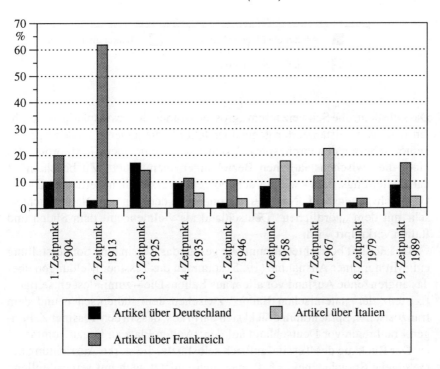

Grafik 6: Anzahl der Berichte über die Nachbarstaaten seitens der Tessiner Presse (in %)

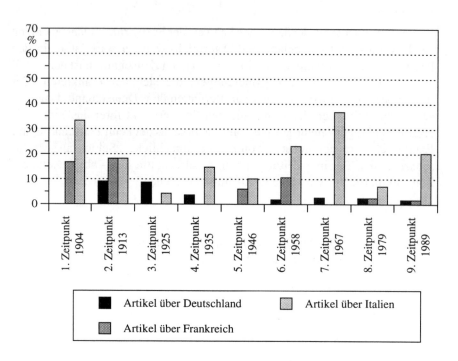

Dass die deutsche Schweiz ihrem „grossen Bruder" mit zwiespältigen Gefühlen und etwas distanzierter gegenübersteht als die anderen beiden Sprachgemeinschaften den ihren, spiegelt sich also auch in einem Textkorpus, das nicht die zwischenstaatlichen Beziehungen thematisiert. Zu beachten ist dabei allerdings, dass – wie aus dem Folgenden ersichtlich werden wird – der Gesprächsgegenstand „Natur" und namentlich der „schönen Natur" nicht so sehr mit dem „nördlichen" Deutschland als vielmehr mit dem Süden und Italien verknüpft wird.

Gesamthaft betrachtet, nimmt wie gesagt das Tessin eine Sonderstellung ein: Mit nur einer Ausnahme (1925) stammen die Tessiner Meldungen über das angrenzende Ausland vor allem aus Italien. Die – zumindest einseitige – Existenz der „lateinischen Bande" zwischen dem italienischen und dem französischen Sprachraum drückt sich darin aus, dass in den Tessiner Zeitungen Frankreich vor Deutschland auf den zweiten Platz zu liegen kommt.

Der Rückzug des Tessins auf sich selbst bzw. die starke Ausrichtung auf die eigene Sprachgemeinschaft mag nicht zuletzt auch mit seiner Stellung innerhalb der Eidgenossenschaft zusammenhängen. Zumindest zum jetzigen Zeitpunkt scheinen sich die Tessiner mit dem Status des ökonomischen und politischen „Schlusslichtes" abgefunden zu haben. Auf eidgenössischer Ebene verzichtet man denn auch meistens darauf, die eigene Sprache durchzusetzen. Will der Tessiner Parlamentarier sicherstellen, dass der Inhalt seines Anliegens verstanden wird, bedient er sich vorzugsweise der Sprache des zweitgrössten, sprachlich verwandten Bruders: „Ungleichgewicht herrscht freilich auch zwischen den drei anerkannten Amtssprachen. Obwohl es hier an der juristischen Lage nichts zu „deuteln" gibt, verstösst die Praxis permanent gegen den Wortlaut des Gesetzes. Man braucht nur einer Sitzung der eidgenössischen Räte im Bundeshaus beizuwohnen, um zu entdecken, dass die dritte Amtssprache, das Italienische, dort ein ziemlich kümmerliches Dasein fristet. Nicht einmal alle italienischsprachigen Parlamentarier tragen ihre Voten in ihrer Muttersprache vor. Wer nicht bloss gehört, sondern auch verstanden sein will, weicht jedenfalls in den entscheidenden Passagen seiner Rede auf das Französische aus" (Camartin in Schläpfer, 1984: 306).

Ganz anders dagegen reagiert die Romandie auf das Nord-Süd-Gefälle von Prestige und Einfluss: Sie verfügt dank dem starken französischen Verwandten über ein ausgebildetes und nicht zuletzt über die gemeinsame (Hoch)Sprache definiertes Selbstbewusstsein. Eine Parallele zur historischen Rivalität zwischen Frankreich und Deutschland drängt sich dabei auf. Denn wie Frankreich sich auf gesamteuropäischer Ebene zur Zeit dagegen wehrt, den angestammten Platz hinter Deutschland zu verlieren, bangen die Romands um ihren Zwischenstatus (weder Nord noch Süd, weder Deutschschweiz noch Tessin) und distanzieren sich vor einer Zuordnung ins „südliche" Lager. Sollte das dennoch eintreten, meint P. Couchepin (1995: 20), würde die Schweiz auseinanderfallen: „Dérive nordique de la Suisse industrielle, naissance d'ensembles transfrontaliers: ces deux phénomènes peuvent être interprétés diversement. L'interprétation politique que j'en fais est encore une fois que la Suisse romande doit se renforcer si elle ne veut pas se retrouver en rade. Elle serait alors considérée comme quantité négligeable par la Suisse industrielle et tentée de se penser comme déliée de ses engagements historiques envers elle. La Suisse romande dériverait alors vers le Sud. Et comme deux icebergs poussés par des courants divergents, la Suisse se casserait".

Die nun folgenden Kapitel sind der spezifischen Situation der einzelnen Sprachgemeinschaften gewidmet.

6.2 Die Situation der Deutschschweiz

Auch wenn unser Hauptinteresse der Hoch- oder Standardsprache gilt, muss an dieser Stelle auf das spezielle Verhältnis von Hochsprach- und Dialektgebrauch in der deutschen Schweiz hingewiesen werden, das in der Sprachwissenschaft gemeinhin als Diglossie bezeichnet wird. Dabei entspricht jeder Sprachform ein eigener Geltungsbereich: dem Dialekt das informelle Gespräch der alltäglichen Begegnungen, der Standard- oder Hochsprache hingegen der formelle, offizielle Anlass und die schriftliche Kommunikation. Dieser Situation begegnen insbesondere die französischsprachigen Eidgenossen mit einigem Unverständnis, nicht zuletzt auch deshalb, weil mit der Mundart eine fast unüberwindliche Barriere den kommunikativen Austausch zwischen den verschiedenen Sprachgemeinschaften behindert. Andererseits bietet der Dialekt den Deutschschweizern eine willkommene Möglichkeit, sich über eine eigene Sprache zu definieren und vom benachbarten Ausland abzugrenzen. Damit verfügt die deutsche Schweiz, neben dem territorial und ökonomisch untermauerten Eigenbild der dominanten Position, auch über ein durch die Sprache vermitteltes Selbstverständnis, wie es in den anderen Landesteilen nicht besteht.

6.2.1 Deutschland und die Deutschen in den Deutschschweizer Zeitungen

Anhand der vorliegenden Artikelsammlung soll nun das Bild „der Deutschen" und von Deutschland herausgearbeitet werden, wie es in den Zeitungen skizziert wird.

Der deutsche Fachmann
‚Deutsch' und ‚Deutschland' werden mehrheitlich im Zusammenhang mit Wissenschaft und Technik erwähnt. Nicht nur taucht der Suchbegriff ‚deutsch-' überdurchschnittlich häufig in der Kombination mit ‚Fachmann' oder ‚Gelehrter' auf; ganz allgemein stossen die in Deutschland stattfindenden wissenschaftlichen und parawissenschaftlichen Tagungen und Diskussionsrunden auf erhebliches Interesse. Deutschland steht aber offenbar nicht bloss für Wissenschaft der Spitzenklasse, sondern gemeinhin für Tatkräftigkeit, Arbeit und Fleiss. Es sind dies noch heute vorherrschende Stereotypen, die in einzelnen Artikeln ausdrücklich genannt werden.

> Die Bewohner Ägyptens könnten, obgleich ihr Land im allgemeinen unter grosser Wasserarmut leidet, ausschliesslich von Fischen leben. [...] Wie in der „Allgemeinen Fischerei-Zeitung" aus Kairo geschrieben wird, will jetzt *ein deutscher Fachmann* den massenhaft in Ägypten vorkommenden Aal verwerten, und er wird vermutlich darin nicht behindert werden, da die

Mohammedaner aus religiösen Gründen keinen Aal essen. (National-Zeitung 31.08.1904)

In dreitägiger Fahrt von Shanghai den Jangtse hinauf erreicht man Hankau. Auch hier erscheinen die gekreuzten Schlüssel und Anker des Norddeutschen Lloyd und vermitteln mit am Verkehr. [...] Wir legen an der deutschen Niederlassung an. [...] *Fleiss, Arbeit, Eile*, Massen steigen wie die heftig eiligen Explosionen von starken Aufgärungen über die Uferstrasse. Wir sind in einem der Akkumulatoren des Welthandels. [...] *Hankau ist eine der vitalsten Siedlungen des Ostens. Es gehört ganz deutscher Tatkraft.*(NZZ 16.11.1913)

Der deutsche Radium-Forscher Otto Hahn setzte noch 1930 dieses experimentell ermittelte Alter unserer ältesten geologischen Schichten als das Minimalalter der Erde ein. Die Erde wäre also demnach keineswegs jünger, aber möglicherweise auch nicht älter als 1500 Millionen Jahre. [...] Der jetzt in London wirkende *deutsche Chemiker Fritz Paneth* bestimmte mit der Methode der radioaktiven Analyse das Höchstalter der Meteorite auf 2900 Millionen Jahre. (National-Zeitung 19.05.1935)

F.L. *Der führende deutsche Naturwissenschafter* Carl Friedrich von Weizsäkker hat im April letzten Jahres den „Göttinger Appell" angeregt und unterzeichnet, jenes *politische Manifest deutscher Gelehrter* gegen die atomare Bewaffnung der Bundesrepublik, dem für eine Weile lang eine ungeahnte Breitenwirkung beschieden war, [...]. (NZZ 27.06.1958)

Vor den Mitgliedern des Kaufmännischen Vereins setzte sich im Kunsthaus der bekannte Geograf Dozent Günther Jaeckel mit der Frage auseinander: „Planeten bewohnbar – ja – nein?" *Der deutsche Gelehrte tat dies sehr gründlich* und erhärtete seine Ausführungen mit biologischen und physikalischen Daten. (Vaterland 07.11.67)

Insbesondere verweisen die Grünen auf den Bericht des an der Expertise beteiligten *deutschen Wissenschaftlers Lothar Hahn* vom Freiburger Öko-Institut, der sich wegen „erheblicher Defizite" beim Containement, so seine These, gegen ein Wiederanfahren von Block eins [des AKW Fessenheim] gewandt hatte. (National-Zeitung 09.10.1989)

Bericht über deutsche Raketentechniker in Libyen. Ungefähr *hundert Techniker aus der Bundesrepublik Deutschland* sollen nach Angaben der britischen Zeitung „Sunday Correspondent" in Libyen an der Entwicklung von Raketen beteiligt sein. (NZZ 09.10.89)

Der diesjährige Physiknobelpreis ist gestern *einem westdeutschen und zwei amerikanischen Kernphysikern* zuerkannt worden. (Vaterland 13.10.89)

Die Vermutung liegt nahe, dass die doch auffällig häufige und stete Paarung von renommierter Wissenschaftstätigkeit und deutscher Nation dazu beiträgt, die allgemein verbreiteten Vorstellungen über Charakter und Eigenschaften „der Deutschen" immer wieder zu bestätigen. Obschon nur wenige ausdrücklich stereotype Hinweise aufgezeigt werden können (so etwa „die deutsche Tatkraft" in ZS 1913), scheint die Vorstellung der deutschen

Gründlichkeit und Macher-Mentalität doch ausgesprochen verbreitet und tief verwurzelt zu sein.

Die Schattenseiten deutscher Tatkraft
Der positive Vorstellungskomplex von Tatkraft und Gründlichkeit erfährt allerdings durch den Zweiten Weltkrieg eine nachhaltige Erschütterung, denn nun wird dramatisch klar, wie schnell der hochfliegende Tatendrang des kulturell verwandten Volkes in Grössenwahn ausarten und wie gefährlich die physische und kulturelle Nähe zum deutschen Nachbarland sein kann. Es liegt auf der Hand, dass diese Geschehnisse und Befürchtungen vor allem nach Kriegsende oft und ausführlich erörtert werden.

> Schwere Sünden begingen die *deutschen Denker* nach Kant, allen voran Hegel und seine Schule, die als Mitwisser der letzten und höchsten Dinge posierten und ganze Weltanschauungen fabrizierten, *im Einklang mit der in Deutschland lebhaften Nachfrage nach Propheten, Religionsstiftern und Führern*. Im hellen Lichte der Nüchternheit erscheint demgegenüber England mit seinem Empirismus und seinem Respekt vor der Meinung des Nebenmenschen als Kernland des Westens. *Die Schuld des Romantizismus und des Historismus ist die masslose Überschätzung menschlichen Könnens;* [...]. (NZZ 24.06.1958)

Vor allem aber im Zusammenhang mit der neuen Kriegstechnologie, mit den Atombombenabwürfen über Hiroshima und Nagasaki und den ersten Atombombenversuchen auf Bikini, bleibt Deutschland für eine Weile im Zentrum der Diskussion. Je nach Blickwinkel wird die Bombe entweder als Kriegsverhinderungsmittel par excellence beschrieben und somit die Meinung vertreten, dass, hätte die Bombe bereits existiert, der europäische Krieg früher beendet worden wäre, oder aber es wird mit Schaudern darauf hingewiesen, was „die Deutschen" mit einem solchen Kriegsmittel in den Händen hätten anrichten können. Wie auch immer, der Krieg hat angstvolle Visionen und Bilder in die kollektive Vorstellung von den Deutschen gemischt. Der Gedanke, dass zudem die neue, alles vernichtende Waffe im Besitze Hitlers hätte sein können, verschärft unweigerlich den Respekt und die Furcht vor beiden, vor der Bombe wie vor den Deutschen.

> Der Krieg, der damit angefangen hat, dass *Deutschland Waffen von einer bis dahin nicht gekannten Furchtbarkeit gegen Frauen und Kinder zum Einsatz brachte*, hörte damit auf, dass die Vereinigten Staaten eine überlegene Waffe verwandten, die Tausende menschlicher Wesen mit einem einzigen Schlag auslöschte. Sie müssen sich klar darüber sein, dass viele Menschen in anderen Ländern jetzt auf Amerika mit grossem Misstrauen blicken, nicht nur wegen der Bombe, sondern weil sie fürchten, Amerika könnte imperialistisch werden. Ehe die Ereignisse ihre jüngste Wendung genommen haben, war ich sogar auch selbst nicht ganz frei von derartigen Befürchtungen.

Andere wieder würden vielleicht die Amerikaner nicht fürchten, wenn sie sie so kennen würden, wie wir uns gegenseitig in Princetown kennen, als aufrichtig und nüchtern und als gute Nachbarn. *Aber man weiss in anderen Ländern auch, dass eine Nation siegestrunken werden kann. Wenn Deutschland nicht 1871 den Sieg davon getragen hätte – welche Tragödie für das Menschengeschlecht wäre dadurch verhütet worden!* (National-Zeitung 05.07.1946)

Hätten wir diese Waffe schon in einem früheren Stadium des europäischen Krieges besessen, so wäre angesichts ihrer fürchterlichen Wirkung *den Deutschen nichts anderes übrig geblieben*, als, wie die Japaner es taten, schon vor der Invasion des Kontinents *die Waffen zu strecken.* (NZZ 04.07.1946)

Deutsche Machensart als Gütesiegel
Die Berichte über das Kriegsgeschehen sind indessen die einzigen, die eine ausdrückliche Distanzierung der Deutschschweiz vom grossen Nachbarn zum Ausdruck bringen. Ansonsten werden eigene Produkte, Vorschriften und Handlungsweisen in der Deutschschweizer Presse immer wieder mit jenen Deutschlands verglichen. Trotz Furcht und Reserve bleibt also Deutschland für die deutsche Schweiz eine Instanz, die es zu berücksichtigen gilt: Ob es sich nun um die Vorreiterrolle bei der Hundezucht handelt, um die Debatte der Elektrifikation der schweizerischen Eisenbahnen oder um die Handhabung von Vorschriften, Deutschland ist und bleibt für die deutsche Schweiz eine Bezugsgrösse erster Ordnung:

In Deutschland, für uns als Mutterland der Rasse immer noch ausschlaggebend ...; (National-Zeitung 08.06.1925)

Nachdem sich beispielsweise auf der Deutschen Reichsbahn so ziemlich die ganze Strecke Basel-Frankfurt im Umbau befindet und mit modernsten Anlagen ausgerüstet wird, können die Bundesbahnen nicht weiter mit Provisorien arbeiten. (National-Zeitung 12.06.1925)

Mit Zucker verschönte Schweizer Weine? (...) Bestehen in Deutschland andere Vorschriften? (National-Zeitung 30.03.1979)

6.2.2 Deutschland und der Natur- und Umweltschutz

Nicht nur für Produkte, sondern auch für Ideen gilt offenbar das Deutsche als Gütesiegel; dass sich namentlich die Anstrengungen zum Schutz der Umwelt an das deutsche Vorbild anlehnen, wurde bereits im Zusammenhang mit der Verbreitung der Heimatschutzidee (siehe dazu Kapitel 3) gezeigt. In der Folge ist es denn auch die Deutschschweiz, welche im hiesigen Natur- und Umweltschutzdiskurs die Vorreiterrolle einnimmt. Ihre Tragweite zeigt sich am deutlichsten bei der Anzahl und Lokalisierung der Umweltschutzorganisationen: Im Jahr 1975 wurden gesamtschweizerisch 21 Umweltverbände gezählt, die Hälfte davon mit Geschäftssitz in Zürich, während nur ein einziger je in der Romandie und im Tessin angesiedelt ist (Walter, 1990: 267).

Die deutsche Pionierrolle im Umweltschutz widerspiegelt sich auch in unserer Artikelsammlung, indem etwa in der Berichterstattung über Konferenzen zum Schutz der Natur (Naturschutzkonferenz, 1913, Alpenschutzkonferenz, 1989) nahezu ausschliesslich die Voten der deutschen Teilnehmer wörtlich zitiert werden.

Vom Protest gegen die Atomenergie zum utopischen Gesellschaftsentwurf
Am deutlichsten tritt die zentrale Stellung Deutschlands in der deutschschweizerischen Umweltberichterstattung in neuester Zeit zutage: im Zusammenhang mit dem Phänomen umweltschützerisch motivierter Grosskundgebungen. Anlass für die Massenveranstaltungen ist zwar meistens der Protest gegen die Atomenergie, doch erweist sich die Mobilisierungskraft umweltschützerischer Anliegen in Deutschland generell als äusserst wirksam:

> Anti-Atom-Demonstration in Hannover: Harrisburg strahlt ab. Bis nach Hannover reichten die massiven politischen Ausstrahlungen des A-Werk-Unglücks von Harrisburg, als am Samstag *die bisher grösste Demonstration von Atomkraftgegnern Deutschlands* Höhepunkt und Abschluss erreichte. Sie richtet sich unmittelbar gegen die Atommüll-Entsorgungsanlage in Gorleben. Doch liess sie eine neue Anti-A-Werk-Welle deutlich voraussehen. [...] Nach Auffassung der Polizei nahmen *40 000 Personen an der Anti-Atom-Kundgebung* vom Samstag in Hannover teil. Organisatoren sprechen von 100 000 Demonstranten. [...] Auf Traktoren, Pferdegespannen, Fahrrädern, zu Fuss mit Kinderwagen und Transparenten trotzten die Demonstranten Wind und Regen auf den Strassen zur Landeshauptstadt. (National-Zeitung 02.04.1979)

In der Auseinandersetzung um die Kernenergie offenbaren sich die Unterschiede zwischen der „germanischen" und der „lateinischen" Haltung gegenüber der ökologischen Krise am klarsten. Während im deutschen Sprachraum die Atomgegner eine enge Verbindung mit sozialkritischen Gruppierungen aus der 68er Bewegung, aus Dritt-Welt- und Feministinnen-Kreisen eingehen und für eine neue Gesellschafts- und Lebensform eintreten, bleibt im lateinischen Sprachraum der Naturschutz eher mit traditionellen Formen des Politisierens verbunden. Das atomare Problem wird zwar im lateinischen Sprachraum keineswegs ausgeblendet; aber wie die Auseinandersetzung mit der welschschweizer Berichterstattung zeigen wird, herrscht namentlich im frankophonen Raum eine eher pragmatische, an technischen und sicherheitspolitischen Fragen orientierte Betrachtungsweise vor. Im deutschen Kulturkreis hingegen wird die Energiedebatte zum Aufhänger für die grundsätzliche Frage, „[...] welchen Lebensentwürfen das Industriesystem folgen sollte.

[...] die Energiefrage [eignete sich] in der Tat besonders gut zur symbolischen Zusammenfassung gesellschaftspolitischer Projektionen. [...] Die Alternative zum Ausbau des Kernenergiesystems, die seit den siebziger Jahren ins Spiel gebracht wurde, beruht auf einem Ensemble von Einsparungen, aktiver und passiver Sonnenenergienutzung, Umstrukturierungen und einer Unzahl gesellschaftlicher und politischer Steuerungen. [...] Aus der Perspektive grossindustrieller Entwicklung wirkte diese Alternative jedoch unübersichtlich und komplex; eine besondere Gefahr wurde darin gesehen, dass der Einsparungspfad auf den Weg zu einem stationären Zustand führte. Dieser Abbruch der Wachstumsdynamik drohte jedoch, elementare Funktionsprinzipien des Kapitalismus ausser Kraft zu setzen" (Sieferle, 1984: 245–246).

Ohne hier die historische Entstehung und Entwicklung der Anti-AKW-Bewegung weiter aufrollen zu wollen, kann zwischen Deutschland und den deutschen Teilen der Schweiz in diesem Zusammenhang eine eigentliche Verwandtschaft in der Verbindung linker, grüner und technikkritischer Argumentationen ausgemacht werden.

6.2.3 Das Bild Frankreichs aus Deutschschweizer Perspektive

Würde man aufgrund der von uns gesammelten Artikel die angrenzenden Kulturnationen in einer Art „Interessenskala" auflisten, so käme Frankreich in der deutschschweizerischen Berichterstattung nach Deutschland auf den zweiten Platz zu stehen.

In der Tat erwähnt die Deutschschweizer Presse auch französische Wissenschaftler, Erfindungen und Pläne, doch zeigt sich in einigen Beispielen deutlich, dass Frankreich für die Deutschschweiz nicht als erste Vergleichsinstanz gilt. Wenn immer beide Nationen zusammen zur Sprache kommen, wird nämlich in stereotyper Reihenfolge zuerst mit Deutschland argumentiert und erst dann, gewissermassen als tertium comparationis, auf Frankreich verwiesen.

> Die internationale Konferenz für Naturschutz wurde heute vormittag 10 Uhr von Bunderat Forrer mit einer Ansprache eröffnet. [...] Der Bundesrat legt den Entwurf eines Reglementes vor, zu dessen Beratung eine dreigl. Kommission bestellt wird aus HH. Oberst Meister, Gesandten von Romberg *und dem französischen Delegierten Perrier.* Nächste Sitzung Dienstag vormittags 9 Uhr; definitive Bureaubestellung und Beratung des Reglementes. (Vaterland 18.11.1913)

> Die besten Ergebnisse sind naturgemäss bei den Vollautobahnen zu erwarten. Nach deutschen Angaben wurden auf 1 Million Fahrzeugkilometer 1,28 Unfälle gezählt, während auf Bundesstrassen 4,30 Unfälle entfallen. *Auch in*

Frankreich wurde festgestellt, dass die Unfallhäufigkeit um rund 60 Prozent sinkt, wenn eine gewöhnliche Strasse durch eine Autobahn ersetzt wird. (...In der Schweiz dürften die jetzigen Strassen eher gefährlicher sein als die deutschen Bundesstrassen.) (NZZ 27.06.1958)

Nukleartechnik und französische „force de frappe"
Nur in einem einzigen wissenschaftlich-technischen Sektor übertreffen aus deutschschweizerischer Sicht die Franzosen die Deutschen: im Bereich der Nukleartechnik. Diese europäische Sonderstellung, welche die französische Nation in jüngster Zeit wegen der wiederaufgenommenen atomaren Versuche international ins Zwielicht setzt, tritt in unserem Korpus schon früh deutlich zutage und erweist sich in den Meldungen über Frankreich ab dem Zeitschnitt von 1958 als eigentliche Konstante. Ab dem achten Zeitschnitt (1979) wird Frankreich als internationale Atommacht in einem Atemzug mit den USA und der Sowjetunion erwähnt, und seine Vormachtstellung im Bereich der zivilen atomaren Nutzung wird immer wieder unterstrichen. Aus Gründen der Platzökonomie seien hier einzig die aufschlussreichsten Passagen wiedergegeben:

> Für Frankreich hatte diese Sachverständigen-Konferenz, die unter anderem feststellen sollte, ob man Atombomben-Experimente auch im Geheimen vornehmen könne [...] eine besondere Bedeutung. Die französische Atombombe gehört, wie berichtet, zum Arsenal der Aussenpolitik de Gaulles. [...] Frankreich wird „seine" Atombombe bereitstellen, wenn nicht alle Atombomben vernichtet werden. [...] Man hatte in Paris – nicht erst seit der Machtergreifung de Gaulles – die Aussichten auf eine Abrüstung stets skeptisch beurteilt und keineswegs die Arbeit an der eigenen Atombombe aufgegeben, nur weil eines fernen Tages eine Expertenkonferenz oder eine Gipfelkonferenz Abrüstungsbeschlüsse fassen könnte. Die Regierung de Gaulles hat also in der Atomwaffenfrage keine neue Richtung eingeschlagen. Sie wird aber vielleicht das Tempo der Arbeit an der eigenen Bombe beschleunigen. [...] Es gibt zum Beispiel Berichte, nach denen die erste französische Atombombe bereits im Herbst 1958 in der Sahara ausprobiert werden wird. (National-Zeitung 27.6.1958)

> Paris, 26. Juni (UPI): Der französische Aussenminister Maurice Couve de Murville erklärte am Mittwoch an einem Lunch der Auslandspresse in einem Restaurant des Eiffelturms, Frankreich dürfe auf seine Bemühungen um den Bau einer eigenen Atombombe nicht verzichten, solange kein internationales Abkommen für eine Kontrolle der Atomwaffen und einen schrittweisen Abbau der bestehenden Kernwaffenlager erzielt werde. Diese Erklärung schien die seit einiger Zeit in politischen Kreisen geäusserte Ansicht zu bestätigen, dass eines der Hauptziele der Regierung General de Gaulles darin bestehe, die Aufnahme Frankreichs in den „Club der Atommächte" zu erwirken, dem gegenwärtig nur Amerika, Russland und England angehören. (Vaterland 26.06.1958)

Carters vorsichtige Atomexportpolitik wird von den amerikanischen Kraftwerkbauern für den Verlust des Weltmarktes verantwortlich gemacht, den sie noch zu Beginn der siebziger Jahre fast vollständig beherrschten. Carter hat aber auch seinen Widerstand gegen den Einsatz von Brüterkraftwerken deutlich gemacht. *Die Amerikaner hinken auf diesem Gebiet heute weit hinter den Franzosen, Russen und möglicherweise auch hinter den Deutschen in der Forschung und Komponentenprüfung hinterher* [...]. (NZZ 03.04.1979)

Die nach dem Zweiten Welkrieg durch die Siegermächte errichtete politische „Weltordnung" dürfte so gesehen auch die Diskussion rund um die Nutzung der Nuklearkraft wesentlich beeinflusst haben: Deutschlands konventionelle Streitkräfte wurden begrenzt und die Nuklearrüstung gar verboten – was wiederum auch den Umgang mit der „zivilen" Nuklearnutzung zur Energiegewinnung geprägt haben dürfte. Frankreich hingegen sah sich weder im militärischen noch im zivilen Bereich in der Nutzung der Kernkraft behindert.

Abgesehen davon, dass Frankreich verglichen mit Deutschland und Italien in der Erforschung und Nutzung der Atomtechnik eine Vormachtstellung innehat, nimmt es hinsichtlich eines weiteren Aspekts eine klare Sonderrolle ein: Es verfügt über eine ausgesprochen aussereuropäische Ausrichtung, vor allem mit Blick auf den afrikanischen Kontinent. Das historische Erbe der Kolonialherrschaft kommt in neuerer Zeit insbesondere in der Rüstungsstrategie und der atomaren Aufrüstung zum Tragen. Erwartungsgemäss treten die internationalen Ansprüche in der Zeit unter der Führung de Gaulles am deutlichsten hervor:

Couve de Murville führte aus, die *französische Aussenpolitik werde unter de Gaull*e unverändert bleiben, und Frankreich werde weiterhin ein zuverlässiger Bündnispartner der westlichen Allianz sein. Es habe Leute gegeben, die „befürchtet oder gehofft" hätten, de Gaulle werde die Richtung der französischen Aussenpolitik radikal ändern. Die Änderung werde jedoch nur die Führung, nicht aber den Inhalt der Aussenpolitik betreffen. Sie werde weiterhin auf drei Hauptgrundsätzen aufgebaut sein: *1. Frankreich sei „das Herz" Westeuropas; 2. es ‚gehört zur westlichen Welt'; und 3. Frankreich „hat in Afrika Verpflichtungen und Interessen, die für uns von lebenswichtiger Bedeutung sind".* (Vaterland 26.06.58)

Darüber hinaus tragen einige ausserafrikanische Mächte sehr massiv zur schnellen Militarisierung des Schwarzen Kontinentes bei. *Frankreich hat vor der ostafrikanischen Küste mit Stützpunkt Djibouti seine beiden einzigen Flugzeugträger stationiert, die Atombomben und Kernwaffenträger an Bord haben.* [...] *Auf Gran Canaria entsteht der grosse Stützpunkt Gando, dort sollen U-Boote mit Atomraketen ihre Ausgangsbasis erhalten. Hinzu kommt das beträchtliche atomare Potential der vor der nordafrikanischen Küste* kreuzenden amerikanischen, sowjetischen und französischen Mittelmeerflotten. (Vaterland 31.03.79)

Natur und Naturschutz in Frankreich
Wenn im erhobenen Korpus kontemplative Artikel über die französische Landschaft auch spärlich sind, so sind sie doch immerhin zahlreicher als diejenigen, welche die Natur Deutschlands beschreiben. In allen erhobenen Meldungen sticht hervor, dass weniger die unberührte, wilde Natur als vielmehr deren kulturelle Überformung geschildert und gelobt wird.

Auch der Freitag, der dritte Tag der Reise, zeigte der Reisegesellschaft Paris und was in der nähern und weitern Umgebung unzertrennlich mit Paris verbunden ist, unter blauestem Himmel. [...] Die grossen Wasser des Parkes geruhten an unserm Nachmittag springfaul zu sein, und wir mussten auf diesen Baedekaerstern [sic] leider verzichten. Aber es gab auch sonst noch viel Interessantes und Schönes in den gewaltigen Gartenanlagen zu sehen, die wir zum Teil per Auto durchstreiften, [...]. Den Abschluss unseres Rundganges bildete ein Spaziergang durch den ausgedehnten Garten des Trianon, ein Park in englischem Stil mit zahlreichen wundervollen Baumriesen, lauschigen Plätzchen, murmelnden Quellen und versteckten Pavillons im tiefsten Grün. Die Frösche begrüssten uns mit fröhlichem Gequake, in den Bäumen sangen die Vögel und glückliche Kinder von Versailles tummelten sich auf den weiten Wiesenflächen. Hameau bildete den Beschluss unserer Rundreise, ein Gruppe netter, strohbedeckter Bauernhäuschen mit Kuhställen und Tennen, in denen die Damen des Hofes aus Puder, Schminke und Reifrock in die naturduftende Idylle normalen Lebens flohen, Märchenbilder aus vergangener Zeit, in Dornröschenschlaf geblieben bis zu jener Zeitepoche, da tüchtige Filmregisseure diese stille Insel entdeckten und um sie herum abendfüllende Stücke schrieben. *Es ist zu loben, dass die französischen Behörden dieses wundervolle Flecken Erde so gut erhalten haben* und dass es so weit ab vom Strome der Neugierigen liegt, so dass nicht zu befürchten ist, es werde jemals überflutet werden. (Vaterland 09.06.1925)

Aber da plötzlich grüsst die Endlichkeit herein; ein Wolkenfenster tut sich auf, ein zweites, jetzt gar eine ganze Flucht wie ein Balkon und von ihm aus schauen wir *die rotgoldene satte Erde Frankreichs. Bauernland im ersten Grün stiller Hügelwälder*, über die phantastisch der Schatten unseres Flugzeuges läuft. Und dann Gehöft wie Burgen, ein Dorf um die Kirche geschart, blanke Wege in Windungen, die sich in fernste Felder verlieren: „Bon pays, bel [sic] pays, doux pays de France ..." Aber auch Marthyrerland – jene seltsam gezackten, irrsinnig geformten Linien, deren Zug keinem Gelände, keiner Bebauungsvorschrift gehorcht, sind Reste von Schützengräben, und der Stadtumkreis, der sich grad vor uns nun öffnet, ist nichts anderes als Reims, und jener schmale Streifen, der bald hinaufblinkt, die Aisne, die damals vom Blute rot war. [...] Aber in die Worte des Redners glitten uns immer noch Bilder vom *hinreissenden Zug über Frankreichs offener Erde, vom abenteuerlichen Wechsel der Landschaftsbilder* im 280 km-Tempo, [...].
(Vaterland 16.05.1935)

Was die Bemühungen um den Schutz der Natur betrifft, so kann namentlich eine das Fremdbild Frankreichs stark prägende Komponente herausgearbeitet werden, die wiederum eng mit der französischen Nukleartechnik zusammenhängt.

Obschon (oder vielleicht gerade weil) sich Frankreich sowohl in der Rüstungsindustrie als auch in den zivilen Bereichen der atomaren Technik verschrieben hat, ist in der französischen Bevölkerung keine mit der deutschen vergleichbare Anti-AKW-Bewegung auszumachen: Während sich im deutschen Nachbarland nach der Katastrophe von Harrisburg die AKW-Gegner in Massenkundgebungen und Strassenaktionen gegen die atomare Gefahr richten, erfahren wir aus Frankreich nur von einer einzigen Protestnote – die sich zudem in ihrer Forderung nach einem AKW-Baustopp nur gerade gegen die amerikanischen Bauwerke richtet:

> Die französische Ökologistenorganisation „Freunde der Erde" forderte eine Einstellung des Betriebs sowie einen Baustopp für alle französischen Kernkraftwerke, die mit einer amerikanischen Lizenz bereits arbeiten oder zurzeit errichtet werden. Demgegenüber versuchte die staatliche Stromgesellschaft Electricité de France die in der französischen Öffentlichkeit entstandene Unruhe abzuwiegeln. Obwohl kein Land mit Atomkraftwerken hundertprozentig gegen ähnliche Störungen gefeit sei, seien die in Frankreich errichteten Nuklearanlagen weniger anfällig für Pannen, hiess es. (National-Zeitung 02.04.1979)

Feinschmecker oder Tiermörder?
Aber nicht nur in Sachen AKW, sondern ganz allgemein beschreitet Frankreich im Umweltschutz andere Wege als Deutschland. So werden die Franzosen (und Italiener) neben den Belgiern auch in jüngster Zeit noch des Vogelmordes bezichtigt – eines Vergehens, das aus Deutsch(schweiz)er Sicht unverzeihlich ist: Im deutschsprachigen Raum setzt man diesen Brauch mit „kultureller Zurückgebliebenheit" gleich und wertet ihn als Angriff auf die eigenen Moralvorstellung. Die Empörung des deutschsprachigen Journalisten über die schandhafte Tradition der „Lateiner" tritt in den folgenden Artikeln in aller Deutlichkeit zutage:

> *Deutsche Vogelschützer in Belgien attackiert.* Mit Knüppeln sind belgische Vogelfänger auf *Umweltschützer aus der Bundesrepublik Deutschland* losgegangen, die eine Jagd auf die Zugvögel verhindern wollten. Bei der Attacke sei niemand verletzt worden. *Deutsche Naturschützer opponieren gegen Gesetze in Wallonien,* die das Fangen von bis zu 50 000 Zugvögeln bis zum 11. November erlauben. (NZZ 09.10.1989)
>
> Skandal: Jetzt sind in Belgien die Singvögel wieder vogelfrei. […] Seit dem vergangenen Sonntag ist es wieder soweit: In Belgien hat die Vogelfangsaison begonnen. In Wallonien und im deutschsprachigen Osten des Landes haben

bis zum 11. November mehr als 4000 sogenannte Diplomvogelfänger das Recht, rund 50 000 Singvögel in ihre Netze und auf Leimruten zu locken und sie auf den Märkten feilzubeiten. *Die EG hat es bis heute nicht geschafft, diese mittelalterliche Tradition, die auch in Italien und Frankreich noch gepflegt wird, abzuschaffen.* [...] Vogel- und Naturschützer versuchen seit Jahren, das Treiben der Vogelfänger zu unterbinden. Für das Wochenende kündigten sie erneut heftigen Widerstand an. Sie wollen versuchen, die gefährdeten Singvögel mit Hilfe von Sirenen, Luftballons und Trillerpfeifen aus den Revieren der Jäger fernzuhalten. [...] In Gebieten der EG, wo Vogelfang und Vogelmord uralte Bräuche sind, werden Verstösse gegen das Fangverbot oft augenzwinkernd geduldet. (Vaterland 07.10.1989)

In der Deutschschweizer Berichterstattung erhalten die lateinischen Nachbarstaaten in Sachen Naturschutz durchs Band schlechtere Noten als Deutschland. Die hohe Akzeptanz, welche dem Umweltschutz in Deutschland zukommt, wird im letzten Zeitschnitt (1989) besonders augenfällig. Ob es sich nun um die in Bayern durchgeführte Alpenkonferenz handelt, wo der deutsche Bund für Umwelt und Naturschutz (BUND) durch die Vorlage eines eigenen, innovativen Programms Aufsehen erregt, um Umweltschutzmassnahmen im Luftverkehr oder um das Recycling von Batterien: Deutschland schneidet immer am besten ab:

Nun werden „Reisen um die Welt in 18 Tagen" mit der Concorde für knapp 30'000 Franken propagiert. 96 Passagiere rasen in „nur" 35 Flugstunden 42'000 km weit. [...] Die Reise braucht die unsinnige Menge von ca. 1 Million Liter Flugtreibstoff Kerosin, pro Passagier ca. 10'000 Liter. [...] Heute liegen Projekte vor mit der Forderung auf staatliche Finanzierung für noch schnellere und noch höher fliegende Überschall-Verkehrsflugzeuge, und zwar in den USA, Deutschland, Frankreich und Grossbritannien. *In den USA und Deutschland wurde seinerzeit zum Schutz der Umwelt auf den Bau von Überschall-Verkehrsflugzeugen verzichtet. Frankreich und England hingegen haben die Concorde mit Milliarden-Subventionen gefördert.* (National-Zeitung 12.10.1989)

Das Blei der ausgedienten Batterien wird in Europa zu 80 bis 85 Prozent rezykliert, wobei die Bundesrepublik Deutschland und auch die Schweiz auf nahezu 100 Prozent kommen. (NZZ 11.10.1989)

Höchstens in einem Bereich macht Frankreich Deutschland den Spitzenplatz bei den Umweltschutzbestrebungen streitig: Bei den Absprachen und Konventionen auf dem internationalen Parkett.

An der gestern Montag in Paris eröffneten Antarktis-Konferenz (vgl. BaZ von gestern) schlugen Australien und Frankreich vor, die Antarktis langfristig in ein Naturreservat zu verwandeln. Doch einige Teilnehmerstaaten haben ganz andere Interessen ... [...] Zusammen mit Australien wünscht Frankreich wenigstens ein Moratorium für die von privaten und staatlichen Mineralkonzernen gewünschte Erschliessung der Rohstoffe. Längerfristig soll die

Antarktis ein „Naturreservat" werden, bevor sie wie die übrigen Kontinente der Erde der Zerstörung und Verschmutzung zum Opfer gefallen ist. (National-Zeitung 09.10.1989)

Nicht nur in kriegsstrategischen Fragen, sondern auch im Umweltschutz kommt also die aussereuropäische Ausrichtung Frankreichs zum Tragen; so ist es wohl nicht ganz zufällig, dass gerade Frankreich zusammen mit Australien, Neuseeland, Argentinien, Chile, Norwegen und Grossbritannien territoriale Ansprüche auf die Antarktis erhebt.

6.2.4 Die Romandie in der Deutschschweizer Berichterstattung

Obschon die deutschsprachigen Journalisten über verschiedene Ausdrücke verfügen, um auf die französischsprachige Schweiz zu verweisen (Welschschweiz, Welschland, Romandie, Westschweiz, französische Schweiz), ist der Anteil der Aussagen, die auf diese Sprachregion als klar umgrenzte Einheit hinweisen, über alle Zeitschnitte hinweg sehr gering. Erst im letzten Zeitschnitt von 1989 steigt er deutlich an. Dies ist übrigens auch der Zeitschnitt, in dem zum ersten Mal der Referenzbegriff ‚Romandie' verwendet wird. Sehr beliebt ist hingegen die Bezeichnung ‚Westschweiz', was wohl auf den geographischen, und daher neutralen Charakter, und den häufigen Gebrauch in den Wetterberichten zurückzuführen ist.

Die Vermutung drängt sich also auf, dass die Bevölkerung der Romandie seitens der Deutschschweizer lange gar nicht als abgegrenzte und klar umrissene Einheit wahrgenommen wurde. In den ersten Zeitschnitten unseres Korpus fand einzig im Themenbereich „Kunst und Kultur" eine sprachlich motivierte Zuordnung statt. Dabei fällt auf, dass die französische Schweiz, wenn immer sie unter dem Blickwinkel der Landschaftsbetrachtung erscheint, als ästhetisch wertvolle, malerische Gegend beschrieben wird.

Von Edouard Vallet bringt uns die Ausstellung der Schweiz. Maler, Bildhauer und Architekten kein neues Bild. Die Wiege wie den Berg im Winter sahen wir jüngst in der *Kollektion der welschen Künstler*. (NZZ 22.11.1913)

Es ist ein wunderbares Stück Erde, das sich von den Bergen Savoyens und den Gestaden des Genfersees bis an die Ufer der Seen von Neuenburg und Murten erstreckt, eine sonnige Idylle: und doch, wie viel bedeutet dies kleine Gebiet für die Entwicklung des geistigen Lebens der Schweiz und ihrer mächtigen Nachbarvölker.

Hier berühren sich germanische und romanische Kultur. Hier wirkte Franz von Salis, hier schrieb Mme. de Staël, von hier zogen Rousseaus Ideen in die Welt und Pestalozzis Erziehungsgrundsätze wurden hier praktisch erprobt. Hier ist die Heimat bedeutender Dichter und Maler, ... (Vaterland 12.06.1925).

> *Westschweizer Heimatbücher.* [...] In der Buchreihe „Trésors de mon pays" (Edition du Griffon, Neuenburg) sind zwei Bilderhefte erschienen, die den *Besuchern des Welschlands wertvolle Hinweise für heimatkundliche Ausflüge* geben können. „La Neuveville" zeigt prächtige Aufnahmen aus dem Bielerseestädtchen Neuenstadt, das mit seinen mittelalterlichen Monumenten, seinen unberührt erhaltenen Strassenzügen, seinen Bürgerhäusern und Landgütern zu den *reizvollsten Kleinstadtbildern der französischen Schweiz* zählt. (NZZ 03.07.46)

Das gesellschaftliche Bewusstsein um die Existenz einer eigenen und homogenen französischsprachigen Kategorie begann sich erst von jenem Zeitpunkt an zu verfestigen, als die sprachliche Zugehörigkeit zu einer politisch relevanten Bestimmungsgrösse wurde. Die Idee des überkantonalen und auf der Basis der gemeinsamen Sprache definierten „Nationalismus" wurde nämlich erst relativ spät, Anfang der 70er Jahre, öffentlich diskutiert. Initiant und treibende Kraft dieser Bewegung war der damalige Generalsekretär des Rassemblement jurassien, Roland Béguelin: „Au début des années septante, l'idée d'un nationalisme romand est lancée par le secrétaire général du Rassemblement jurassien, Roland Béguelin. Le journal *Le Jura Libre*, organe du Rassemblement jurassien, préconise un drapeau romand. Cette suggestion est reprise par le quotidien radical *La Nouvelle Revue de Lausanne*. Selon cette logique, le groupe Bélier a proposé que le Conseil des Etats soit transformé en un *Conseil des groupes éthniques"* (André Donneur in: D.-L. Seiler et R. Knüsel, 1989: 31).

Der Wechsel vom künstlerisch-kulturellen hin zum politischen, wirtschaftlichen und gesellschaftlichen Interesse vollzieht sich in der deutschschweizerischen Berichterstattung mit überraschender Schnelligkeit: Schon im Zeitschnitt von 1979 macht sich ein Perspektivenwandel bemerkbar und im neunten Zeitschnitt (1989) werden die Westschweizer im Zusammenhang mit verschiedenen Umfragen wiederholt als speziell ausgewiesene „Kategorie" erwähnt. Die Veröffentlichung der Resultate aus der dritten Umfrage (zitiert aus dem „Vaterland") unterstreicht, dass sich die „Erkenntnis", wonach Deutschschweizer von Romands grundsätzlich verschieden seien, endgültig durchgesetzt hat.

> Im zweiten Teil der Studie wird das individuelle Energieverhalten von Mieterinnen und Mietern in Mehrfamilienhäusern analysiert. Soziologen und Theologen haben *in 57 städtischen Haushalten der Westschweiz* sogenannte Tiefeninterviews geführt, die auf drastische Weise zeigen, welch widersprüchlichen Einflüssen und Erwartungen die heutigen Konsumenten ausgesetzt sind. (National-Zeitung 07.10.1989)

> (sda) *Als die derzeit wichtigsten Probleme nennen die Schweizer Drogen, Umweltschutz und Asylantenfrage.* Dies geht aus einer von der Schweizerischen Kreditanstalt (SKA) in Auftrag gegebenen und in ihrem letzten Bulletin

publizierten Umfrage hervor. An der vom Meinungsforschungsinstitut Isopublic durchgeführten *Umfrage nahmen rund 1000 Personen aus der deutschen, der französischen und der italienischen Schweiz* teil. (NZZ 12.10.1989)

Schweizerinnen und Schweizer sind weder einem blinden Fortschrittsglauben verfallen, noch wollen sie beim technologischen Fortschritt zurückkrebsen: Die im Rahmen der Studie „Menschen, Arbeit und Gesellschaft" von der Schweizerischen Gesellschaft für Marketing (GfM) in Hergiswil Befragten stehen einer massvollen Entwicklung grundsätzlich positiv gegenüber. [...] Generell haben *Bewohnerinnen und Bewohner der Westschweiz die Technik allgemein, aber auch die Mikroelektronik positiver beurteilt.* Gerade bei der Lösung anstehender Probleme, wie etwa im Umweltschutzbereich, bauen *die Befragten in der Westschweiz bedeutend stärker auf die Mikroelektronik,* wird in der Studie weiter festgehalten. (Vaterland 13.10.1989)

Auf politisch-parlamentarischer Ebene scheiden sich im Zeitschnitt 1979 die deutschen und französischen Geister ob dem Vorschlag, in der Schweiz den eidgenössischen Buss- und Bettag zum autofreien Sonntag zu erklären. Nachdem sich die Mehrheit des (mehrheitlich mit Parlamentariern aus der Deutschschweiz besetzten) Nationalrates für die Einführung des autofreien Bettages ausgesprochen hatte, lehnte die (gleichenteils mit Deutschschweizern und Romands besetzte oder – je nach Informationsquelle – gar durch Übervertretung der Welschschweizer ausgezeichnete) vorberatende Kommission des Ständerates die Vorlage klar ab. Das Bild, das die Deutschschweizer von den französischsprachigen Eidgenossen haben, erfährt somit innerhalb einer relativ kurzen Zeitspanne eine deutliche Prägung. Verkürzt und etwas polemisch ausgedrückt entstand im Zeitraum von nur 10 Jahren in der Deutschschweiz das Bild des Romands als technikgläubigem und gegenüber der Natur gleichgültigem Autofanatiker.

Wie Ständerat Olivier Reverdin (GE, lib.) gestern vor der Presse erklärte, fand zwar das Anliegen innerhalb der Kommission Sympathien; die Mehrheit finde jedoch, dass ein Verbot kaum geeignet sei, den Bettag aufzuwerten. Wenn schon, hätte man einen andern Sonntag wählen sollen. *Besonders in der Westschweiz sei der Bettag heute nicht mehr von besonderer religiöser und patriotischer Beutung.* Zudem falle in Lausanne der Bettag mit dem Comptoir zusammen. (National-Zeitung 04.04.1979)

Hinzu kommt, dass dem Bettag nicht mehr gleiches Gewicht wie früher zugemessen wird. *In der Romandie würde,* nach Erklärung von Kommissionspräsident Reverdin aus Genf, *ein Autoverbot am Bettag als Affront empfunden.* Skepsis meldete sich in der Kommission nach seinen Erklärungen auch gegen die unklare Verbindung von Motiven des Umweltschutzes mit kirchlichen Anliegen.

Obwohl in die Beurteilung des ablehnenden Kommissionsentscheides einzubeziehen ist, *dass sich in diesem Gremium Romands und Deutschschweizer zahlenmässig die Waage hielten,* ist kaum daran zu zweifeln, dass der Ständerat dem Antrag der Kommissionsmehrheit folgen wird. (NZZ 04.04.1979)

Vor vier Wochen hatte der Nationalrat – entgegen dem Antrag seiner Kommission und der eher ablehnenden Haltung des Bundesrates – überraschend mit 75 gegen 53 Stimmen die Einführung des autofreien Bettages befürwortet. Die vorberatende Ständeratskommission, *die „aus unerfindlichen Gründen" (Präsident Reverdin) zur Mehrheit aus welschen Ständeherren bestand,* hat jedoch gestern nach kurzen Verhandlungen beschlossen, der Kleinen Kammer die Ablehnung der Ratsinitiative zu beantragen. [...] Kommissionspräsident Reverdin erinnerte gestern im Anschluss an die Sitzung an den Umstand, dass *vorab in der welschen Schweiz der Eidgenössische Bettag seine ursprüngliche religiöse Bedeutung verloren habe.* [...] Wäre *das Verbot ein Affront gegen die Welschen, die mancherorts den Bettag eher als Volksfest denn als Besinnungstag begehen?* Nach Auffassung der in der Kommission vertretenen Ständeherren aus der Westschweiz kann, wie gestern nach der Sitzung zu vernehmen war, von einem Affront nicht die Rede sein. Wenn sich dennoch die Mehrheit dagegen entschied, so offenbar aus Abneigung gegen staatlich verordnete Besinnung und auch aus „praktischen" Gründen. (Vaterland 04.04.1979)

Natur und Naturschutz in der Romandie

Wie im Falle Frankreichs sind landschaftliche Beschreibungen der Westschweiz zwar selten, fallen aber durchwegs positiv und zum Teil gar überschwenglich aus. Davon, dass die Deutschschweizer die gesamte Westschweiz vorgängig als Tourismusgebiet betrachten würden, kann hingegen nicht die Rede sein, sind es doch in erster Linie einzelne Gemeinden oder Städtchen, deren Besuch empfohlen wird.

Auch im Bereich Umweltschutz tritt die Westschweiz als Gesamtheit nicht in den Vordergrund. In den wenigen Artikeln, welche die Romandie ausdrücklich mit naturschützerischen Anliegen in Zusammenhang bringen, macht sich die Vorherrschaft der Deutschschweiz klar bemerkbar. So wird beispielsweise anlässlich der Erdölkatastrophe im Wallis (ZS 1967) berichtet, dass die ortsansässige Bevölkerung der Objektivität der Deutschschweizer Presse mehr Vertrauen entgegenbringe als den örtlichen Korrespondenten, die aufgrund persönlicher oder politischer Verflechtungen und Abhängigkeiten offenbar als befangen gelten:

Als Journalist aus der deutschen Schweiz wird man in Sitten und anderswo geradezu bestürmt, bei der Berichterstattung über die Katastrophe doch ja kein Blatt vor den Mund zu nehmen und mit deutlicher Kritik nicht zurückzuhalten. Oft ertönt der wohl nicht ganz zutreffende Vorwurf, die Walliser Presse versuche, die Sache zu verniedlichen. Auch die relativ späte offizielle Bekanntgabe des Unglücks wird da und dort heftig kritisiert, wobei gelegentlich sogar das Wort „Vertuschungsversuch" fällt. (NZZ 08.11.1967)

Neben anderen Hinweisen auf die zentrale Rolle der Deutschschweiz im Bereich Umweltschutz, so z. B. die Ankündigung der Übersetzung von umweltrelevanten deutschsprachigen Büchern ins Französische (vgl. National-Zeitung vom 30.03.1979), wird in bestimmten Artikeln die unkritische Haltung der Westschweiz gegenüber umweltschützerischen Themen direkt zur Sprache gebracht. Ob es ein Zufall ist, dass in unserem Beispiel wiederum das Wallis den Schwarzen Peter zugespielt bekommt, sei dahingestellt:

> Im Wallis ist von insgesamt sechs Projekten für Vergnügungsparks à la Disneyland oder Überbauungen mit gemischter Funktion die Rede, ähnliche Bauvorhaben sind auch in der nahen Waadt geplant. [...] Promotoren aller Art und Gattung haben bekanntlich eine Nase für „Rahmenbedingungen": Wo ist da Bauland günstig, die Industriezone gross genug, *der Staat entgegenkommend, die Gemeinden leicht zu überzeugen* und froh um jeden Arbeitsplatz, die Presse mit Farbseiten zur Stelle? Wo sind die Angestellten billig und willig, *die Opponenten klein an der Zahl und eh immer die gleichen, die Umweltorganisationen überlastet und verhandlungsbereit und eine Autobahn in der Nähe?* Und wo ist noch etwas werbeträchtige Landschaft vorhanden? Im Unterwallis natürlich! Der Jura wäre für die einen auch noch in Frage gekommen, doch die Autobahn ist noch nicht fertig. Das Greyerz wäre auch idyllisch genug, aber da hat es Konkurrenten, und das Industrieland wird teuer und knapp. *In der Innerschweiz und im Tessin blitzen die Tell-Paradise-Initianten ab.* (National-Zeitung 12.10.1989)

> Die notwendigen Bewilligungen sind vorhanden. Ob auch, nach neuem Recht, ein Umweltverträglichkeitsnachweis erforderlich ist, steht noch nicht fest, ist aber eher wahrscheinlich. Die Promotoren glauben, ihn nötigenfalls ohne Schwierigkeiten erbringen zu können. An der Pressekonferenz wurde bestätigt, dass *der WWF Wallis, der im Wallis bei Grossprojekten häufig als „Spielverderber" – oder in den Worten Couchepins als „Sicherheitsventil" – auftritt, trotz zweimaliger öffentlicher Auflage keinen Einspruch erhoben habe.* (NZZ 07.10.89)

Obwohl die Ausbeute an Artikeln, die sich ausdrücklich auf die frankophone Schweiz beziehen, relativ karg ist, bestätigt sie doch die zentrale Rolle der Deutschschweizer im Umweltschutz.

6.2.5 Italien – das Land deutscher Sehnsucht

Tritt Deutschland in unserer Sammlung als das „Land der Wissenschaftler und Techniker" in Erscheinung, so ist Italien das „Land der Kunst und der schönen, fruchtbaren Natur":

> Das *reizend gelegene Sorrent,* das Reiseziel so vieler Italienfahrer, sieht, von der *prächtigen Terrasse* aus betrachtet, wie enthauptet aus, denn fast alle Dächer sind abgedeckt und zertrümmert. Die Villengärten und Felder bieten ein trauriges Bild der Zerstörung. Die Vorderseite der Kirche scheint von

einem grossen Felsstück zertrümmert zu sein, sodass die Orgel vollständig blossgelegt wurde. Einen unersetzlichen Verlust hat der Bischofssitz durch die Vernichtung der *aus dem 15. Jahrhundert stammenden und eine Fronleichnamsprozession darstellenden Gemälde erlitten*, die den grossen Saal der Accademia di San Tommaso schmückten. (National-Zeitung 01.09.1904)

Da war *die Natur Italiens,* wo jede Last des Lebens sich leichter trägt, wo *der Duft der Blumen* und seine Poesie über Leiden des Körpers und der Seele hinweghebt.
Und die Kunst! (Vaterland 12.06.1925)

Auch Leidenschaftlichkeit wird den südlichen Nachbarn nachgesagt – wenn dabei auch gelegentlich Überheblichkeit und Spott ob der „heftig reagierenden" Italiener mitschwingt. Die nachfolgende Passage ist vor allem deshalb aufschlussreich, weil sie das deutsche Gefühl ausdrücklich mit dem italienischen vergleicht.

Der Titel lautet nun [...] Alpinismo acrobatico, aber die Sprache hat nichts von ihrem *glühenden, begeisterten Schwung* verloren. Deshalb liest sich der Originaltext vielleicht angenehmer als die Übersetzung, wo *vieles dem deutschen Gefühl als überschwenglich aufstösst.* [...] bei der Überwindung einer schweren Stelle durch den Führer „erdröhnt wie im Theater lebhaftes Händeklatschen zwischen den Wänden". Wie im Theater – der Ausdruck gilt für diese ganze Bergsteigerei mit ihrem Aufwand an Ausrufen und Geschrei (*italienische Bergsteiger klettern immer mit viel Geschrei!*) und nachherigen Ausbrüchen von Siegertollheit. Diese Geistesverfassung liegt vielleicht nicht jedem Leser; *wer sich aber südlichem Naturell verwandt fühlt,* dem wird das Buch hohen Genuss bieten. (Neue Zürcher Zeitung 10.6.1925)

Abgesehen davon, dass Italiens Einwohnern Temperament und Sinn für das Schöne zugeschrieben wird, findet Italien zudem als wichtigstes Exportland von Früchten und Gemüsen Einlass in die Artikelsammlung. In diesem Zusammenhang wird gerne auf seine gute Küche verwiesen: Italien, das Land der Gaumenfreude, der Schönheit und des Genusses.

Zudem verfügen wir heute wieder über *reiche Importe an frischen Früchten aus Italien,* auf die wir während der Kriegsjahre eben verzichten mussten. (NZZ 05.07.1946)

Die Zucchetti sind schon nicht mehr so jung und zart „wie einst im Mai", aber werden unseren Mittagstisch, zusammen mit den kommenden Tomaten, noch oft und gerne bereichern. *Nur sollte man dazu bei den Italienern in die Kochschule gehen, die verstehen das ...* (Vaterland 25.06.1958)

Italienischer Umweltschutz: Kein Herz für Tiere
Konnten wir feststellen, dass aus Sicht der Deutschschweizer Presse die Gangart im europäischen Umweltschutz vornehmlich durch Deutschland bestimmt wird, während Frankreich gewisse Verdienste im aussereuropäischen

Bereich zugeordnet werden, führt Italien ein Schattendasein: nicht ein einziger Artikel weist auf Umweltschutzaktivitäten in unserem südlichen Nachbarland hin. Im Gegenteil: gerade in bezug auf das strittige Thema „Tierschutz" wird Italien gleich von verschiedenen Seiten kritisiert.

> An den Stränden der französischen und italienischen Riviera werden seit Monaten fast täglich tote Delphine angeschwemmt, meistens schwer verstümmelt. Verantwortlich für das Massaker der Meeressäuger sind die steigende Wasserverschmutzung, aber vor allem *die umweltschädigenden und gegen die EG-Bestimmungen verstossenden Fangmethoden der italienischen Fischer*, die im Mittelmeer nicht wieder gutzumachende Schäden anrichten. [...] Die bis zu 35 Kilometer langen Schleppnetze, die vor der italienischen Küste zum Fang von Thunfischen oder Schwertfischen ausgelegt werden, sind wahre Todesfallen für die gesamte Fauna. [...] Alle Vorwürfe wurden *von den italienischen Fischern* bisher damit abgewiesen, dass es um ihre Existenzgrundlage gehe. Aber da sie sowohl gegen die Bestimmungen über die Maschengrösse der Netze verstossen wie verbotenerweise mit Dynamit arbeiten, hoffen die Umweltschützer jetzt auf eine Intervention der EG-Behörden. (Vaterland 12.10.1989)

Schon seit Beginn der schweizerischen Naturschutzbewegung steht es mit dem Image unseres südlichen Nachbarn nicht zum besten. Anlass der Empörung ist immer wieder die Jagd auf die diesseits der Alpen unter Schutz gestellten Singvögel.

6.2.6 Das Tessin – Italiens kleiner Bruder

Am Beispiel des aus Deutschschweizer Sicht unverantwortlichen Jagdverhaltens sieht man deutlich, wie wirksam die gemeinsame Hochsprache auf kultureller Ebene sein kann: nicht nur in Italien, auch im Tessin ist die Jagd auf Vögel und Wild lange Zeit eine gesellschaftlich anerkannte und historisch verwurzelte Tradition. Damit, dass „solch schändliches Tun" auch auf schweizerischem Boden stattfindet, kann und will man sich in der deutschen Schweiz jedoch nicht abfinden: In den ersten Zeitschnitten unseres Korpus treten die Deutschschweizer in den (Tages)Zeitungen und in den Naturschutzzeitschriften als Ankläger auf und prangern die barbarischen Sitten ihrer Miteidgenossen an. Die ganze Diskussion wird mit dem Selbstverständnis derjenigen geführt, die sich auf der Seite des Rechts wissen und sich deshalb moralisch und ethisch verpflichtet fühlen, im Namen der Schweiz gegen den ausscherenden Kanton vorzugehen. Wie die in diesem Zusammenhang häufig gebrauchten Bezeichnungen *Vogelmörder*, *Tiermörder* und *Jagdfrevler* schliesslich zeigen, sind die Vorwürfe geharnischt und stellen die Tessiner als genusssüchtige, egoistische Kriminelle dar.

Nicht nur das Tessiner Jagdverhalten gibt Anlass zu Beschwerden; auch die mangelhafte Abwasserreinigung, der fehlende Gewässerschutz und die nachlässige Abfallentsorgung werden von den Deutschschweizern öffentlich gerügt:

> In den letzten Wochen beschäftigten sich unsere Zeitungen ausgiebig mit dem *Gewässerschutz*, weil durch eine Verkettung unglücklicher Umstände Zürichs Trinkwasser zeitweise ungeniessbar gemacht worden war. Um so *abstossender muss es aber auf den Feriengast im Tessin* wirken, wenn er feststellen muss, dass dort die gesetzlichen Vorschriften zur Reinhaltung der Gewässer in vielen Kantonsgegenden überhaupt nicht beachtet werden.
>
> Von Bioggio führt eine schöne, landschaftlich sehr reizvolle Strasse über Bosco Luganese durch Kastanienwälder nach Cademario hinauf. Der Berghang ist von tiefen Schluchten durchzogen. Wehe aber, wenn man sich verleiten lässt, einen Blick in diese Schluchten und Einschnitte zu werfen, die von einem munteren Bergbach durchzogen werden! Da liegt *meterhoch der Unrat, Kartons, leere Flaschen, Deckel aus Blech und anderer Gerümpel [sic] wild durcheinander, so wie sie von der Strasse aus in den Abgrund geworfen wurden. Zuunterst im Tale befindet sich ein Rechen aus Metall, der wohl dazu dienen sollte, all diesen Mist aufzufangen.* Ich konnte jedoch feststellen, dass nach einem heftigen Gewitterregen ein Mann damit beschäftigt war, mittels einer Heugabel eben diesen Mist auf die andere, also untere Seite des schützenden Rechens zu befördern.
>
> Nach meinen Erkundigungen gibt es in diesen Gemeinden *keinen gemeinsamen öffentlichen Kehrichtverbrennungplatz*, sondern jedermann entledigt sich seines Mülls auf die einfachste Art, indem er ihn einfach über die nächste Böschung in das Bachtobel befördert! *Hat man höheren Orts im Kanton Tessin noch nie etwas vom Gewässerschutz gehört*, und will man dort freundeidgenössisch zusehen wie sich andere Kantone aus der *Affäre der verschmutzten Seen und Flüsse* ziehen, bevor man selbst zur Tat schreitet? Ob es dann nicht auch schon zu spät sein wird?
>
> Doch es gibt noch einen andern Grund, der einem den *Aufenthalt im Tessin leicht verleiden könnte.* Zurzeit ist dort die *Jagd* offen. Das heisst, dass sich jedermann für 5 Franken ein Jagdpatent erstehen kann, das ihm *erlaubt, fröhlich auf Vogeljagd* zu gehen, obschon die *Jagd auf Singvögel* in der ganzen Schweiz verboten ist. Trotzdem geht namentlich am Wochenende in Feld und Wald ein Geknalle los, dem *Singvögel zu Tausenden zum Opfer fallen*. Warum wird dieser *Vogelmord* geduldet?
>
> Unter den „Jägern", die mit der doppelläufigen Schrotflinte stolz im Land herumstreifen, befinden sich Burschen, die erst der Schule entwachsen sind und kaum jene Tugenden aufweisen dürften, ohne die ein Jäger zum blossen Tiermörder wird. Vielfach sind die Jäger von Hunden begleitet. Über das Los dieser „Jagdhunde" ist bereits einmal ausführlich berichtet worden. *Auch die Haltung dieser Tiere grenzt an einen Skandal.* Sie werden nämlich das Jahr hindurch in engen Pferchen gehalten, ohne genügenden Auslauf und ohne Pflege. Erst zur Jagdzeit werden sie dann hervorgeholt und zum Jagen

freigelassen. Was von solchen „Jagdhelfern" zu halten ist, wird jeder Hundeliebhaber und Tierfreund ohne weiteres verstehen.

Es ist zugegebenermassen schwer, einen im *Volk verwurzelten Brauch*, auch wenn es sich um einen *Missbrauch* handelt, auszumerzen, zumal wenn dieser ethnographisch mit dem Nachbarland verknüpft ist. Aber Gesetz bleibt Gesetz, und nach der Verfassung sind alle Staatsbürger und Einwohner unseres Landes vor dem Gesetze gleich. Dies verpflichtet sie, die Gesetze des Staates zu beachten und zu befolgen. *Der Vogelmord im Tessin ist ein Schlag ins Gesicht für jeden rechtdenkenden Schweizer.* Aber auch die im Tessin anwesenden Ausländer haben sich über diese *Unsitte* entsetzt und finden sie untragbar. G.A.W. (NZZ 03.11.1967)

Die Sonnenstube der Schweiz
In der Wahrnehmung durch die deutschschweizer Presse teilt das Tessin mit dem italienischen Nachbarn nicht nur die „üblen" Charakterzüge wie die Nachlässigkeit im Naturschutz und den Hang zur Barbarei an Tieren. Auch im Positiven stimmt die Vorstellung über das Tessin mit jener von Italien überein, so etwa in der Auffassung von der Südschweiz als Ort der Sonne und der schönen Landschaften (vgl. auch die feste Umschreibung ‚Sonnenstube der Schweiz'). Wie Italien gilt das Tessin als eigentliche Erholungs- und Tourismusregion. Neben den vor allem in der ersten Hälfte dieses Jahrhunderts auffällig häufigen und ausgedehnten Beschreibungen Tessiner Landschaftsbilder und Wandergebiete wird in unserer Artikelsammlung auch der Kunst und dem Brauchtum grosse Beachtung geschenkt.

Zu den angenehmen Ausflügen in Locarno gehört unstreitig eine Fahrt mit der Seilbahn nach „Madonna del Sasso", nach „Orselina" und „Monte Trinità". [...] Die von einem Klosterbruder vor Jahren kunstvoll geschnitzten biblischen Gruppen wurden renoviert und besser placiert, sie bilden mit eine Sehenswürdigkeit der „Madonna del Sasso". *Ein Blick von der grossen, nach Süden erbauten Galerie auf Locarno und der näheren und weiteren Umgebung des Langensees gehört zu einem der schönsten auf der weiten Welt*, besonders im Herbst, wo die Sonne schräg über den Tamaro ihre warmen Strahlen versendet. [...] Zu einem der schönsten Herbstausflüge von Lugano und Locarno gehört unstreitig eine Fahrt per Schiff oder Bahn nach „Capolago", der *romantisch gelegenen Ortschaft am Luganersee*, und von dort ein Besuch des Monte Salvatore mit der von der Station der Gotthardbahn kühn angelegten Bergbahn. Schon die Auffahrt in den bequemen Aussichtswagen ist ein *Hochgenuss*. An felsigen, mit Edelkastanien und Reben bewachsenen Abhängen windet sich die Bahn bis zur Bellavista, der ersten Haltestelle, 850 Meter empor, eine überaus *abwechslungsreiche, immer grossartiger werdende Fernsicht gewährend*. Wer das Glück hat, an einem klarblauen Herbsttage den Monte Generoso mit der Bahn zu besuchen, dem werden die dabei gewonnenen *Eindrücke unvergesslich sein*. [...] Das ist die Südschweiz im Herbst in ihrem unvergleichlichen Zauber und in ihrer Farbenpracht. (NZZ 17.11.1913)

Zum 25. Male jährt sich das Fest des kleinen, ebenso romantisch wie schön gelegenen Origliosees. Es ist eine stille, in sich selbst ruhende Gegend. In ihr betten sich die Dörfer Origlio am See, Sala Capriasca in der Höhe, Vaglia rechts daneben, Bigorio etwas oberhalb Salas, und Ponte Capriasca, ein, während hoch oben *am sonnigen Hang das Kloster Bigorio weit über die Landschaft hinschaut.* [...] Wer von auswärts kommt, lasse sich die Zeit nicht gereuen, das benachbarte Ponte Capriasca zu besuchen, denn dort ist das besterhaltene Abendmahlsbild, eine Kopie des berühmten Gemäldes Leonardo da Vincis, in der Ambrosiuskirche zu sehen, vermutlich von Francesco Melzi, einem berühmten Maler und intimen Freund von Leonardo da Vinci, herstammend. Im gleichen Dorf ist in der Kirche S. Rocco ein ebenfalls sehr wertvolles Bild, „Die Kreuzigung", zu bewundern. (National-Zeitung 04.07.46)

F.W. *An einem sonnigen Sommertag* gingen wir von Bogno, dem hintersten Dorf im Val Colla, auf einem Fusspfad die hügelige Höhe hinan, hinter der sich Certara verbirgt. So *duftig waren Luft und Licht des schönen Morgens*, dass sie uns eine Weite und eine Tiefe vortäuschten, die wir vom erhabenen Standpunkt aus, gewissermassen schwebenden Empfindens, mit dem Blicke staunend erfassten. Bogno kauerte am Hang unter uns, und die sanfte, grüne Garzirola lag behäbig langgestreckt im goldenen Vormittagslicht, etwas ferngerückt.[...] Die Hänge waren von Heuerinnen und Heuern belebt, das Dorf aber schien leer zu stehen. Nur der würzige Heuduft wohnte darin, und ein altes Haus von anziehenden Formen fiel uns auf. Zwei Fresken schmückten es, wovon eine die Madonna mit dem Jesuskind darstellt und in ihren *wohlerhaltenen Farben* uns an die Schule Giottos gemahnte. Zwar ist das Tessin eine Künstlerheimat par excellence gewesen: aber in solcher Abgeschiedenheit und auf über tausend Meter Höhe noch auf die Spuren verfeinerten Menschengeistes zu stossen, ist nicht alltäglich. [...] Es ist Tatsache, dass die übrigen grossen Täler, wie das Onsernone- oder das Maggiatal im allgemeinen bekannter sind als das hundert Täler umfassende Gebiet der Melezza, das Centovalli. Eine Fahrt oder eine Wanderung auf der Strasse nach dem Grenzort Camedo vermittelt wohl prächtige Einblicke in *die wildschöne Natur dieser Landschaft*, allein etwas ganz anderes ist es, wenn man an den Seitenhängen emporsteigt, um so den Horizont zu weiten, um zu Schönheiten zu gelangen, die man ohne diese Mühe nie erleben würde. (NZZ 05.07.46)

Auch das Tessin hat nun seine „Haute Route". Die achttägige Skiüberquerung der Tessiner Alpen von insgesamt 175 km Länge, die 1975 zum ersten Mal begangen wurde, hat sich sehr gut eingeführt und ist auch mit Markierungsstangen versehen worden. *Die Tour bietet sehr grosse landschaftliche Reize* und viel Abwechslung, ist jedoch nur erfahrenen und gut trainierten Skialpinisten zu empfehlen. (National-Zeitung 30.03.79)

Schliesslich teilt der Südkanton aus Sicht der Deutschschweizer Presse mit Italien auch den Ruf des reich ausgestatteten Früchte- und Gemüselieferanten, denn wie Italien erscheint auch das Tessin immer wieder im Zusammenhang mit Ernte- und Marktberichten.

Die wahrgenommenen Gemeinsamkeiten zwischen Italien und dem Tessin sind augenfällig. Einzig bei Artikeln, die sich mit nationalen Strassenbauprojekten und Fragen der Wasserkraftnutzung auseinandersetzen, d. h. bei Problemen nationaler Reichweite, werden dem Tessin als Gebirgskanton aus Deutschschweizer Perspektive Merkmale zugeordnet, die es nicht mit seinem Nachbarn im Süden teilt.

6.2.7 Eigenbild und Fremdbilder in den Deutschschweizer Zeitungen: Gesamtschau

Fassen wir die Hauptmerkmale der in den Deutschschweizer Zeitungen aufgefundenen Eigen- und Fremdbilder noch einmal kurz zusammen:

Das Eigenbild, wie es sich aus den kontextuellen Zusammenhängen der Wörter Deutschschweiz/Deutschschweizer eruieren lässt, ist insbesondere deshalb nicht sehr aufschlussreich, als sich die Deutschschweizer selber nicht oder nur ausnahmsweise als eine über die Sprache definierte Einheit auffassen. Dementsprechend selten bezeichnen sie sich als „Deutschschweizer". Trotz Abgrenzung und Eigenständigkeit gegenüber der sprachlich verwandten deutschen Nation können hinsichtlich des Naturschutzes einige Merkmale herausgearbeitet werden, die zeigen, wie eng sprachlich motivierte, kulturelle Zugehörigkeit verbindet: so stehen nicht bloss die wirtschaftlichen Ereignisse in eindeutigem Zusammenhang mit den Geschehnissen in Deutschland, auch die Auffassungen und Vorgehensweisen bei Fragen des Naturschutzes (namentlich die Bildung einer eigentlichen „Alternativkultur" im Zuge der Anti-Atom-Bewegung) zeigen die kulturelle Nähe.

In der kollektiven Vorstellung, wie sie in Deutschschweizer Zeitungsartikeln zum Vorschein kommt, sind es vor allem die Tessiner und die Italiener, die es in Sachen Natur- und Umweltschutz auf den rechten Weg zu bringen gilt. Dabei tragen der italienischsprachige Kanton und das gleichsprachige Ausland nicht nur in Sachen Jagdverhalten und Naturschutz dieselben Merkmale. Ob es sich nun um Schilderungen von Landschaft und Klima handelt, die den Süden mit dem Etikett der Erholungs- und Tourismusregion versehen, um das reiche Gemüse- und Früchteangebot oder um künstlerische Tätigkeiten: die deutschschweizerischen Berichterstatter machen zwischen Italien und dem Tessin keinen Unterschied.

Eher „neutral" wird dagegen die Romandie dargestellt. Es muss allerdings noch einmal unterstrichen werden, dass die französische Schweiz erst seit kurzem, d. h. erst ab den siebziger Jahren, als sprachlich definierte Einheit in den Deutschschweizer Medien auftaucht. Wie das Tessin mit Italien, teilt auch die Romandie mit Frankreich zahlreiche Merkmale. Erwähnt seien das erhöhte internationale Interesse, die aussereuropäische Ausrichtung in Sachen Tierschutz sowie die zurückhaltende Politik in der AKW-Frage, wobei auf den letzten Punkt im folgenden Kapitel noch näher eingegangen wird.

6.3 Die Zeitungen der Romandie

6.3.1 Frankreich aus Sicht der Romandie

Die Angaben über Frankreich, die den Zeitungen der Westschweiz entnommen werden, decken sich weitgehend mit jenen aus der Deutschschweizer Presse.

Bezeichnend an den Mitteilungen über Frankreich ist auch hier wiederum seine aussereuropäische Ausrichtung. Die engen Beziehungen zwischen Frankreich und dem aussereuropäischen Raum kommen schon Anfang des Jahrhunderts klar zum Vorschein und erstrecken sich über den gesamten untersuchten Zeitraum.

> Lettres d'un Botaniste en Extrême-Orient.
> L'institut botanique de Buitenzorg.
> [...] A partir de cet endroit, les plantations d'arbres s'étendent à gauche, ménageant cependant une belle pelouse devant la maison du directeur et un jardin de roses où, faible concession au goût banal du grand public, on cultive des roses, des canna multicolores et des plates-bandes rappelant à s'y méprendre *un parc à la française.* (Journal de Genève 29.08.1904)

> Hier lundi, une communication a été faite à l'Académie des sciences à Paris, *sur les expériences des recherches de sources exécutées en Tunisie,* en bordure des routes numéro 38 d'Enfidaville à Kairouan et numéro 3 d'Enfidaville et Zaghouan. Ces expériences ont été faites par M. Landesque, conducteur des ponts et chaussées, et *contrôlées par des ingénieurs des ponts et chaussées de France.* (La Liberté 18.11.1913)

> *Au Brésil* [...] Le soleil est ardent, même par cette journée d'hiver.
> Nous voici engagés dans un chemin étroit. *Un grand Christ, fondu en France,* est placé à l'entrée de la propriété, qui se développe devant nous, sur une étendue de plus de cinquante mille hectares.[...] Voici les écuries des bovidés. Par centaines, les bêtes s'alignent devant les crèches. *De magnifiques taureaux, achetés en France et en Angleterre*, occupent les premières places et attirent l'attention du visiteur, dès qu'il a franchi la porte d'entrée. [...] A proximité du bois, s'ébatent les poulinières et leurs poulains. *Ce sont des bêtes de grand prix, venues bien souvent de France.* (Feuille d'avis de Lausanne 08.06.1925)

> L'Europe a tout à y gagner. *Le Brésil*, qui ne sait encore que faire de sa jeune puissance, ne peut limiter son destin à l'Amérique du Sud et il est plus étroitement rattaché à l'Europe, en particulier au Portugal, qu'à l'Amérique, par la communauté d'origine, et *à la France par l'influence de sa littérature, de ses arts, de ses modes.* (Feuille d'avis de Lausanne 28.07.1958)

Voici tantôt quatre ans, *la France lançait une grande action en faveur de ses départements d'Outre-mer: les Antilles.* Le succès en fut rapide, car l'archipel des Caraïbes se révélait idéal pour accueillir les touristes à la recherche de nouveaux horizons. (Journal de Genève 30.03.1979)

Natur- und Umweltschutz in Frankreich
Die internationale Ausrichtung der Romandie in politischen und wirtschaftlichen Bereichen lässt sich auch im Rahmen des Naturschutzes nachzeichnen. So ist es nicht untypisch, wenn die „Union internationale pour la Protection de la Nature" (ab 1957: „Union internationale pour la conservation de la nature et de ses ressources") am 5. Oktober 1948 im französischen Fontainebleau gegründet wird: Als Präsident wird der Genfer Charles J. Bernard gewählt, die zwei Vizepräsidenten stammen aus Frankreich und den USA, Sitz der Union wird Brüssel.

Fontainebleau – le 5 octobre 1948 – : l'Union Internationale pour la Protection de la Nature est fondée par la volonté de 130 délégués qui représentent 18 Gouvernements, 108 institutions nationales et 7 organisations internationales. La Conférence constitutive est organisée à l'initiative de la Ligue Suisse pour la Protection de la Nature – elle est convoquée sous les auspices du Gouvernement français et de l'UNESCO et se déroule dans le cadre somptueux du château de Fontainebleu. (Union internationale pour la conservation de la nature et de ses ressources, 1958: 3)

Auch in der neueren Zeit bestätigt sich das Merkmal „Internationalität" immer wieder. Während sich die französischen Bestrebungen hauptsächlich auf den Schutz der Tierwelt in aussereuropäischen Gebieten (Antarktis und Afrika) konzentrieren, überlässt man zentraleuropäische Anliegen wie das des Alpenschutzes (vgl. Alpenkonferenz in Berchtesgaden) offenbar weitgehend der deutschen Sprachgemeinschaft.

La France a appuyé lundi l'appel des organisations de défense de l'environnement pour la création d'un Parc mondial en Antarctique afin de protéger son environnement menacé, mais la question de l'interdiction de l'exploitation minière sur ce continent reste encore à résoudre selon les mouvements écologistes. [...] Selon le Premier ministre, „les découvertes faites en Antarctique sur les changements globaux qui affectent la planète ont apporté une contribution décisive au savoir". (Journal de Genève 10.10.1989)

La protection de l'environnement fragile du „continent blanc" sera au centre de la 15e Conférence consultative du Traité de l'Antarctique qui réunit à partir de lundi à Paris les 39 pays signataires de ce traité. La France et l'Australie proposeront à leurs partenaires de tenir en 1990 une conférence extraordinaire chargée de négocier une „convention globale de protection de l'environnement qui ferait de l'Antarctique une réserve naturelle", a indiqué Jean-Pierre Puissochet, directeur au ministère des Affaires étrangères, qui dirigera la délégation française. (Feuille d'avis de Lausanne 07.10.1989)

> (ATS). – Le secrétaire d'Etat français à l'Environnement Brice Lalonde a proposé mardi à Lausanne la prochaine tenue d'une conférence internationale de bailleurs de fonds, afin de financer *des mesures concrètes pour la protection des éléphants d'Afrique.* Cette proposition est soutenue par la CE, a précisé Brice Lalonde devant l'assemblée générale à Lausanne de la Conférence sur le commerce international des espèces menacées (CITES). (Journal de Genève 11.10.1989)

Wie steht es nun aber um die Natur und den Naturschutz in Frankreich selbst? Es scheint fast so, als ob die Bemühungen auf dem internationalen Parkett von regionalem oder nationalem Engagement entbinden könnten: der Ausdruck ‚France' wird nämlich weder im Zusammenhang mit natürlicher Schönheit, noch in Verbindung mit dem Naturschutz erwähnt. Frankreich evoziert als Ganzes bei den Romands also keine Vorstellungen von schöner Natur, Erholung oder nationalem Umweltschutz.

Die Atommacht Frankreich

Die Vormacht Frankreichs bei der Atomwaffenproduktion tritt in den französischsprachigen Zeitungen so deutlich zutage, dass wir einzelne wichtige Phasen im Atomdiskurs bloss andeuten können. Aufschlussreich ist etwa die Beobachtung, dass schon seit Beginn der Atom-Ära, d. h. seit den ersten atomaren Versuchen auf Bikini, der öffentliche Diskurs in der Romandie durch die französischen Medien geprägt ist. Obschon es sich dabei um amerikanische Tests handelte und die deutschschweizerische Berichterstattung vor allem auf Übersetzungsarbeiten amerikanischer Verlautbarungen basierte, übernahmen die Westschweizer Medien die Meldungen direkt von Frankreich, insbesondere von Agence France Presse und vom französischen Radio.

> De New-York . (A.F.P.) – La bombe atomique a été lancée à 22 heures, soit 23 heures suisses.
>
> En revanche, un de nos fidèles lecteurs, qui *d'une émission spéciale de la radio française,* retransmettant une émission américaine: [...]. (Feuille d'avis de Lausanne 01.07.1946)
>
> *La Radiodiffusion française avait organisé* hier, un service de retransmission des reportages américains sur l'expérience de Bikini. Il s'agissait surtout de faire entendre distinctement en Europe le bruit de l'explosion.
>
> Voici, résumées, les conclusions *du speaker français.* (Feuille d'avis de Lausanne 01.07.1946)

Seit den ersten Atombombenversuchen verstreicht schliesslich kein Zeitschnitt, in dem Frankreich nicht mindestens einmal im Zusammenhang mit der Nukleartechnologie erwähnt würde. So verfolgt die Westschweizer Presse mit grosser Aufmerksamkeit das Verhalten der französischen Regierung im Hinblick auf die erste Abrüstungskonferenz in Genf (Juni 1958), berichtet in derselben Woche über einen geplanten Atombombenversuch Frankreichs in der Sahara, informiert im Zeitschnitt danach (November 1967) ausführlich über den Besuch de Gaulles in den französischen Nuklear-Strategiezentren und über deren Atomwaffenarsenal, erschreckt im nächsten Zeitschnitt, im Zusammenhang mit dem AKW-Unfall in Harrisburg, die Leser mit der Meldung über vertuschte AKW-Unfälle in Frankreich (März 1979) und berichtet schliesslich im letzten Zeitschnitt (Oktober 1989) ausführlich über die technische und politische Tragweite der Endlagerung von Atommüll im französischen Nachbarland.

6.3.2 Das Eigenbild der Romandie: Zwischen Anpassung und Widerstand

Die These, wonach sprachlich-kulturelle Bande in der Romandie und Frankreich zu ähnlichen Haltungen führen, wird durch das frankophone Merkmal der „Internationalität" deutlich bestätigt. Besser noch als Zitate aus unserer Artikelsammlung vermögen dies die jüngsten Abstimmungsresultate (EWR-Abstimmung, UNO-Beitritt, Lex Friedrich) und die damit einhergehende Diskussion um den „Röstigraben" zu illustrieren. Trotz weitgehender Übereinstimmungen mit dem gleichsprachigen Ausland scheint sich aber die Romandie nicht in allen Merkmalen den kulturellen Vorgaben Frankreichs anzupassen.

Etwas komplizierter stellt sich nämlich die kulturelle Verbindung zum französischen Nachbarn im Hinblick auf die Atomtechnologie dar: hier scheint die Romandie nämlich eine Art Mittelposition zwischen der deutschen und der französischen Sicht einzunehmen.

Während in Deutschland und in der Deutschschweiz die Anti-AKW-Bewegung zur eigentlichen sozialutopischen Subkultur heranwächst, die sich in die unterschiedlichsten Diskurse (vom Strassenbau über den Pazifismus bis zum Recht auf Abtreibung) einschaltet, bleibt die Protestbewegung in Frankreich und auch in der Romandie auf die Thematik der (Kern)Energie beschränkt. Am Beispiel der Protestkundgebungen von Kaiseraugst und insbesondere im folgenden Artikel tritt der Unterschied deutlich hervor: Zwar werden die Kundgebungen von Kaiseraugst nicht ausdrücklich als „innere Angelegenheit" der Deutschschweiz betrachtet. Doch zeigt sich im zweiten Abschnitt, dass sich die Romands selber nicht zu dem in Kaiseraugst manifestierenden Personenkreis rechnen und auf eigenem Wege (via Communiqué) und in Abgrenzung zu den Geschehnissen in Kaiseraugst *(d'autre part)* ihren Unwillen zum Ausdruck bringen:

> Kaiseraugst (ATS) – Une manifestation a eu lieu samedi et dimanche à Kaiseraugst sur le chantier de la centrale nucléaire. Organisée par le Groupe d'action non violent contre la centrale nucléaire de Kaiseraugst (GADAK) [sic] avec le soutien d'autres mouvements anti-nucléaires, elle a rassemblé 150 personnes selon les estimations de la police et 300 personnes selon les organisateurs.
>
> A cette occasion, une résolution a été adoptée par les participants qui demandent que „la décision soit prise d'abandonner définitivement la construction de la centrale de Kaiseraugst, le récent accident nucléaire de Pennsylvanie confirmant de façon tragique les thèses des mouvements anti-nucléaires". Dans la même résolution, les participants déclarent „ne pas se faire d'illusions au sujet de la loi révisée sur l'énergie atomique, soumise en votation fédérale le 20 mai prochain, la nouvelle législation permettant comme la précédente la construction des centrales de Verbois, de Graben et de Kaiseraugst."
>
> *Réunis ce week-end à Vaumarcus, d'autre part, les groupes antinucléaires romands déclarent dans un communiqué* avoir suivi avec indignation et consternation les derniers déroulements de la catastrophe de Three Mile Island aux Etats-Unis. Cet accident faisant suite à de nombreuses alertes graves et, entre autres, à la récente fermeture aux Etats-Unis de cinq centrales pour raison de sécurité ne fait malheureusement que confirmer leur craintes concernant la sécurité du nucléaire, indiquent-ils encore. (Journal de Genève 03.04.1979)

Dem Bild des Deutschschweizers vom gleichgültig-nachlässigen Romand, das aufgrund fehlender Meldungen in der Deutschschweizer Presse hat entstehen können, muss also vehement entgegnet werden. Es ist einzig die Art und Weise der Berichterstattung, die sich je nach sprachlicher Zugehörigkeit ändert, und nicht das Interesse als solches.

Gerade im Zusammenhang mit dem Unfall im AKW von Three Mile Island werden in der Westschweizer Presse Befürchtungen darüber laut, dass es mit der Sicherheit der Anlagen in den benachbarten Staaten nicht zum besten stehe; der Unterschied zum eher beruhigenden Tenor der französischen Verlautbarung in der National-Zeitung vom 2.4.1979 (*Obwohl kein Land mit Atomkraftwerken hundertprozentig gegen ähnliche Störungen gefeit sei, seien die in Frankreich errichteten Nuklearanlagen weniger anfällig für Pannen, hiess es*) ist augenfällig:

> Centrale de Three Mile Island: toujours l'incertitude. [...] De son côté, *l'Association pour l'appel de Genève* attire l'attention du public et des autorités sur les dangers beaucoup plus considérables que provoquerait un accident dans un surérgénérateur [sic] du type de ceux de *Crey-Malville en France et de Kalkar en RFA.* (Feuille d'avis de Lausanne 2.4.1979)

Insbesondere der Schnelle Brüter von Crey-Malville sorgt in der Romandie immer wieder für Beunruhigung – hatte doch ein Jahr vor unserem letzten

Zeitschnitt (1988) eine Gruppe von Experten das Kraftwerksgelände besucht, dort unhaltbare Zustände angetroffen und die „Basteleien" und fehlenden Sicherheitsvorkehrungen bemängelt (Rey, 1995: 159 ff.). Erst am 2. Februar 1998 beschliesst ein Kabinettsausschuss unter der Leitung des französischen Premierministers Jospin, den umstrittenen, bereits seit Dezember 1996 stillstehenden Brutreaktor definitiv zu schliessen. In der Atomfrage nimmt also die Romandie eine deutlich kritischere Haltung ein als der „grosse Bruder" Frankreich – was in der Deutschschweiz, wo den frankophonen Miteidgenossen gerne ein Hang zu blindem Technikglauben und zu Energieverschwendung unterstellt wird, nicht immer Beachtung findet.

Frühe Bestrebungen um einen eigenen Standpunkt der Romandie:
Das Beispiel des Alpenclubs

Dass die Romandie zum französischen Nachbarland eine enge Beziehung unterhält und gelegentlich Mühe bekundet, innerhalb der deutschsprachig geprägten Nationalkultur eine eigenständige Sichtweise zu behaupten, lässt sich auch anhand einer wesentlich älteren Diskussion aufzeigen und untermauern.

Anlässlich des 50-jährigen Jubiläums der Sektion Les Diablerets im November 1913 rollen verschiedene Festredner die Entstehungsgeschichte des Schweizerischen Alpen Clubs (SAC) auf. Während die ursprünglich aus England stammende Bewegung in Österreich und in der deutschen Schweiz auf grosses Interesse stösst, tun sich die Romands anfänglich schwer damit. Die englische Idee wird als „fremd" zurückgewiesen und die von Dr. Simler gehegte Absicht, einen schweizerischen Alpenklub zu gründen, von vielen Romands als simples „Nachäffen" fremder und mit der hiesigen Kultur unverträglicher Ideen verworfen.

> „Les anglais, déclare M. Faës, avaient crée le premier Club alpin en 1857, exemple bientôt suivi par les Autrichiens en 1862. Cette même année, le Dr. Th. Simler, professeur de chimie et de géologie à l'Université de Berne, résolut de créer un Club alpin suisse. [...] Aussitôt les adhésions parviennent nombreuses, de Bâle, de St-Gall, de Glaris, de Zurich. *La Suisse romande se tient davantage sur la réserve.* [...] „Il n'est pas sans intérêt de connaître les sentiments professés à l'époque, dans la Suisse romande, au sujet du jeune Club alpin suisse. A Lausanne, se manifestèrent tout d'abord deux courants d'opinions diamétralement opposées. M. Morlot, professeur de géologie, et M. Louis Dufour, le distingué professeur de physique à l'Académie, personnifiaient les courants contraires. M. Moriot était franchement opposé à l'idée de créer un Club alpin suisse. Il dit, dans sa réponse à la circulaire du Dr. Simler: *„Il n'est pas digne de nous de vouloir singer les Anglais. Nous sommes des êtres complètement différents. C'est pourquoi il nous faut quelque chose d'autre, quelque chose de mieux.* Comme je connais le terrain lausannois, c'est, à mon avis, tout à fait inutile de vouloir faire une tentative

de votre sens. Parlez aux gens d'ici de missions, d'histoire biblique, de plaque tournantes, de magnétisme animal, alors vous rencontrerez de la sympathie. (Feuille d'avis de Lausanne 17.11.1913)

Im gleichen Zusammenhang tritt aber interessanterweise neben der Besinnung auf das Eigene, spezifisch Welsche, auch ein Konflikt zwischen schweizerischer Frankophonie und Frankreich zutage: Nachdem der Redner die Gründung des Alpenklubs abgehandelt und die Waadtländer Alpen als Sinnbild für die Zugehörigkeit zur Schweiz besungen hat, stellt er sich die Frage, ob der literarische Ausdruck der französischschweizerischen Alpendichter den von Frankreich vorgegebenen sprachlichen Massstäben genüge, oder ob man sich des „Schweizerfranzösisch" im Nachbarland nicht doch eher schämen müsse:

> Les Alpes vaudoises ont été le terrain d'élection de nos poètes, tels que Monneron, Durand, Juste Olivier, Rambert, Favrat, Warnery.
>
> „Gryon le haut village, Pont de Nant, les Ormonts, Anzeidaz, Taveyannaz, vous êtes, pour nous, des lieux sacrés. Les syllabes chantantes de vos noms bien romands sonnent à nos oreilles avec des inflexions qui nous sont particulièrement chères. Vous n'êtes pas couronnés de gloire, mais vous êtes chéris, comme l'image même de la Patrie. *Vous nous reliez à la Suisse*, „terre des monts"; vous nous avez enseigné que ce pays peut encore grandir, „mais du côté du ciel". Vous nous avez appris à vivre „de notre vie". „Assez longtemps esclaves", *nous sommes maintenant*, ou nous devrions être, *libérés de tous les jougs ... y compris celui du dictionnaire de l'Académie française.*
>
> „Mais voilà: En notre qualité de peuple latin, *nous restons soumis à l'empire des mots; nous avons peur d'écrire mal et d'être pris pour des provinciaux*; les jeunes maîtres de nos collègues classiques veillent: Rambert est suspect, Juste Olivier est condamné: „Nos écrivains – je cite textuellement – ne possèdent pas à un degré éminent les qualités littéraires que nous devons développer et ont les défauts que nous blâmons. Ils ne doivent donc pas être utilisés comme moyen d'enseignement littéraire". (Feuille d'avis de Lausanne 17.11.1913)

Die Romandie sieht sich also seit jeher immer wieder zwischen Frankreich und Deutschland/Deutschschweiz hin- und hergerissen. Einerseits steht sie sprachlich und kulturell stark unter dem Einfluss Frankreichs (Stichwort „Internationalität" und „Technophilie"), bildet andererseits politisch und gesellschaftlich einen unabhängigen Teil eines föderalistisch organisierten Staatengebildes, das seinerseits von der deutschen Hochkultur dominiert ist. So gilt es, sich gegen zwei Seiten abzugrenzen, wobei der Druck und die Auswirkungen des inner-schweizerischen Machtverhältnisses natürlich viel unmittelbarer spürbar sind als allfällige Beeinflussungen durch Frankreich. Und: im Gegensatz zur Deutschschweiz, in deren historischem Gedächtnis Deutschland als aggressive und potentiell gefährliche Macht verankert ist, unterhält die Romandie ein bedeutend entspannteres Verhältnis zu Frankreich.

Die Selbstdefinition der Romandie
Mit der Analyse der kontextuellen Einbettung und Verwendung des Ausdrucks ‚Romandie' als Eigennamen lässt sich die Entwicklung und Verschärfung des deutsch-welschen Konfliktes nachzeichnen. Das Spezielle an der Sache ist nämlich, dass es „die Romandie" (wie auch „die Deutschschweiz") als geographisch oder politisch klar umrissenes Gebiet eigentlich gar nicht gibt; vielmehr handelt es sich um eine Sprachgemeinschaft innerhalb der Schweizer Landesgrenzen, die zum Teil – etwa im Falle der Kantone Wallis, Fribourg und Bern – quer zu den offiziell definierten Gebietskörperschaften liegt (vgl. auch den Buchtitel „La Romandie n'existe pas" (Pichard, 1978)).

Vom historischen Gesichtspunkt betrachtet, drehten sich politologisch-staatskundliche Auseinandersetzungen während des 19. und frühen 20. Jahrhunderts vorwiegend um die Schweiz als ganze. „La Suisse romande n'existe qu'en tant que région où l'on parle français" (David Lasserre, 1950, nach Stauffer, 1996: 8). Zwar begünstigte die Zeit der helvetischen Republik (1789–1803) Ansätze zu einem französischschweizerischen Nationalgefühl; indes entstand kein eigentlicher „Block" der Romandie. Während die Ereignisse im Ersten Weltkrieg das Verhältnis zwischen Romandie und Deutschschweiz bis zum Äussersten strapazierten, wirkte im Zweiten Weltkrieg General Henri Guisan als gesamtschweizerische Integrationsfigur. Aus Sicht Stauffers (ebd.: 9) entwickelte sich daraus ein so starkes gesamtschweizerisches Zusammengehörigkeitsgefühl, dass die Bemühungen der Jurassier um einen eigenen Kanton in den übrigen Kantonen der frankophonen Schweiz gar nicht recht verstanden wurden.

Perregaux (1996) zeigt auf, dass der Name ‚Romandie' immer dann verwendet wurde, wenn eine gewisse Distanz zur Schweiz und namentlich zur deutschen Schweiz zum Ausdruck gebracht werden sollte. Der Ausdruck ‚Romandie' und das mit ihm verbundene Nationalgefühl wurde vor allem durch Nationalisten des rechten Spektrums wie etwa René-Louis Piachaud, einem Bewunderer Mussolinis, oder Alexandre Cingria, der gar von einer „race romande" träumte, propagiert (Perregaux, 1996: 11). „Le nom de ‚Romandie' [...] provient des milieux de droite, d'extrême droite, partisans de la latinité, des frontières médiévales; et de tout ce que le fascisme mussolinien a pu inspirer de fascination en Suisse Romande" (ebd.).

Dennoch beginnt der Ausdruck, langsam Fuss zu fassen. 1947 wird im Radsport die „Tour de Romandie" gegründet – und 1981 wird der Ausdruck ‚Romandie' auf das separatistische Banner der Jurassier geschrieben: „Le Mouvement romand de Roland Béguelin, en Suisse alémanique, devient la

„Romandie-Bewegung". Il est, depuis, utilisé massivement en suisse allemand comme synonyme inodore et incolore de la Suisse romande, ou française. [...] La fortune du mot n'est pas moins grande en Suisse romande, malgré les alertes qu'il devrait susciter" (Perregaux, 1996: 11).

Sprachwissenschaftlich betrachtet, taucht der Ausdruck ‚romand' offiziell zum ersten Mal 1983 auf – und zwar im Duden, der sich mit den schweizerischen Sonderausdrücken auseinandersetzt. Mit der Erwähnung dieses Ausdruckes in der Ausgabe von 1996 des Petit Larousse zieht die frankophone Sprachgemeinschaft nach.

Das sprachgeschichtliche Auf und Ab in der Verwendung des Ausdruckes ‚Romandie' spiegelt sich auch in unserem Korpus. Zwar wird der Ausdruck im ganzen Korpus als geografischer Regionsname wie als sprachlich begründete Referenzbezeichnung verwendet. Im Lauf der Zeit lässt sich jedoch nicht nur eine Inflation des Gebrauchs ausmachen. Zunehmend ist auch die Tendenz, die „Romandie" der „Suisse alémanique" als Oppositionsbegriff im selben Kontext gegenüberzustellen.

Der Ausdruck taucht in unserem Korpus im zweiten Zeitschnitt (1913) das erste Mal auf, und zwar im bereits teilweise zitierten Artikel zum 50-jährigen Jubiläum der Sektion „Les Diablerets" des Schweizerischen Alpen Clubs (SAC). Im Zusammenhang mit den abgedruckten Festreden geht es vorwiegend darum, das spezifisch Eigene und Einmalige des gefeierten Ereignisses hervorzuheben. Dieses Eigene wird zum einen mit der historischen Entwicklung begründet (*La Suisse romande se tient davantage sur la réserve; Il n'est pas sans intérêt de connnaître les sentiments professés à l'époque, dans la Suisse romande*), zum anderen am Sinnbild des „eigenen Alpenkamms" verdeutlicht und mit der für Lobreden typischen Emphase unterstrichen:

> Les Alpes vaudoises, dit-il, font partie des Alpes suisses, et je me garde de les en séparer. Elles s'en distinguent cependant, parce qu'elles sont *essentiellement romandes*. [...] Gryon le haut village, Pont de Nant, [...] vous êtes, pour nous, des lieux sacrés. Les syllabes chantantes de *vos noms bien romands* sonnent à nos oreilles avec des inflexions qui nous sont particulièrement chères. Vous n'êtes pas couronnées de gloire, mais vous êtes chéris, comme l'image même de la Patrie. Vous nous reliez à la Suisse, „terre des monts" [...] L'orateur montre ensuite la grande place que *le beau pays romand, terre de liberté*, occupe dans la littérature. (Feuille d'avis de Lausanne 17.11.1913)

In den folgenden Zeitschnitten taucht die Bezeichnung wiederum nur vereinzelt auf. Sie verweist dabei auf Verschiedenes: auf ein (vermeintlich) geografisch umschriebenes Gebiet, auf die frankophone Schweizer Bevölkerung (was wohl als kohärentester Sinngehalt gelten darf) und gar auf eine politische Kategorie *(cantons romands)*. Wir haben es also mit einem Begriff zu tun, dessen Inhalt zwar schwer zu definieren ist und der im Gebrauch die unterschiedlichsten Bedeutungen annehmen kann (geographisch, sprachlich oder politisch), bei dem jedoch jeder Gesprächsteilnehmer weiss, was damit gemeint ist.

Ab dem achten Zeitschnitt (1979) macht sich allmählich eine Veränderung der kontextuellen Einbettung des Wortes bemerkbar. Nun wird es gerne als Oppositions- und Abgrenzungsbegriff gegenüber dem Rest der Schweiz oder gegenüber der Suisse alémanique verwendet. (Siehe dazu insbesondere die bereits erwähnte politische Idee der sprachlich motivierten Staatsorganisation von Roland Béguelin, Kapitel 6.2.4). Der Hauptunterschied zu den vorhergehenden Verwendungsweisen des Ausdruckes liegt darin, dass der Restschweiz immer häufiger die Rolle des Vergleichs- oder gar des Gegenpartes zugewiesen wird.

L'agence de voyages Resatour, installée à Genève et à Lausanne, s'est spécialisée dans le transport et le séjour des touristes aux Antilles, où sont, déjà allés, par son truchement, *plus de 7500 Suisses, des Romands en majorité*, durant ces trois dernières années. (Journal de Genève 30.03.1979)

Composée essentiellement de Romands, la commission est d'avis qu'il n'est pas opportun de lier la célébration d'une fête religieuse, comme le Jeûne fédéral, à une interdiction destinée à marquer une plus grande indépendance à l'égard de l'automobile. [...] Cela dit, les députés romands, en réponse à une question posée, ont affirmé qu'*une telle interdiction ne saurait être ressentie comme un „affront" dans leurs cantons*, que le Jeûne fédéral – sauf à Fribourg peut-être – n'a plus une signification bien profonde. (Feuille d'avis de Lausanne 04.04.1979)

Mais, l'an dernier, *on a constaté, notamment en Suisse orientale et en Suisse centrale* que ce même virus s'attaquait aussi – fait inconnu jusqu'alors – aux voies respiratoires des bovidés. [...] Cette mesure sera d'ailleurs ratifiée sous peu par les autorités fédérales avec effet rétroactif, et suffira, pense-t-on, pour entrayer la progression de la nouvelle maladie et *épargner le cheptel de la Suisse romande*. (La Liberté 01.04.1979)

Votations finales aux Chambres. Article sur l'énergie contesté. [...] Le Parti socialiste avait opté pour l'abstention. Mais la discussion interne avait été vive, *les Alémaniques penchant plutôt pour le non, les Romands pour le oui*. (Feuille d'avis de Lausanne 07.10.1989)

Le Zorro des éléphants. [...] *Venus de toute la Suisse romande et, pour quelques-uns, de Suisse allemande,* ils ont brandi pancartes et effigies pour inciter les délégués à la CITES réunis en congrès à mettre tout en oeuvre pour protéger les pachydermes massacrés pour leurs défenses. (Feuille d'avis de Lausanne 12.11.1989)

Avec un peu de retard sur la Suisse alémanique, la Suisse romande connaît présentement une véritable vogue de parcs de loisirs ou d'attractions, aquatiques ou „à thème". (La Liberté 07.10.1989)

Die sprachliche Dominanz der Deutschschweiz
Zwar schlägt sich der kulturelle Graben zwischen Deutschschweiz und Romandie in den frankophonen Zeitungen erst in jüngerer Zeit, nach den Jura-Unruhen, nieder. Indessen bietet aus Sicht der Romandie das Eindringen der deutschen Sprache in den frankophonen Diskurs während der gesamten untersuchten Zeitspanne Gesprächsstoff: Dass im Zusammenhang mit öffentlichen Vorträgen, Versammlungen, Buchpublikationen usw. oft auf die jeweils verwendete(n) Sprache(n) eingegangen wird, zeigt auf, wie problematisch die Dominanz der deutschen Sprache für die französischsprachigen Miteidgenossen ist.

> L'établissement fédéral d'essais pour l'arboriculture, la viticulture et l'horticulture, à Waedenswil, organise, du 15 au 20 décembre prochain, un cours sur le traitement des vins, auquel pourront prendre part les tonneliers, vignerons, marchands de vins et cafetiers.[...] *Les cours seront donnés en allemand.* (Feuille d'avis de Lausanne 20.11.1913)
>
> Union des paysans fribourgeois. [...] M. Quartenoud, conseiller d'Etat, fera un important discours sur l'Aide à l'agriculture, M. Philipona, secrétaire agricole, *parlera sur le même sujet en allemand.* (La Liberté 18.05.1935)
>
> La première semaine des vacances ne ressemble à rien d'autre, dans la vie d'un écolier. Cela tient de l'enchantement et du vertige.[...] *Un mercredi sans allemand, sans géométrie, un mercredi de village, de lac, de graminées.* (Journal de Genève 05.07.1946)
>
> Enfin, elle [la maison éditrice] fit de la héraldique l'une de ses spécialités; *son principal ouvrage a même été traduit en allemand.* (Journal de Genève 03.11.1967)
>
> Visiblement convaincus par cette cause, *ils ont acclamé avec conviction une résolution lue en français et en allemand*, qui intègre dans la sauvegarde des éléphants le paiement „à un juste prix pour les matières premières et les produits d'exportation" des pays africains. (Feuille d'avis de Lausanne 12.11.1989)

6.3.3 Welsche Korrekturen am schönfärberischen Bild des deutschen Umweltschutzes

Obwohl die Darstellungen Deutschlands in den Zeitungen der Romandie mit jenen der Deutschschweizer Presse grundsätzlich übereinstimmen – hier wie dort gelten die Deutschen als gründliche Forscher in Wissenschaft und Technik und als einsatzfreudige Umweltschützer – weichen in der Auseinandersetzung um die Nutzung der Atomenergie die welschen Titel leicht von der alemannischen Sichtweise ab: Neben den französischen werden hier auch die deutschen Kernkraftwerke kritisch ins Auge gefasst. Dabei stützen sich die Berichterstatter hauptsächlich auf Agenturmeldungen französischen Ursprungs – womit einmal mehr bestätigt wird, welch zentralen Platz die Atomproblematik im frankophonen Raum einnimmt.

> Les efforts déployés du côté allemand pour s'assurer à l'étranger de l'uranium destiné à alimenter le nombre rapidement croissant des centrales nucléaires, ont porté leurs premiers fruits. Après les passations de contrat au tournant de l'année dernière, l'entreprise canadienne nationale Eldorade Mining and Refining Co. Ltd. a annoncé la vente d'un premier envoi de 900 000 kilogrammes d'urane à des acheteurs allemands. [...] Plusieurs firmes allemandes également participent à la prospection au Canada, sur la presqu'île du Labrador. (Feuille d'avis de Lausanne 06.11.1967)

> Ces Etats – *l'Allemagne en particulier* – craignent évidemment que le contrôle n'entrave les *progrès de leur industrie nucléaire*, et qu'il ne facilite, au profit des deux super-Grands, l'espionnage économique. (Feuille d'avis de Lausanne 08.11.1967)

> Après les passations de contrat au tournant de l'année dernière, l'entreprise canadienne nationale Eldorade Mining and Refining Co. Ltd. a annoncé *la vente d'un premier envoi de 900 000 kilogrammes d'urane à des acheteurs allemands*. Des quantités considérables passent aussi des USA en République fédérale par l'intermédiaire de l'EURATOM. On est en train, également, de chercher à s'assurer des combustibles nucléaires en Afrique. [...] La République fédérale d'Allemagne pourra faire état en 1980 d'une production de courant atomique installée de 25 000 mégawatts environ. (La Liberté 09.11.1967)

> Sans vouloir jouer au prophète de malheur, il suffit simplement de se baser sur les statistiques publiées par les différents pays recourant largement à l'énergie nucléaire. Les Etats-Unis font état de dix „incidents" en l'espace de quatre ans; *l'Allemagne fédérale et la France ont également enregistré des accidents dont les dégâts ont pu être limités à l'intérieur même du site nucléaire*. En Suisse, le cas de la centrale de Lucens est là pour nous rappeler que personne n'est à l'abri de tels „incidents" comme on a peut-être trop tendance à les dénommer aussi pudiquement. (La Liberté 30.03.1979)

Schliesslich wird Deutschland noch in einem anderen Zusammenhang des ökologischen Raubrittertums bezichtigt. Bezeichnenderweise geht es auch dabei wieder um ein Thema, dem die welsche Presse grosse Beachtung schenkt, nämlich um den internationalen Tier- und Naturschutz. Im gegebenen Fall werden die Deutschen indirekt als rücksichtslose Konsumenten dargestellt :

> Les scientifiques, juristes, économistes et hommes politiques réunis à Lausanne évoqueront encore l'avenir, fort menacé, des cacatoès des Molusques – *des perroquets prisés en Allemagne* – de l'amazone de Tucuman – un perroquet *déjà exterminé* en Bolivie – de la loutre d'Asie, *dont les peaux sont importées en Allemagne*, de l'otarie à fourrure du Pacifique dont il ne reste qu'un million d'espèces, du serpent à lunettes, des crocodiles du Nil et de l'ours des Indes. (La Liberté 10.10.1989)

6.3.4 Italien und das Tessin im Spiegel der welschen Presse

Ein Hauptunterschied zwischen den Zeitungen der deutschsprachigen und der frankophonen Schweiz sticht in der Darstellung des italienischsprachigen Raumes hervor: Die französischsprachigen Zeitungen beschreiben weder Italien noch das Tessin als landschaftlich reizvolle, einladende Ferienregion, während diese Betrachtungsweise in der Deutschschweiz doch vorherrscht. Vereinzelt trifft man zwar auch in der welschen Presse auf Artikel, welche die Schönheit der italienischen oder Tessiner Landschaft hervorheben. In keinem Fall aber reichen sie an die deutsche Emphase der kontemplativen Naturbeschreibungen heran. Auch bildet die landschaftliche Schönheit nie den eigentlichen Anlass zur Berichterstattung: im Fokus steht vielmehr immer ein konkretes äusseres Ereignis wie etwa eine Überschwemmungskatastrophe, die Planung eines Staudamms oder einer Strasse.

Interessant ist hingegen, dass auch in der Auseinandersetzung mit dem italienischsprachigen Raum das spezifisch französische Interesse an der Nukleartechnologie zum Vorschein kommt. Zwar handelt es sich bloss um einen einzigen, dafür relativ ausführlichen Artikel, doch ist es im ganzen Korpus bezeichnenderweise das einzige Mal, dass überhaupt so ausführlich über wirtschaftliche Aspekte Italiens berichtet wird:

> Les initiatives nucléaires en Italie
>
> M. Vittorio De Biase, administrateur délégué de la Sté Edison de Milan, a déclaré au cours d'un interview à la radio que les premières centrales nucléaires italiennes pourraient entrer en service en 1962, si les autorités centrales facilitent la tâche des entrepreneurs au lieu de l'entraver. D'après [sic] M. De Biase, la matiée [sic] nucléaire ne doit plus constituer l'objet exclusif de la recherche scientifique. Aux physiciens doivent se substituer les techniciens, les ingénieurs et les industriels, sans lesquels il n'est pas possible d'utiliser pratiquement cette nouvelle source d'énergie.
>
> La première initiative prise en Italie dans le domaine nucléaire a été celle de la Edisonvolta de Milan pour la construction en Italie du Nord d'une centrale électronucléaire de 130'000 kW. Ce projet a été récemment passé à la Sté Selni (Società Eletteronucleare Nationale) à laquelle participent plusieurs sociétés électriques italiennes. [...] Toujours d'après M. De Biase les travaux de construction d'une de ces centrales pourraient commencer avant la fin de 1958 si toutes les entraves bureaucratiques, politiques et législatives pouvaient être surmontées. Le prix de revient de l'énergie nucléaire est encore considérablement supérieur à celui de l'énergie produite suivant les méthodes traditionnelles. On peut toutefois compter sur le progrès technique. D'autre part ce problème a en Italie une importance moins grande que dans d'autres pays, car le coût de l'énergie thermique traditionnelle est en Italie plus élevé que dans d'autre pays, car l'Italie doit importer les combustibles nécessaires à cette production. Par conséquent, lorsque le progrès technique permettra de diminuer graduellement le prix de revient de l'énergie électronucléaire, cette

nouvelle source d'énergie deviendra rentable pour l'Italie avant que pour d'autres pays. (Journal de Genève 26.06.1958)

Abgesehen davon, dass die welsche Presse über die landschaftlichen Reize des südlichen Nachbarn weitgehend hinwegsieht, vermittelt sie ein ähnliches Bild Italiens und seiner Einwohner wie die deutschsprachigen Zeitungen. So werden *les italiens* vorwiegend in ihrer Eigenschaft als Gastarbeiter wahrgenommen, während das Tessin in Verbindung mit dem Strassenbau, der Wasserkraftnutzung und bei Fragen von gesamtschweizerischem Interesse in Erscheinung tritt.

6.4 Die Tessiner Zeitungsberichterstattung

Vor allem bei Artikeln aus dem Anfang dieses Jahrhunderts fällt auf, wie sehr sich der Zeitungsstil des Tessins von jenem der französischen und der deutschen Schweiz abhebt: bis weit ins 20. Jahrhundert ist er durchsetzt mit persönlichen und oft fast familiären Bezügen. Formal äussern sich diese darin, dass der neutrale Stil der dritten Verbalform durch die persönliche erste Verbalform abgelöst wird, womit der Schreibende sich als Sprecher zu erkennen gibt. Die (potentielle) Leserschaft tritt als Gemeinschaft von Schreiber und Leser in der ersten Person plural auf („wir"), und der Kanton Tessin wird gerne als „gemeinsamer Besitz" (Possessivpronomen 1. pl.: „il nostro cantone") dargestellt. Dieser persönliche Bezug zum Öffentlichen ist zum einen durch die kleine und begrenzte Leserschaft gegeben. Zum anderen wird er durch die sprachliche Sonderstellung des Kantons unterstützt, decken sich doch die Kantons- und Sprachgrenzen – wenn man von Italienischbünden und der deutschsprachigen Enklave Bosco Gurin absieht – nahezu vollständig.

6.4.1 Das Tessiner Eigenbild: von der Rückständigkeit zur Aufgeschlossenheit

Die Deutschschweizer Kampagne gegen den „Vogelmord" im Tessin Anfang dieses Jahrhunderts trifft in der italienischsprachigen Presse auf enormen Widerhall. Sowohl in den traditionalistischen Jägerkreisen als auch im progressiven Lager ist man sich bewusst, dass die Idee des Vogel- und Wildschutzes dem deutschen Kulturkreis entstammt, und die Argumentationen kreisen deshalb um die Kernfrage, ob die Übernahme fremder, sprich „deutscher", Ideen legitim sei oder nicht.

Die Jagdbefürworter stellen sich in dieser Diskussion natürlich gerne als Vertreter eines unabhängigen und freien Tessins dar, das sich von den deutschsprachigen Bundesgenossen nicht einfach unterjochen lässt, und sehen sich als Bewahrer einer typischen Tessiner (und italienischen) Tradition.

Die folgenden Auszüge entstammen der Stellungnahme eines Jägervertreters, der mit der neuen Jagdregelung des Tessiner Staatsrates nicht einverstanden ist, weil sie sich zu sehr den „deutschen" Vorgaben unterwirft:

> L'occhio destro del ticinese è, per di più, cacciatore; [...] se, invece, la legge federale votata nello scorso giugno avesse contenuto dispositivi essenzialmente diversi da quelli vigenti, questo lod. Governo che ritiene sè essere esclusivo competente in materia, era in dovere di emanare un regolamento improntato al modulo della legge cara ai tedeschi. [...] Cadere sotto il peso di una legge non voluta, ma che per puro dovere si subisce era una fatalità ma lasciava dietro di sè una simpatia; morire ... alla vita politica del nostro buon popolo, lasciandogli come ultimo atto un testamento d'igratitudine, non è, almeno secondo noi, umili cittadini, lontani dal potere, ignari dell più alte viste cui il potere s'ispira, nè bello, nè patriottico, nè generoso. [...]. (Corriere del Ticino 29.08.1904) (Das rechte Auge des Tessiners ist vor allem Jäger. [...] hätte das letzten Juni erlassene Bundesgesetz grundsätzlich andere Regelungen enthalten als die im Moment gültigen, so wäre diese Regierung, die sich ja als einzige in der Sache für kompetent hält, verpflichtet gewesen, ein neues Reglement gemäss den bei den Deutschen geliebten Gesetzesvorgaben zu erlassen [...] Unter dem Gewicht eines ungewollten Gesetzes zu leiden, wäre als Schicksal hingenommen worden, hätte jedoch eine gewisse Sympathie hervorgerufen; vor dem politischen Leben unseres guten Volkes zu sterben, indem man ihm als letzte Tat ein Testament der Undankbarkeit hinterlässt, ist, jedenfalls für uns bescheidene Bürger, weit weg von der Macht [...], weder schön noch patriotisch, noch grosszügig.)

Die Jagdgegner hingegen sind nicht mehr bereit, sich im Ausland und auf der anderen Seite des Gotthards wegen der Jäger zu schämen. Auch mit Rücksicht auf den aufkommenden Fremdenverkehr wird gegen die Tessiner Jagdleidenschaft argumentiert: Die aus dem Norden stammenden und an den Vogelgesang gewöhnten Touristen sollen sich im Tessin heimisch fühlen können. Aus dieser Perspektive berauben die Jäger mit ihrem Unwesen die paradiesische Natur des Tessins einer unersetzlichen Zierde.

Als letztes Argument gegen die Vogeljagd fällt schliesslich auch ins Gewicht, dass die Vögel nützliche Insektenvertilger sind.

> Quantunque io viva molto all'aperto, vi furono anni in cui non udii un solo cuculo e di cingalegre non ne ho vedute nel Cantone Ticino in cinque anni una mezza dozzina. Perciò anche gli alberi da frutta sono pieni di insetti, tanto più che essi vengono curati anche poco. [...] Per il suo clima il Cantone Ticino potrebbe essere un paradiso; esso sarebbe in posizione meglio ancora del Vallese di produrre una massa di frutta, che si potrebbe realizzare con buon danaro. Ma per ottenere ciò è necessario di porre un freno a tale uccisione degli uccelli, affinchè questi abbiano a distruggere gli insetti e i frutti abbiano a

poter rimanere sani e prosperosi. Il soggiorno pei forastieri sarebbe anche molto più gradito, se gli stessi potessero trovare come a casa propria un vivace mondo di uccelli e non solo una natura morta come ora. [...] Noi non comprendiamo la parità di trattamento nel senso, che nel Ticino si possa distruggere ciò che nel resto della Svizzera si coltiva e si cura e che noi abbiamo a sentirci dire dall'estero a motivo dei 3000 cacciatori di uccelli del Cantone Ticino, che noi non proteggiamo gli uccelli utili. [...] Se adunque si pretende, che il Cantone Ticino abbia a mettere la protezione degli uccelli in migliore armonia colla legge federale, come fanno gli altri Cantoni, e come impone il dovere dell'eguaglianza, d'altra parte anche la Confederazione deve eliminare la propria parte indiretta di colpa della decimazione degli uccelli utili, proibendo la caccia nella domenica. (Il Dovere 19.11.1913) (Obschon ich oft im Freien lebe, hat es Jahre gegeben, in denen ich keinen einzigen Kuckuck gehört habe, und in fünf Jahren habe ich kein Dutzend Kohlmeisen gesehen. Deshalb sind auch die Obstbäume voller Insekten, umso mehr, als sie wenig gepflegt werden. [...] Was das Klima betrifft, könnte der Kanton Tessin ein Paradies sein; er wäre besser gelegen als das Wallis und könnte Früchte in grossen Massen produzieren, was sich in gutes Geld ummünzen liesse. Aber um das zu erreichen, muss man der Tötung der Vögel ein Ende setzen, damit sie die Insekten vernichten können und die Früchte gesund bleiben. Auch wäre für die Fremden der Aufenthalt angenehmer, wenn diese wie zu Hause eine lebendige Vogelwelt vorfinden könnten und nicht bloss eine tote Natur wie jetzt. [...] Wir verstehen die Gleichbehandlung nicht in dem Sinne, dass man im Tessin all das zerstören kann, was in der übrigen Schweiz gehegt und gepflegt wird und dass wir uns im Ausland wegen 3000 Vogeljäger anhören müssen, dass wir die nützlichen Vögel nicht genügend schützen. [...] Wenn man also verlangt, dass der Kanton Tessin den Vogelschutz besser an das Bundesgesetz angleichen solle, so wie die anderen Kantone es tun und wie es die Pflicht der Gleichheit erfordert, soll auf der anderen Seite auch der Bund seinen eigenen indirekten Schuldenanteil an der Dezimierung der nützlichen Vögel begleichen, indem er die Sonntagsjagd verbietet.)

Grosse Anstrengungen unternimmt das Tessin zu jener Zeit auch im Pflanzenschutz. Das durch die Tessiner Naturschützer verbreitete Eigenbild bleibt dabei aber immer jenes eines rückständigen Kantons, der sich beeilen sollte, den (vor allem) von der Deutschschweiz propagierten Neuerungen nachzueifern. Im Naturschutz ist also ein eindeutiges Prestigegefälle vom Norden gegen den Süden hin auszumachen, das selbst von den Tessiner Medien immer wieder unterstrichen wird:

La nostra Flora Alpina (a proposito d'un progetto legge)
Anni or sono, pubblicai su queste colonne un articolo dal titolo: Il Parco nazionale svizzero, dove, fra altro, mi rivolgevo al nostro colto pubblico ed alle autorità, invitandoli an assumere la difesa della nostra Flora, minacciata nei suoi tipi più belli e più rari. Un mio amico, persona intelligente e colta, [...] mi diceva :„Caro mio, il desiderio è eccellente, ma ricordati che siamo nel

Ticino". [...] Non per questo però disperai, persuaso come ero, che se *noi Ticinesi tante volte arriviamo in ritardo*, si è più per forza di circostanze, mutabili col tempo, che non per mancanza o per ignavia di uomini valenti e generosi.

Forse allora non conoscevo abbastanza il piccolo mondo ticinese: forse compindo i miei studi nelle università svizzere, dove, per una formazione speciale d'ambiente, certe idee trovano forte appoggio e facile successo, mi ero spinto un po' troppo oltre nel mio desiderio. Ma troppi motivi reali di speranza sostenevano il mio invito. Sapevo che molti ticinesi, lasciate definitivamente le università italiane, s'avviavano alle nostre per compier la loro educazione scientifica superiore. Si inscrissero costoro nella facoltà di scienze, o in qualunque altra, in niuno modo avrebbero potuto sotrarsi [sic] alla grande influenza delle nuove orientazioni in fatto di culto per la natura, di protezione delle sue bellezze, che colà in breve si eran battuta grande strada, ed aperto profondo solco in tutti gli strati sociali. L'animo ticinese, naturalmente aperto al bello e sensibile, ne doveva fortemente esser colpita. Vedevo infatti i nostri ticinesi, ritornati fra noi, far attiva ed autorevole propaganda a favore d'una coltura estetica basata su larga conoscienza, e su sacro rispetto della natura, fonte pura ed inesauribile d'arte, di poesia, di gioia.

E vedevo quella numerosa falange di dotti Confederati che ogni anno ci visitano, come fanno tuttora; falange composta di celebri professori di apprezzati scrittori, di intelligenti studenti, i quali tutti, in cento occasioni, non risparmiavano di gettar quà e là la buona semente [...]. Il Ticino deve gran parte del suo sviluppo economico anche e certamente alle sue bellezze naturali e la flora dei nostri monti forma l'ammirazione del forastiero. E' quindi giusto che una legge trattenga la mano dei vandali [...]. (Popolo e Libertà 19.11.1913.)

(Vor Jahren veröffentlichte ich in diesen Spalten einen Artikel mit dem Titel: Der Schweizerische Nationalpark, wo ich mich unter anderem auch an unser gebildetes Publikum und an die Behörden richtete und sie einlud, etwas in Sachen Schutz unserer in den seltensten und schönsten Arten bedrohten Flora zu unternehmen. Ein Freund, ein intelligenter und gebildeter Mensch, sagte mir [...] darauf: „Mein Lieber, der Wunsch ist ausgezeichnet, aber vergiss nicht, dass wir im Tessin sind." [...] Trotzdem gab ich nicht auf, überzeugt wie ich war, dass, auch wenn wir Tessiner oft zu spät kommen, dies eher auf die Macht der sich wandelnden Umstände zurückzuführen sei und nicht darauf, dass wir keine tüchtigen und grosszügigen Männer hätten, oder weil diese willensschwach wären.

Mag sein, dass ich die kleine Tessiner Welt damals zu wenig kannte: vielleicht hatte ich, während ich meine Studien in den schweizerischen Universitäten abschloss, wo gewisse Ideen durch das spezielle Umfeld starke Unterstützung erfahren und schnell Erfolg haben, mich zu fest auf ein Wunschdenken eingelassen. Aber zu viele realistische Gründe unterstützen meinen Aufruf. Ich wusste, dass viele Tessiner, nachdem sie die italienischen Universitäten endgültig abgeschlossen hatten, sich zur wissenschaftlichen Weiterbildung an unsere begaben. Sie schrieben sich in die naturwissenschaftliche Fakultät ein, oder in irgendeine andere, und konnten sich unter keinen Umständen dem grossen Einfluss der Neuorientierung in Sachen Naturkult und Schutz der natürlichen Schönheiten entziehen. [...] Der Tessiner Geist, von Natur aus dem Schönen gegenüber offen und sensibel eingestellt, musste davon stark betroffen sein. Tatsächlich sah ich unsere Tessiner, nachdem sie zu uns zurückgekehrt waren, aktiv und gewichtig für eine im Bewusstsein weit verbreitete ästhetische Kultur und für die heilige Achtung der Natur [...] eintreten.

Und ich sah jene grosse Bewegung gebildeter Miteidgenossen, die uns jedes Jahr wie immer besuchten; eine Bewegung aus berühmten Professoren, beliebten Schriftstellern, intelligenten Studenten, die es alle, bei hundert Gelegenheiten, nicht vergassen, hier und dort die gute Saat auszustreuen. Das Tessin verdankt einen grossen Teil seines wirtschaftlichen Fortschritts insbesondere seinen natürlichen Schönheiten, und die Flora unserer Berge ruft die Bewunderung der Fremden hervor. Es ist deshalb richtig, dass ein Gesetz die Hände der Vandalen fesselt [...].)

Ungeachtet ihres „naturschützerischen Rückstandes" sind sich die Tessiner schon sehr früh darüber im klaren, dass die reizvolle Natur ihres Kantons ein wertvolles touristisches Kapital darstellt. Auch der Strassenbau wird mit dem Argument vorangetrieben, der Kanton könne seine Rolle als Gastgeber nur wahrnehmen, wenn gute Erreichbarkeit gegeben sei.

Anders als in den französischsprachigen Zeitungen, wo emotional anklingende Landschaftsbeschreibungen (fast) keinen Platz haben, wird im Tessin manchmal überschwenglich auf die eigene schöne Natur verwiesen, die den Kanton zur Tourismus- und Gastgeberregion prädestiniere. Ästhetische Begründungen begleiten auch jeden Aufruf zum Schutz der Tessiner Fauna und Flora. Dass Anfang des Jahrhunderts vereinzelt gar ganze Artikel einzig der schwärmerischen Beschreibung einer schönen Tessiner Gegend vorbehalten sind, zeigt, welch zentraler Stellenwert der ästhetischen Betrachtung der eigenen Natur zukommt.

Quanto è bella, maestosa, incantevole, quella plaga di terra ticinese denominata „Il Malcantone" – una buona parte della quale si rispecchia maestosamente nei glauchi golfi di Agno e di Pontetresa, che par voglia avidamente lambire!

Ascendete, per svaghi e per diletto, o voi abitanti della bella Regina del Ceresio e dei paesi del piano, sulle vette ridenti ed indorate dall'Astro maggiore della natura, dei romantici monti Lema, Santa Maria d'Iseo e S. Bernardo di Cademario. Colassù, mentre si respira a pieni polmoni aria balsamica ed ossigenata, si prova e si sente una soavità di dolcezze ed una speciale considerazione della vita, che spontaneamente ci fa esclamare: Oh! natura, quanto sei bella e attraente! [...]

Sempre fantasticando e confrontando i tempi antichi coi moderni, un pensiero mi trasportò in Vallemaggia, e poi un altro nella Pieve Capriasca, e mi dissi: Bella è la Vallemaggia, romantica è la pieve Capriasca, e sì l'una e l'altra sorpassano per ora il nostro pur incantevole Malcantone nel progresso, perché stanno per darsi il Tram elettrico.

Evviva, dunque, queste Valli, evviva il futuro loro Tram! Desso è uno delle potenti molle per lo sviluppo ed incremento del commercio: è una istituzione di grande progresso e di indiscutibile utilità. (Il Dover 31.8.1904)

(Wie schön, herrlich, zauberhaft ist jenes Stück Erde, das „Il Malcantone" genannt wird – von dem ein guter Teil sich erhaben in den blaugrünen Buchten von Agno und Pontetresa spiegelt, so dass es scheint, er wolle sie berühren! Steigt auf, oh Bewohner der schönen Königin des Luganersees und der Dörfer in der Ebene, auf die lachenden und vom grössten Gestirn der Natur vergoldeten Gipfel der romantischen Berge Lema, Santa Maria d'Iseo und S. Bernardo di Cademario. Dort oben, während man die balsamische und sauerstoffreiche Luft tief in die Lungen fliessen lässt, spürt und fühlt man eine sanfte Süsse und eine eigene Wertschätzung des Lebens, die uns spontan ausrufen lässt: Oh Natur! Wie bist Du schön und anziehend! [...] Während ich so vor mich hinphantasierte und die alten Zeiten mit den modernen verglich, führte mich ein Gedanke ins Vallemaggia und dann ein anderer ins Pieve Capriasca, und ich sagte mir: Schön ist das Vallemaggia, romantisch ist das Pieve Capriasca, und sowohl das eine als auch das andere überholen im Moment unseren so zauberhaften Malcantone im Fortschritt, denn beide geben sich zur Zeit das elektrische Tram.

Es leben also diese Täler, es lebe ihr zukünftiges Tram! Dieses ist eine kräftige Feder für die Enwicklung und die Zunahme des Handels: es ist eine Institution grossen Fortschritts und von undiskutabler Nützlichkeit!)

Numerosi turisti, sedotti dalla bellezza di questa terra, dalla sua pace e dal suo clima, vi costruirono durante questi ultimi decenni case di vacanza e molti vi si stabilirono. Priva di industrie importanti, la regione continuerà a trovare in futuro la sua prosperità grazie al turismo. (Giornale del Popolo 12.10.89)

(Zahlreiche Touristen, die von der Schönheit, dem Frieden und dem Klima dieser Erde verführt wurden, haben sich in den letzten zehn bis zwanzig Jahren Ferienhäuschen erbaut und viele haben hier Wohnsitz genommen. Da diese Region keine wichtigen Industriezweige aufzuweisen hat, wird sie auch in Zukunft den Wohlstand im Tourismus finden.)

Ist das Eigenbild des Tessins sowohl bei Fragen des Naturschutzes als auch im Hinblick auf wirtschaftliche Themen lange Zeit von einem gewissen Minderwertigkeitsgefühl gegenüber der Restschweiz geprägt, scheint der Zeitschnitt von 1979 die Wende einzuleiten: So wird die Jagdproblematik zu diesem Zeitpunkt als definitiv gelöst dargestellt; interessanterweise wird die Beihilfe zu dieser Entwicklung nicht mehr bei der Intervention der Deutschschweizer gesehen. Schliesslich nehmen in den beiden letzten Zeitschnitten des Korpus die Hinweise auf eigenständige Tessiner Umweltschutzbestrebungen und -Massnahmen deutlich zu, so dass man in diesem Bereich von einer eigentlichen Kehrtwende sprechen darf.

Il Movimento anti-atomico ticinese (MAAT), in seguito all'incidente nucleare avvenuto in Pennsylvania, sottolinea la gravità delle conseguenze dell'utilizzazione dell'energia nucleare, proponendo alcune considerazioni:

[…]. (Corriere del Ticino 03.04.1979) (Die Tessiner Anti-Atom-Bewegung (MAAT) unterstreicht infolge des nuklearen Unfalls von Pennsylvania die gravierenden Konsequenzen des Gebrauchs von Nuklearenergie und schlägt einige Überlegungen vor: […].)

L'esercizio della caccia nel nostro Cantone è oggi meno avversato di quanto lo fosse qualche anno fa. […] Oggi nel cacciatore s'è sviluppata una nuova mentalità […] che tiene maggiormente conto della realtà attuale; una mentalità che una decina di anni fa sicuramente il cacciatore ticinese ancora non possedeva. Se si è giunti ad un risultato tanto positivo lo si deve in larga misura all'azione formativa e educativa al mensile della Federazione cantonale „il cacciatore ticinese" e in modo particolare agli articoli del presidente avv. Riccardo Varini. (Corriere del Ticino 03.04.1979) (Die Ausübung der Jagd ist in unserem Kanton nicht mehr so umstritten wie vor einigen Jahren. […] Heute hat sich im Jäger eine neue Mentalität entwickelt […], die der aktuellen Realität vermehrt Rechnung trägt. Eine Mentalität, die der Tessiner Jäger vor ca. zehn Jahren sicher noch nicht besass. Wenn man zu einem so positiven Resultat gelangt ist, so ist es vor allem der bildenden und erzieherischen Wirkung der kantonalen Monatszeitschrift „il cacciatore ticinese" und im besonderen den Artikeln des Präsidenten, Anwalt Riccardo Varini, zu verdanken.)

L'orto secondo natura: consigli per un'agricoltura ecologica. La produzione integrata. La produzione integrata, PI, sta prendendo piede anche da noi. […] La rubrica „L'orto secondo natura" è curata dall'Associazione svizzera per l'agricoltura biologica e dall'Associazione agricoltura ecologica della Svizzera italiana. (Corriere del Ticino 10.10.1989) (Der naturnahe Gemüsegarten: Tips für den ökologischen Landbau. Die integrierte Produktion, IP, fasst auch bei uns Fuss. […] Die Rubrik „der naturnahe Gemüsegarten" wird vom Verband schweizerischer Biobauern und vom Verband für ökologischen Landbau der italienischen Schweiz herausgegeben.)

In particolare il consigliere nazionale ticinese chiede di esaminare le possibilità di potenziare le basi giuridiche e finanziarie per una maggior partecipazione della Confederazione, assieme all'industria, al sostegno di ricerche d'avanguardia nel settore dell'ambiente, di impianti e di istallazioni industriali pilota per verificare l'attuabilità di soluzioni nel campo della protezione dell'ambiente. (Il Dovere 10.10.1989) (Im einzelnen verlangt der Tessiner Nationalrat die Möglichkeiten zur Erhöhung der rechtlichen und finanziellen Basis zwecks einer erhöhten Beteiligung des Bundes, zusammen mit der Industrie, an der Unterstützung von avangardistischen Forschungen im Umweltbereich zu untersuchen, insbesondere von industriellen Pilotanlagen und -einrichtungen, um deren Lösungsansätze im Bereich Umweltschutz zu testen.)

Non tutti sanno che il ramarro in dialetto si dice ghezz. E proprio „Ghezz, il ramarro" si intitola il nuovo spettacolo del Teatro dei Fauni in programma nella fine settimana al Teatro Paravento, prima di mettersi in viaggio per il resto del Cantone, della Svizzera, in Italia e forse anche in altri Paesi. (Giornale del Popolo 12.10.1989) (Nicht alle wissen, dass man die Smaragdeidechse im Dialekt „ghezz" nennt. Und so, nämlich „Ghezz, die Smaragdeidechse", heisst das neue Stück des Teatro dei Fauni, das ab kommendem Wochenende im Teatro Paravento aufgeführt wird, bevor es im Rest des Kantons, in der Schweiz, in Italien und vielleicht in anderen Ländern auf Reisen geht.)

Le correnti ecologiste vogliono fondersi in un unico partito – Una svolta ecopolitica sotto l'ombrello verde? – Il battesimo avrà luogo la primavera prossima, una volta elaborato il programma d'azione, preludio alle elezioni cantonali del 1991, dove intende partecipare con liste autonome. La prima tappa, verso quella che dovrà risultare come la convergenza delle formazioni ecologiste ticinesi in Lugano, [...]. [...] fra le pretese, vi è quella di considerarsi „la componente più vitale tra le forze politiche ticinesi", [...]. [Corriere del Ticino 07.10.1989) (Die ökologischen Bewegungen wollen sich in einer einzigen Partei treffen – Eine ökopolitische Wende unter dem grünen Schirm? – Die Taufe ist auf den nächsten Frühling festgesetzt, nachdem das Aktionsprogramm als Vorarbeit auf die kantonalen Wahlen 1991 geleistet ist, an denen sich [die neue Partei] mit autonomen Listen beteiligen will. Die erste Etappe zum Ziel der Annäherung der Tessiner Ökobewegungen in Lugano [...]. [...] unter [anderem] bezeichnen sie sich als „die vitalste Komponente der politischen Kräfte im Tessin".)

Per sensibilizzare l'opinione pubblica sul delicato argomento – I boschi del Ticino in mostra nell'aula magna della Morettina – E' stata inaugurata ieri sera nell'aula magna della Morettina una mostra didattica dedicata ai „Boschi del Ticino". (Corriere del Ticino 07.10.1989) (Damit die öffentliche Meinung für das delikate Thema sensiblisiert wird – Die Tessiner Wälder als Ausstellung in der Aula Magna der Morettina – Gestern abend wurde in der Aula Magna der Morettina eine didaktische Ausstellung eröffnet, die den „Wäldern des Tessins" gewidmet ist.)

Stiamo parlando e riparlando dell'inquinamento atmosferico ma non sappiamo recitare il „mea culpa". Abito in uno stabile dove con i tempi che tutti sapete del Ticino, da una settimana si e accesso [sic] il riscaldamento. E senza consultare gli interessati cioè tutti gli inquilini. (Leserbrief aus dem Corriere del Ticino 12.10.1989) (Wir sprechen viel zu viel von der Luftverschmutzung, aber wir sind nicht in der Lage, das „mea culpa" zu rezitieren. Ich wohne in einem Gebäude, wo, bei einem Tessiner Wetter, das Ihr alle kennt, seit einer Woche bereits die Heizung angeschaltet ist. Und dies, ohne die Betroffenen, d. h. die Mieter, zu befragen.)

Si iniziano i corsi all'Università Verde – Sabato, 14 ottobre si iniziano i corsi all'Università Verde ticinese. (Corriere del Ticino 12.10.1989) (Es beginnen die Kurse an der Grünen Universität – Am Samstag, 14. Oktober, beginnen die Kurse an der Grünen Universität des Tessins.)

6.4.2 Italien aus Sicht des Tessins: Vorbild oder „schlechter Umgang"?

Während auf der deutschen Seite die jagdfreudigen Italiener mit den Tessinern in denselben Topf geworfen werden, beurteilen die Tessiner Jagdgegner selber das Verhalten ihrer Nachbarn differenzierter: Obschon auch auf der anderen Seite der Grenze den Vögeln nachgestellt wird, scheinen dort die Verhältnisse besser geregelt und der Jagddrang gezügelter zu sein als im Tessin. Zudem stossen die ebenfalls Anfang des Jahrhunderts in Italien durchgeführten Baumfeste in den Tessiner Medien auf grosses Echo. Es handelt sich dabei um Schul- resp. Jugendfeste, die mit erzieherischem Anspruch auf eine Sensibilisierung für die Anliegen des Pflanzen- und insbesondere des Baumschutzes hinwirken sollen. In bestimmten Bereichen des Naturschutzes nimmt also Italien für die Tessiner Vorbildcharakter an.

> Quando questa questione fu dieci anni or sono sollevata nell'Assemblea federale in occasione della revisione della legge sulla caccia e la protezione degli uccelli, il consigliere di Stato [...] *Simen osservava che si dovevano scusare i Ticinesi, che avevano innanzi agli occhi il cattivo esempio della vicina Italia. Ma questo non è esatto, perchè nel fatto in Italia gli uccelli sono più numerosi che nel Cantone Ticino; io stesso me ne sono convinto, l'Italia avendo in proporzione un numero di cacciatori di molto inferiore a quello del Cantone Ticino. D'altronde l'Italia ha ora accettato una nuova legge che restringe la presa degli uccelli ed il Ticino non deve al riguardo restare in addietro poichè, come vediamo dal numero degli ordigni di caccia confiscati, si pecca in esso a questo riguardo in modo molto scandaloso.* (Il Dovere, 19.11.1913) (Als die Frage vor nunmehr zehn Jahren im Zusammenhang mit der Revision des Gesetzes über Jagd und Vogelschutz in der Bundesversammlung erhoben wurde, bemerkte Ständerat [...] Simen, dass man die Tessiner entschuldigen müsse, da diese ja das schlechte Vorbild Italiens vor Augen hätten. Dies ist hingegen nicht richtig, denn tatsächlich sind in Italien die Vögel zahlreicher als im Tessin. Ich habe mich selber davon überzeugt, dass Italien im Verhältnis zum Tessin eine deutlich geringere Anzahl Jäger hat als der Kanton Tessin. Zudem hat Italien nun ein Gesetz verabschiedet, das die Jagd auf die Vögel einschränkt, und das Tessin darf in dieser Sache nicht hinten anstehen, denn, wie wir von der Anzahl konfiszierter Jagdgeräte ablesen können, wird diebezüglich auf skandalöse Weise gesündigt.)

> Se qui da noi non v'è il culto della piantagione come altrove, e *per citare un esempio come in Italia dove la gioventù solennizza 'la festa dell'albero'*, si può sperare che la nostra gioventù rispetterà le piantagioni raccomandate e sussidiate dalle Autorità tanto pregiate nelle scuole, le quali non sono certo inferiori a quelle d'Italia. (Il Dovere 18.11.1913) (Auch wenn wir hier nicht wie anderswo den Pflanzenkult haben – um ein Beispiel zu nennen, wie in Italien, wo die Jugend das „Baumfest" feiert – so darf man doch hoffen, dass unsere Jugend die von den Behörden geschützten und finanzierten Pflanzungen respektieren wird, die in den Schulen äusserst geschätzt werden, und diese [die Schulen] sind sicher nicht geringer als jene Italiens.)

> La festa degli alberi – [...] Uno degli intenti di coloro che istituirono la ‚Festa degli Alberi', uno degli scopi che si prefigge il nostro benemerito Patronato Scolastico, è certo quella di educare le nuove generazioni all'amore della natura, di quella natura di cui l'umanità presente è troppo spesso immemore.

L'amore per la natura che vuol dire, o giovanetti? Vuol dire anzitutto il rispetto assoluto per gli uccelletti e pei loro nidi, vuol dire il non calpestare inutilmente le erbe dei prati, non strappare con atto villano le frondi ed i rami d'una pianta, vuol dire commuoversi al sorriso d'un fiore, ascoltare con animo sereno il tranquillo mormorare d'un ruscello. [...] Come mai gl'Italiani, maestri in ogni tempo al mondo del vivere civile, furono tanto stolti da rovinare il loro patrimonio forestale? Una volta ce n'era del legname; ora abbiamo, si può dire, denudate le nostre montagne, tocca a noi il gran dovere di far rivivere i boschi, di restituire all'Italia le sue naturali ricchezze. (Il Dovere 20.11.1913) (Das Baumfest – [...] Eines der Anliegen jener, die das ‚Baumfest' eingeführt haben, eines der Ziele unseres ehrwürdigen Schulvorstandes, ist sicher jenes, die neue Generation zur Liebe zur Natur heranzuziehen, jener Natur, derer die heutige Menschheit zu oft uneingedenk ist. Die Liebe zur Natur, was will das heissen, oh ihr jungen Menschen? In erster Linie bedeutet sie die absolute Achtung der Vögel und ihrer Nester, es bedeutet, nicht unnötigerweise die Gräser der Wiesen zu zertrampeln, nicht mit gemeiner Tat die Zweige und Äste einer Pflanze abzureissen, es bedeutet, sich vom Lächeln einer Blume rühren zu lassen, mit heiterem Gemüt dem ruhigen Plätschern eines Baches zuzuhören. [...] Wie kam es bloss, dass die Italiener, Meister des zivilisierten Lebens aller Zeiten, so dumm waren, ihren Waldbestand zu zerstören? Einst gab es genügend Holz; Nun haben wir, man kann es so sagen, unsere Berge entblösst und wir haben die wichtige Verpflichtung, die Wälder wiederzubeleben und Italien seine natürlichen Reichtümer zurückzugeben.)

Italien wird also dies- und jenseits des Gotthards unterschiedlich wahrgenommen. Während aus Deutschschweizer Perspektive das angefeindete Tessin durch den „schlechten Einfluss" Italiens etwas entlastet wird, erweist sich aus dem Blickwinkel des Tessins der italienische Nachbar anfänglich gar als Vorreiter im Naturschutz.

Erst in den Zeitschnitten 1979 und 1989 und mit der (oben erwähnten) naturschützerischen Neupositionierung des Tessins, gerät Italien auch aus Sicht der Tessiner ins Hintertreffen. Dabei werden allerdings nur jene Probleme öffentlich diskutiert, welche die Tessiner Umwelt direkt berühren: Im Zeitschnitt 1979 etwa geben die säumigen Behörden Italiens, welche die Abwässer immer noch ungeklärt in die gemeinsamen Seen leiten, Anlass zur Diskussion. Im Zeitschnitt 1989 geht es um die Reduktion des Strassenverkehrs, der die Luftqualität des Südtessins massgeblich beeinträchtigt und der durch italienische „Benzintouristen" zusätzlich gesteigert wird. Interessant ist dabei, dass diese Probleme in den einzelnen Artikeln ohne Polemik dargestellt sind, und, wenn immer möglich, auf eine gemeinsame Lösung hingearbeitet wird.

Il trattamento sperimentale delle acque luride dovrebbe infatti avvenire fra poche settimane – Fra non molto insomma, il Breggia riceverà dagli impianti di Pizzamiglio acque pulite che però arriveranno al lago ancora sporche: infatti in Italia il problema della depurazione non è risolto. [...] In Italia deve ancora essere risolto il problema della depurazione, segnatamente per i comuni sopracitati, dove le acque luride arrivano ancora nel Breggia direttamente scaricate dalle fogne. Si studiano e si esaminano i progetti, ma sino ad oggi nulla di concreto è stato approntato. (Il Dovere 02.04.1979) (Die experimentelle Behandlung der Abwässer müsste also in einigen Wochen erfolgen. – In wenigen Tagen also wird die Breggia von den Anlagen Pizzamiglio sauberes Wasser erhalten. Diese werden jedoch trotzdem schmutzig in den See gelangen, denn in Italien ist das Problem der Abwässer noch nicht gelöst. [...] In Italien muss das Abwasserproblem noch gelöst werden, im speziellen für die oben genannten Gemeinden, wo das Wasser noch direkt von der Kanalisation in die Breggia geleitet wird. Man ist daran, Projekte zu untersuchen und zu prüfen, aber bis jetzt wurde noch nichts Konkretes vorgelegt.)

Benzinai e ambientalisti, uniti. E'uno dei paradossi della frontiera: perché i benzinai, da non confondere coi „petrolieri", sono quelli della fascia di confine italiana, e ieri sera, in un incontro a Balerna, hanno stretto un patto con „SOS Ambiente", per cominicare. Il pugnace movimento, beninteso, non è sceso a patti con nessuno; ma l'intesa per istituire un Comitato transnazionale per la questione dei problemi dell'inquinamento da traffico, avvia una campagna anche in terra italiana. Lo scopo è quello di disincentivare il flusso veicolare indotto dalla stringente concorrenza del prezzo di carburante in Svizzera [...]. Perciò si incontrano due interessi: quello ambientalista, per ridurre le immissioni nell'atmosfera trattenendo un traffico innaturale, e quello dei gestori delle pompe di benzina del Comasco e del Varesotto, per recuperare la loro naturale clientela. (Corriere del Ticino 10.10.1989) (Benzinverkäufer und Umweltschützer vereint. Das ist eines der Paradoxe der Grenze: weil die „Benzinverkäufer", nicht zu verwechseln mit den „petrolieri" [die Tessiner Tankwarte], jene des italienischen Grenzstreifens, gestern abend, bei einem Treffen in Balerno mit der „SOS Ambiente" (SOS Umwelt) einen Pakt geschlossen haben – dies ganz zum Anfang. Die streitlustige Bewegung, wohlverstanden, hat sich mit niemandem auf einen Pakt eingelassen; aber die Absicht, ein übernationales Komitee für die Probleme im Zusammenhang mit der verkehrsbedingten Umweltverschmutzung einzusetzen, bewirkt eine Kampagne auch auf dem Gebiet Italiens. Ziel ist es, den Autozustrom, der durch die drückende Konkurrenz beim Treibstoffpreis in der Schweiz herbeigeführt wurde [...] [einzudämmen]. Deshalb treffen sich zwei Interessen: jenes der Umweltschützer, das auf eine Reduktion der Immissionen in die Atmosphäre und der Unterdrückung unnatürlichen Verkehrs hinarbeitet und das der Tankwarte um Como und Varese, die ihre natürliche Kundschaft zurückgewinnen wollen.)

Diese verständnisvolle Haltung gegenüber dem sprachlich und kulturell verwandten Nachbarn tritt schliesslich in einem Artikel vom 10. Oktober 1989 über die Algenpest an der adriatischen Küste Italiens am deutlichsten zutage: Schuld am ganzen Debakel tragen hier nicht etwa Italiens Führungskräfte, welche die Erstellung von Abwasserreinigungsanlagen verzögert oder gar unterlassen haben. Verantwortlich ist vielmehr das italienische Fernsehen, das die ganze Sache aufgebauscht und verzerrt dargestellt haben soll. Der Autor drückt der Tourismusbranche sein Mitgefühl aus und verweist gleichzeitig auf die speziellen Bande zwischen der Schweiz und Italien: Während vor allem die Deutschen angesichts der Algenkatastrophe dem italienischen Reiseziel ferngeblieben seien und jegliche Solidarität hätten missen lassen, seien die Schweizer aller Sprachregionen und ganz besonders die Tessiner unbeeindruckt geblieben:

> Sulle coste dell'Adriatico lo svizzero non s'è lasciato impressionare dalle alghe. [...] Per l'estate '90 (gli operatori turistici, come le case di moda, si muovono con un anno di anticipo) saranno investiti molti soldi per risanare quell'immagine che, si sussurra in Adriatico, è stata rovinata dalla pubblicità negativa della Televisione italiana, che ha trasformato un fenomeno limitato geograficamente e temporalmente in una catastrofe nazionale. Le generalizzazioni sono sempre pericolose e pare proprio che [...] abbia nuociuto in modo ingiustificato all'economia di un vastissimo territorio, dove il turismo è l'unica industria. Per concludere, una curiosità: pare che tra il 40% di stranieri che frequentano Senigallia siano mancati all'appello soprattutto quelli provenienti dalla Germania, mentre Svizzeri di tutte le regioni linguistiche e soprattutto Ticinesi non si siano fatti impressionare dalle alghe, usufruendo così di prezzi più bassi, servizio più curato e mare più pulito [...].(Giornale del Popolo 10.10.1989) (An der Adriaküste hat sich der Schweizer von den Algen nicht beeindrucken lassen – [...] Für den Sommer '90 (die Tourismus-Operatoren wie die Modehäuser sind ein Jahr im Vorsprung) wird sehr viel Geld eingesetzt werden, um das Image aufzupolieren, das, so flüstert man an der Adria, durch die Negativwerbung des italienischen Fernsehens verdorben wurde, die ein geographisch und zeitlich limitiertes Phänomen in eine nationale Katastrophe verwandelt hat. Verallgemeinerungen sind immer gefährlich und es scheint so, [...] dass [dies] der Wirtschaft eines sehr weiten Gebietes, wo der Tourismus die einzige Industrie darstellt, in ungerechtfertigter Art geschadet hat. Zum Schluss noch etwas anderes: es scheint so, dass unter den 40% der nicht erschienenen Touristen, die normalerweise Senigallia aufsuchen, vor allem die Deutschen gefehlt hätten, während die Schweizer aller Sprachregionen und vor allem die Tessiner sich nicht von den Algen hätten beeindrucken lassen, und die dabei von den niedrigeren Preisen, vom gepflegteren Service und vom saubereren Meer profitieren konnten [...].)

Auch in anderen Zusammenhängen erklärt sich die Tessiner Presse solidarisch mit dem südlichen Nachbarn und bringt den Ereignissen, die ihn betreffen, durchwegs eine hohe Aufmerksamkeit entgegen. Zu vermerken ist zudem ein grosses Interesse an Italiens Wissenschaftlern, wobei in diesem Bereich gerne auf die Zusammenarbeit zwischen Italien und dem Tessin hingewiesen wird. Die Vorstellung Italiens als Land der schönen Natur und der Künste wird zwar in den Tessiner Zeitungen weniger forciert als in denen der Deutschschweiz, ist jedoch – im Sinne der allgemein erhöhten ästhetischen Aufmerksamkeit gegenüber der Natur – durchaus vorhanden.

6.4.3 Deutschland und die Deutschschweiz: Treue Gäste aus dem Norden

Vergleicht man die Anzahl der Meldungen, die sich auf Italien beziehen mit jenen, die Deutschland oder die Deutschen erwähnen, tritt die auf den benachbarten Staat gelenkte Hauptblickrichtung deutlich hervor. Einzige Konstante in bezug auf Deutschland und die Deutschen (wenn bei nur drei Belegen überhaupt von einer solchen gesprochen werden darf) ist das Auftreten der „tedeschi" im Zusammenhang mit dem Fremdenverkehr:

> (P.P.) – Da alcuni giorni è cominciata l'affluenza dei turisti estivi. Per ora non si vedono ancora giungere gli americani. [...] Invece si notano molti tedeschi ed in numero assolutamente insolito anche i catalani. (Il Dovere 9.06.1925) (Seit einigen Tagen hat die Einreise der Sommertouristen begonnen. Im Moment sind die Amerikaner noch nicht eingetroffen. [...] Hingegen bemerkt man viele Deutsche und eine aussergewöhnliche Anzahl Katalanen.)

> SANREMO, giugno – [...] anche nei mesi estivi ed autunnali Sanremo, „perla" della Riviera dei fiori, ostenta le sue naturali delizie ai turisti, specialmente delle regioni del Nord. Giungono a larghi stuoli, tra giugno e novembre, i Belgi, gli Olandesi, i Lussemburghesi, i Norvegesi, gli Svedesi, i Danesi, i Tedeschi. (Corriere del Ticino 28.05.1958) (Sanremo, Juni – [...] auch in den Sommer- und Herbstmonaten zeigt Sanremo, die „Perle" der Riviera dei fiori, seine natürlichen Wonnen den vor allem aus dem Norden stammenden Touristen. Die Belgier, Holländer, Luxemburger, Norweger, Schweden, Dänen und Deutschen treffen in grossen Scharen zwischen Juni und November ein.)

> Sulle coste dell'Adriatico lo svizzero non s'è lasciato impressionare dalle alghe. – [...] pare che tra il 40% di stranieri che frequentano Senigallia siano mancati all'appello soprattutto quelli provenienti dalla Germania [...]. (Giornale del Popolo 13.10.1989) (An der adriatischen Küste hat sich der Schweizer durch die Algen nicht beeindrucken lassen. [...] so scheint es, dass 40% der Ausländer, die Senigallia normalerweise aufsuchen, ferngeblieben sind, worunter vor allem die aus Deutschland stammenden [...].)

Mit Blick auf die Erwähnung der deutschen Schweiz und ihrer Bewohner ist es aufschlussreich zu sehen, dass es dabei nur sehr selten zu einer sprachgruppenorientierten Unterscheidung kommt. Ganz offenbar ist bei der Unterteilung der Schweiz der geo- resp. topographische Blickwinkel von vorrangiger Bedeutung, und dieser unterscheidet in erster Linie eine Schweiz dies- oder jenseits des Gotthardmassivs. Auf der etwas abstrakteren politischen Ebene hingegen kommt es zur Unterscheidung zwischen „il nostro cantone" (unser Kanton) vs. „gli altri cantoni" (die anderen Kantone), ohne dass dabei die Idee der Sprachgruppierung aufgegriffen würde. Einzig in den Debatten um die Jagdordnung und den Pflanzenschutz anfangs des Jahrhunderts gelangt in wenigen Aussagen, neben der vorherrschenden Kantons- und Topographieorientiertheit, die Deutschschweiz unter der Bezeichnung „Svizzera interna" (Innerschweiz) oder „cantoni di lingua tedesca" (deutschsprachige Kantone) als konzeptuelle Grösse ins Gespräch. Der Kampf um die Erhaltung von Vögeln, Wild und Pflanzen wird ja auch in erster Linie im deutschen Sprachraum vorangetrieben.

Die beigefügten historischen Beispiele stammen alle aus dem Themenfeld der Jagdproblematik und verdeutlichen den im Tessin verwendeten Verweismechanismus:

> [...] questo lod. Governo [...] era in dovere di emanare un regolamento improntato al modulo della *legge cara ai tedeschi*. (Corriere del Ticino 29.08.1904) ([...] diese ehrwürdige Regierung [...] hätte die Pflicht gehabt, ein Reglement auszuarbeiten, das dem Vorbild des den Deutschen lieben Gesetzes entsprochen hätte] (Anmerkung: der Artikel wurde von einem Jagdgesetzgegner verfasst; mit „den Deutschen" sind – etwas verächtlich – die Deutschschweizer gemeint.)

> Noi non comprendiamo la parità di trattamento nel senso, che nel Ticino si possa distruggere ciò che *nel resto della Svizzera* si coltiva e si cura. (Il Dovere, 19.11.1913) (Wir verstehen Gleichbehandlung nicht in dem Sinne, dass man im Tessin das zerstören könne, was im Rest der Schweiz gehegt und gepflegt wird.)

> Se adunque si pretende, che il Cantone Ticino abbia a mettere la protezione degli uccelli in migliore armonia colla legge federale, come fanno *gli altri Cantoni*, [...]. (Il Dovere 19.11.1913) (Wenn ihr also fordert, dass der Kanton Tessin den Vogelschutz besser an die Eidgenössische Gesetzgebung angleiche, wie dies die anderen Kantone tun, [...].)

> [...] non trattasi solo di cosa che sta molto al cuore del resto della Svizzera, ma che interessa anche *il benessere del Cantone*. (Il Dovere 18.11.1913) [Bemerkenswert ist an diesem Ausschnitt, dass „der Kanton" gar stellvertretend für den Kanton Tessin oder das Tessin gebraucht werden kann. Diese Stilfigur unterstützt die vorher aufgeworfene These, dass auf politischer Ebene nach Kantonen, und eben nicht, wie oft bei den Romands, nach Sprachgruppen unterschieden wird.] (Es handelt sich nicht bloss um eine Angelegenheit, die vor allem der Restschweiz am Herzen liegt, sondern es berührt auch das Wohl des Kantons.)

> Esaminiamo dapprima come questa legge che ha valore per tutta la Svizzera è applicata *nei Cantoni di lingua tedesca e francese*. In essi domina una protezione intensiva degli uccelli, che sono riconosciuti come utili [...]. Quanto le cose sono *diverse al di qua del Gottardo* ed in ispecie nel ‚*nostro Cantone Ticino*'. (Il Dovere 18.11.1913) (Untersuchen wir vorerst, wie dieses Gesetz, das in der ganzen Schweiz gilt, in den deutsch- und französischsprachigen Kantonen angewendet wird. In diesen [Kantonen] besteht ein

intensiver Schutz der Vögel, welche als nützlich erkannt sind. [...] Wie verschieden sind doch die Dinge auf dieser Seite des Gotthards und speziell in ‚unserem Kanton Tessin'.)
[...] avendo molto da *imitare dagli altri Cantoni*, che ci hanno preceduti. (Popolo e Libertà 21.11.1913) ([...] da wir den anderen Kantonen, die uns voran sind, viel nachzueifern haben.)

Erst im letzten Zeitschnitt von 1989 lässt sich eine leichte Zunahme der sprachlich motivierten Referenzbezeichnung ‚svizzera tedesca' ausmachen. Ob es sich dabei um eine Trendwende handelt, ist angesichts der unsicheren Datenlage allerdings nicht abschliessend zu beantworten.

Zusammenfassend darf trotzdem behauptet werden, dass die Übereinstimmung von Kantons-, Sprach- und „natürlicher" (das heisst: topographischer) Grenze des Gotthardmassivs die Vorstellungen von Zugehörigkeit und Ausgeschlossenheit verstärken und somit den Blickwinkel bestimmen, der, wie bereits erwähnt, bei ausserschweizerischen Themata stark auf Italien ausgerichtet ist.

6.4.4 Frankreich und die Romandie

Wie die anderen zwei Sprachräume lenkt auch das Tessin seine Aufmerksamkeit auf die französische Nukleartechnik: in ganzen drei Zeitschnitten (1958; 1967; 1979) wird Frankreich fast ausschliesslich in Kombination mit der Atomtechnologie erwähnt:

> La Francia farebbe esplodere una bomba „A" (Frankreich soll eine A-Bombe explodieren lassen). (Il Corriere del Ticino 25.06.1958)
> La Francia parteciperà attivamente all'Alleanza Atlantica
> [...] Parlando della fabbricazione di una bomba atomica francese, De Murville ha detto [...]. (Il Dovere 27.06.1958) (Frankreich wird aktiv am Atlantikpakt teilnehmen [...]. Im Zusammenhang mit der Herstellung einer französischen Atombombe hat De Murville gesagt [...].)
> De Gaulle riceve dell'uranio arrichito – simbolo della futura bomba H francese. (Corriere del Ticino 07.11.1967) (De Gaulle erhält angereichertes Uran – Symbol für die zukünftige französische H-Bombe.)
> Bonn, 2 – Mentre Parigi ribadisce la volontà di procedere sulla via dello sviluppo nucleare, Bonn si interroga dubbiosa dopo l'incidente in Pennsylvania. Questa la sostanza delle reazioni in Francia e Germania, che con l'Inghilterra sono i paesi europei impegnati più a fondo sulla via dello sfruttamento dell'atomo a fini energetici civili. (Corriere del Ticino 03.04.1979) (Während Paris den Willen bestärkt, auf dem Weg der nuklaren Entwicklung weiterzuschreiten, zweifelt Bonn nach dem Unfall in Pennsylvania. Das sind, zusammengefasst, die Reaktionen von Frankreich und Deutschland, welche

zusammen mit England auf dem Wege der Ausbeutung der Atomenergie die am weitesten fortgeschrittenen Länder Europas sind.)

Aus dem eben zitierten Artikel geht zudem hervor, dass die unterschiedliche Grundhaltung Deutschlands und Frankreichs in dieser Frage offenbar schon relativ früh auch im italienischen Sprachraum zur Kenntnis genommen wird.

Über die kollektive Vorstellung hinsichtlich der Romandie lässt sich aufgrund unseres Korpus nur wenig aussagen. Zu mager ist die Ausbeute an Artikeln, die sich auf diese Sprachgruppe als ganze beziehen. Immerhin bestätigt sich aber (in einem Artikel über die geplante Landesausstellung in Bern vom 19.11.1913) die gängige Vorstellung des „lateinischen Bandes", das die Tessiner mit den Romands verbindet. Interessant ist dieser Artikel auch deshalb, weil er in unserer gesamten italienischen Artikelsammlung als einziger eine Gegenüberstellung der schweizerischen Sprachgruppen vornimmt. Dabei kommt es allerdings nicht zu einer Opposition zwischen der Romandie und der Deutschschweiz oder zwischen dieser und dem Tessin, sondern zur Gegenüberstellung der lateinischen Schweiz mit der deutschen Schweiz. Dass dem italienischsprachigen Teil innerhalb des lateinischen Lagers eine untergeordnete Rolle zukommt, scheint dabei nicht weiter zu stören. Somit vermag dieser Artikel zu bestätigen, was bereits eingangs hinsichtlich der Stellung der italienischen Kultur im gesamtschweizerischen Zusammenhang gesagt wurde, nämlich, dass sich die Tessiner offenbar mit dem Schlusslichtstatus abgefunden haben.

> Esposizione nazionale svizzera – [...] Il primo rapporto venne presentato dal direttore generale dell'esposizione sig. Locher. Egli presentò una particolareggiata relazione principalmente sulla partecipazione degli espositori e sulla esposizione per gruppi. A Zurigo ci furono in tutto 5500 espositori, di cui 77 per cento erano della Svizzera tedesca ed il 23 per cento della Svizzera latina. A Ginevra gli espositori sono stati più numerosi; cioè 7600, ed i latini constituivano il 42 per cento, i tedeschi il 58. A Berna non ci sono che 3500 espositori, ma il numero degli espositori collettivi è aumentato in forti proporzioni. I francesi sono meglio rappresentati che non a Zurigo, poichè costituiscono il 30 per cento dei partecipanti. La Svizzera romanda è quindi fortemente rappresentata ed ancora una volta ha dato prova al suo patriottismo. Le esposizioni dei differenti gruppi presenteranno un bell'effetto d'insieme, armonioso e senza false note. (Il Dovere 19.11.1913) (Schweizer Landesausstellung [...] Der erste Bericht wurde vom Generaldirektor der Ausstellung, Herrn Locher, vorgestellt. Er präsentierte einen detaillierten Bericht, der vor allem auf die Teilnahme der einzelnen Aussteller und jene der Gruppen abzielte. In Zürich gab es gesamthaft 5500 Aussteller, wovon 77 Prozent aus der Deutschschweiz und 23 Prozent aus der lateinischen Schweiz stammten. In Genf waren die Aussteller mit 7600 zahlreicher vertreten. 42 Prozent waren Lateiner und 58 Prozent Deutsche. In Bern sind es bloss noch 3500 Aussteller, doch hat die Anzahl der Kollektivaussteller massiv zugenommen. Die Fran-

zosen sind besser vertreten als in Zürich, da sie 30 Prozent der Teilnehmer ausmachen. Die Romandie ist also stark vertreten und hat einmal mehr ihren Patriotismus unter Beweis gestellt. Die Ausstellung der verschiedenen Gruppen wird eine schöne, harmonische Gesamtwirkung ohne falsche Töne haben.)

6.5 Retouchierte Fremd- und Eigenbilder

Bemerkenswerterweise treten die geläufigen Vorurteile über typisch „deutsche", „französische" und „italienische" Eigenschaften sogar in einem Korpus zutage, das nicht auf zwischenstaatliche und interkulturelle Beziehungen ausgerichtet ist. Beim Umweltdiskurs ist festzustellen, dass die Zuweisung von Lob und Tadel weitgehend der Deutschschweizer Sichtweise entspricht, was stillschweigend auch deren innenpolitische Vormachtstellung widerspiegelt: Aus Deutschschweizer Perspektive scheint es unbestritten zu sein, dass sich die nachlässigen „Lateiner" an die alemannischen Vorgaben angleichen sollen. Widerspruch kommt dabei allenfalls von einzelnen Gruppen (bspw. den Tessiner Jägern), nicht aber von einer geschlossen auftretenden französischen, italienischen oder gar lateinischen Schweiz.

Die Auseinandersetzung mit der Berichterstattung aus der lateinischen Schweiz nährt indessen Zweifel am einseitigen Aufklärungsanspruch der Deutschschweiz. Zwar wird, wie gesagt, dem deutschen Sprachraum auch aus „lateinischer" Sicht die Rolle des ökologischen Vorreiters nicht streitig gemacht. Die in der französischen und italienischen Presse beschriebenen Ereignisse tragen aber dazu bei, das allzu rosige Bild der umweltbewussten Deutschen und Deutschschweizer etwas zu trüben: So weist die welsche Presse implizit auf ein fehlendes Engagement der deutschen Sprachgemeinschaft im internationalen Bereich hin und fasst die deutsche Atomtechnik kritisch ins Auge. Diese kritische Haltung der Romandie hinsichtlich der Atomenergie wiederum wird in der Deutschschweiz weitgehend ignoriert – sie schlägt die Romands pauschal zum technikgläubigen Lager Frankreichs.

Auch mit Blick auf das Tessin drängen sich gewisse Retouchen auf, namentlich am gängigen Italienbild. Insbesondere die Anfänge der Tessiner Naturschutzbewegung wurden offenbar nicht zuletzt durch italienische Vorgaben motiviert, und zwar sowohl im Pflanzenschutz als auch in bezug auf die Jagdreglementierung. Die Apostrophierung Italiens als „Schmuddelkind" Mitteleuropas greift also – zumindest über eine längere Periode betrachtet – entschieden zu kurz.

7 Naturbilder der drei grossen Schweizer Sprachräume: eine Gesamtschau

Die empirischen Analysen bestätigen unsere These, wonach die Natur in den verschiedenen Gesprächszusammenhängen je nach Sprache unterschiedlich eingebettet und mit jeweils anderen emotionalen und normativen Begleitvorstellungen verbunden wird. Diese verschiedenartige und kontextabhängige Einbettung von Natur in einer Gesamtschau verdichten zu wollen, ist nicht ohne Vereinfachungen zu leisten. Wenn hier trotzdem der Versuch einer Synthese unternommen wird, so geschieht dies in der Hoffnung, dass das Wissen um die wichtigsten Züge des Schweizer Umweltdiskurses das Verständnis zwischen den Sprachgruppen fördern kann. Allerdings muss davor gewarnt werden, die zwangsläufig plakative Darstellung losgelöst von ihrer empirischen Grundlage zu betrachten.

7.1 Drei verschiedene Diskurse im Wandel: Gleich- oder Gegenläufigkeit?

Bei unserer Betrachtung des Wandels, den das Gespräch über die verschiedenen Aspekte von Natur im Lauf der letzten 90 Jahre erfahren hat, können zwei entgegengesetzte Entwicklungsverläufe festgestellt werden: Einerseits laufen die Diskurse der deutschen, französischen und italienischen Schweiz hinsichtlich gewisser Merkmale aufeinander zu, gleichzeitig jedoch streben sie in bezug auf andere Eigenschaften merklich auseinander. Die beiden Stossrichtungen sollen in der Folge kurz erläutert werden.

7.1.1 Wissenschaft und Technik als Triebkraft der Konvergenz

Welcher Aspekt von Natur auch immer im Zentrum stehen mag: in allen drei Sprachräumen ist ein Rückgang der persönlichen Auseinandersetzung festzustellen. In neueren Artikeln entfallen Kommentare und Wertungen der Autoren; es herrscht die distanzierte und um Objektivität bemühte Beschreibung vor. Ein nüchterner Stil setzt sich durch, detaillierte und literarisch anmutende Natur- und Landschaftsschilderungen sind in den letzten Zeitschnitten kaum mehr aufzufinden. Inhaltlich streben die Natur- und Umweltdiskurse der drei Sprachgemeinschaften insofern aufeinander zu, als seit den späten fünfziger Jahren überall der problematisierte Naturbezug, d. h. die Sorge um eine zunehmend belastete Umwelt, zu dominieren beginnt.

Sowohl die formal-stilistische als auch die inhaltliche Angleichung kann als Folge des zunehmenden Einflusses von Technik, Wissenschaft und Wirtschaft gedeutet werden.

Der Wandel hin zum heutigen *formalen und stilistischen* Erscheinungsbild der Zeitungen ist weitgehend auf die Entwicklungen in der Drucktechnik zurückzuführen: Die neuen Möglichkeiten der fotografischen Darstellung machen sprachlich farbige und im übertragenen Sinne „anschauliche" Naturbeschreibungen weitgehend überflüssig. Zudem vollzieht sich mit dem Aufkommen der neuen Medien, insbesondere mit dem Fernsehen, eine gewisse Arbeitsteilung zwischen den Massenmedien, die eine Verlagerung einzelner Aspekte der Naturbeschreibung von der Presse auf die audiovisuellen Kommunikationsmedien zur Folge hat: Beschreibungen von fremden Ländern und exotischen Tieren, wie sie zu Beginn des Jahrhunderts noch häufig in den Zeitungen anzutreffen sind, halten dem Vergleich mit länderkundlichen und zoologischen Dokumentarfilmen kaum stand. Daher spezialisieren sich die Printmedien auf die komplexe Hintergrundinformation, die visuell kaum oder nur schlecht dargestellt werden kann, während Naturdarstellungen dem Fernsehen überlassen sind.

Aber nicht nur Drucktechnik und neue Medien bestimmen den formalstilistischen Wandel der Zeitungsberichterstattung. Durch die Übernahme des amerikanischen Zeitungsstils, des sogenannten „objective reporting", das den persönlichen Kommentar streng vom Tatsachenbericht trennt, werden nach dem Zweiten Weltkrieg subjektive Erfahrungsberichte und Naturbeschreibungen weitgehend aus dem Medium Zeitung verdrängt.

Noch deutlicher wirken sich Technik und Wissenschaft auf den Inhalt der Berichterstattung aus: Den Meldungen über die zunehmende Umweltbelastung liegen meistens wissenschaftliche Messungen und Analysen zugrunde, zumal sich zahlreiche ökologische Bedrohungen (etwa: atomare Verstrahlung, Ozonloch, Klimawandel) der unmittelbaren sinnlichen Wahrnehmung entziehen. Entsprechend wissenschaftlich und technisch wird auch das Vokabular.

In der Verwendung eines Schlüsselwortes des modernen Naturdiskurses – ‚Umwelt' (resp. ‚environnement' und ‚ambiente') – treten die oben erwähnten Merkmale gebündelt auf: ‚Umwelt' wird nahezu ausschliesslich mit unpersönlichen Körperschaften in Verbindung gebracht. Ein subjektiv-emotionales Verhältnis zum Gesprächsgegenstand Umwelt ist in allen Sprachräumen nicht ohne weiteres herstellbar. Während also der Ausdruck ‚Natur', der namentlich zu Beginn des Jahrhunderts im Umweltdiskurs vorherrscht, Bezug auf die persönliche Erlebniswelt der Menschen nimmt und seinerseits mit menschlichen Zügen ausgestattet wird, steht das Wort ‚Umwelt' – ‚environnement' – ‚ambiente' für eine Grösse, die sich kaum visuell darstellen oder klar abgrenzen lässt. Es verweist zumeist auf öffentlich verwaltete Ressourcen, die von einer anonymen Gesellschaft genutzt werden. Auch Distanz und objektivierende Haltung treten im Gespräch über das moderne Schlüsselwort ‚Umwelt' deutlich zutage. Die Einsicht, dass dieser Ausdruck wenig geeignet ist, persönliche Anteilnahme und Betroffenheit zu wecken, hat sich mittlerweile bei einigen führenden Köpfen aus Naturschutz und Naturphilosophie durchgesetzt: So spricht sich Klaus Michael Meyer-Abich dafür aus, ‚Umwelt' durch ‚Mitwelt' zu ersetzen (dazu Heiland, 1992: 142 ff.) – und anerkennt damit stillschweigend die emotionale Wirkung der Sprache.

Was sich allein schon bei der Verwendung von ‚Umwelt' abzeichnet, bestätigt sich auch, wenn wir den Natur- und Umweltdiskurs gesamthaft betrachten: abstrakte und unpersönliche Entitäten wie ‚die Gesellschaft', ‚die Zivilisation' und ‚die Volkswirtschaft' verdrängen Konkreta wie ‚die Berge', ‚die Städte(r)', ‚die Bauern'.

7.1.2 Divergenz durch die verfügbaren sprachlichen Mittel

Der stilistischen und inhaltlichen Annäherung der Diskurse wirkt jedoch die zunehmende Unübersetzbarkeit der Vokabulare entgegen. Seit den siebziger Jahren finden sich in den deutschsprachigen Artikeln zahlreiche neue Wortschöpfungen, und Formulierungen wie ‚umweltgerechtes Handeln', ‚umweltverantwortliche Einstellung', ‚Haus- und Fassadenbegrünung', ‚naturverträgliche Lösung' und ‚naturnahe Gestaltung' beziehungsweise ‚naturnahe Umgebung' nehmen stark zu. In der Romandie und im Tessin hingegen werden Natur und Natürlichkeit nach wie vor mit einem vergleichsweise „althergebrachten" Vokabular thematisiert. Der Vergleich von amtlichen Übersetzungen belegt, dass die im deutschen Sprachraum geprägten Ausdrücke nicht mit der gleichen Genauigkeit und Kohärenz ins Italienische und Französische übertragen werden können.

Damit spitzen sich die Unterschiede zwischen der deutschen und der lateinischen Schweiz zu: Mit dem Entwurf neuer Ausdrücke beginnt sich der Deutschschweizer Umweltdiskurs in eine Richtung zu entwickeln, welche die Anschlussfähigkeit für die Mitglieder der anderen Sprachgruppen in Frage stellt.

Dieser Befund muss sowohl aus linguistischer als auch aus historischer und politischer Sicht interpretiert werden.

Aus linguistischer Perspektive ist hier die grammatikalische Struktur beziehungsweise Funktionsweise der deutschen Sprache ausschlaggebend, die sich im Vergleich zu den lateinischen durch die Möglichkeit der spontanen Wortneubildung auszeichnet (siehe dazu Kapitel 1.2).

Vom historischen Blickwinkel aus betrachtet, kann das Auseinanderstreben des ökologischen Vokabulars als Bestätigung dafür gelten, dass die Deutschschweiz in der Umweltdebatte die Vorreiterposition einnimmt. Die neuen Probleme werden im deutschen Sprachraum zuerst benannt, und hier werden auch die Konzepte entworfen, welche zu einer Lösung führen sollen. Offen bleibt allerdings, ob der Reichtum des deutschen Wortschatzes *die Folge* einer besonderen Hinwendung zur Natur und ihrer Bedrohung ist – oder ob nicht vielmehr die Sensibilität für die Natur durch die Dehnbarkeit der deutschen Sprache *begünstigt oder gar bedingt* wird.

Die führende Rolle der Deutschschweiz im Umweltdiskurs bestätigt sich auch, wenn man die Entwicklung bestimmter Schlüsselwörter betrachtet. Während diese Ausdrücke im Deutschen den Wechsel vom traditionellen Naturschutz- zum modernen Umweltschutzdiskurs problemlos und geradlinig bewältigen, können in den lateinischen Sprachen immer wieder Brüche und Neuanfänge festgestellt werden. Zwei Beispiele mögen diese Überlegung erläutern:

Das Wort ‚grün' behält die positive Konnotation, die sich bereits zu Beginn des Jahrhunderts nachweisen lässt, bis in die Gegenwart bei und überträgt sie auf den modernen, „grünen" Umweltdiskurs. Im Französischen dagegen wurde Anfang des Jahrhunderts vorzugsweise der Ausdruck ‚verdoyant' verwendet, wenn es darum ging, die Schönheit der Natur zu loben. ‚Vert' geriet erst im Zusammenhang mit der Grünraumplanung der fünfziger Jahre ins Vokabular von Naturschützern und Umweltgestaltern. Dadurch erhielt ‚vert' eine technische Nebenbedeutung, während im deutschen Ausdruck ‚grün' der schwärmerische Gehalt immer noch mitschwingt.

Als zweites Beispiel kann die Diskussion über den Natur- und Heimatschutz in der Deutschschweiz angeführt werden. Indem hier die Ausdrücke ‚Natur' und ‚Heimat' eng miteinander gekoppelt und ‚Heimat' zudem mit der Vorstellung von Kleinheit und Enge verbunden wurde, war der fliessende Übergang vom frühen Natur- zum aktuellen Umweltdiskurs gewährleistet: Musste zu Beginn des Jahrhunderts die „kleine Schweiz" geschützt werden, gilt es heute, die knappen Ressourcen zu schonen. Die Sorge um ein begrenztes Gut verbindet die verschiedenen Phasen des Umweltdiskurses in der Deutschschweiz – dies im Unterschied zu jenem der lateinischen Sprachgemeinschaft, wo die Natur bis in die späten fünfziger Jahre vornehmlich mit Fülle, Pracht und Reichtum in Zusammenhang gebracht wurde.

Sollen die Umweltschutzbemühungen alle Sprachgemeinschaften gleichermassen ansprechen, gilt es also zu verhindern, dass die Deutschschweiz als inner-schweizerische „Kolonialmacht" auftritt und den lateinischen Miteidgenossen ihre Sicht der Dinge aufzwingt. Mit der weiteren Abkoppelung des deutschen Umweltdiskurses könnte nämlich letztlich die Bereitschaft der Lateiner abnehmen, sich auf diese fremde und zunehmend befremdliche Konzeption von Umwelt und Natur einzulassen. Meinungsumfragen zur Umweltproblematik, die nicht ausdrücklich die unterschiedlichen sprachlichen Möglichkeiten zur Auseinandersetzung mit Natur in die Betrachtung einschliessen und die dadurch die vorherrschenden Stereotypen bekräftigen, sind einem besseren Verständnis der Sprachgruppen jedenfalls wenig dienlich – ganz abgesehen davon, dass die Unübersetzbarkeit bestimmter Ausdrücke (wie etwa ‚naturnah', ‚Begrünung' und anderen) die Konstruktion kohärenter Messinstrumente in Frage stellt.

7.2 Widersprüchlichkeit versus Einheitlichkeit: Zwei Konzepte von Natur

Wenn man von der Diachronie absieht und die empirisch belegten sprachraumspezifischen Unterschiede in der Naturbetrachtung herausarbeiten will, bieten sich zu diesem Zweck zwei übergeordnete Konzepte an, die besonders viele der empirischen Befunde umfassen. Das Konstruktionsprinzip für diese Konzepte geht dabei von den rekurrenten Elementen aus, das heisst: wir stützen uns auf jene empirischen Ergebnisse, die sich in unterschiedlichem Zusammenhang wiederholt bestätigt haben. Dies führt uns dazu, zwei Konzepte zu postulieren, die für zwei Extrempositionen in der Umweltdebatte stehen. Obwohl wir diese Positionen den Sprachgemeinschaften zuordnen, soll damit aber keinesfalls unterstellt werden, dass alle Angehörigen der jeweiligen Sprachgruppe die entsprechende Haltung vertreten. Zudem gilt es einmal mehr zu betonen, dass auch hier das Tessin tendenziell eine intermediäre Stellung zwischen den beiden Extremen einnimmt und sich in einzelnen Fällen der deutschschweizerischen Sichtweise annähert.

Am prägnantesten lassen sich die empirischen Ergebnisse darstellen, wenn auf der einen Seite von einem „Konzept der deutschen Schweiz" ausgegangen wird, das sich durch Widersprüchlichkeit auszeichnet, während auf der anderen Seite das „Konzept der lateinischen Schweiz" vergleichsweise einheitlich und in sich geschlossen scheint.

7.2.1 Das Naturkonzept der deutschen Schweiz: Widersprüchlichkeit und Weite

Die im deutschsprachigen Naturdiskurs feststellbaren Widersprüche sind durch seine Weite und seinen Reichtum an Konnotationen bedingt.

Die Natur ist aus Sicht der Deutschsprachigen eine Grösse, die mit anderen grundlegenden Wertkomplexen eng verknüpft ist. Einzig für den deutschen Sprachraum gelten die Verbindungen zwischen Natur und Heimat und zwischen Natur und Freiheit. Das Wortpaar „Natur- und Heimatschutz", das den deutschen Diskurs zu Beginn des 20. Jahrhunderts prägt, wird im französischen Sprachraum nicht wörtlich (mit ‚patrie'), sondern im Rückgriff auf ‚paysage', Landschaft, übersetzt. Auch die enge gedankliche Verbindung von Natur mit Freiheit, die in der Redewendung „in der freien Natur" zum Ausdruck kommt und die in Wortfügungen ‚Freilandeier', ‚Freilandgemüse' oder ‚Freikörperkultur' mit Natürlichkeit gleichgesetzt werden kann, existiert im lateinischen Sprachraum nicht. Dass die Konzeption von Heimat ihrerseits wiederum eng mit Vorstellungen von Freiheit verknüpft ist, verstärkt diese für den deutschen Sprachraum spezifische Triade von Freiheit, Natur und Heimat.

Über die Verbindung zwischen Natur und Heimat fliesst zudem, wie bereits unter 7.1.2. erwähnt, eine vordergründig widersprüchliche Argumentation in den deutschen Naturdiskurs ein: Die einzig im deutschen Sprachraum anzutreffende Vorstellung einer engen, kleinen und damit schutzbedürftigen Heimat stellt eine gedankliche Brücke her zu einer ebenso schutzbedürftigen und schützenswerten (heimatlichen) Natur. Damit wird der frühe Naturdiskurs des deutschen Sprachraumes anschlussfähig für die Denkfigur begrenzter natürlicher Ressourcen, wie sie den gegenwärtigen Umweltdiskurs prägt. In der lateinischen Schweiz dagegen nimmt sich der Wechsel eines an Bilder von Fülle und Reichtum gekoppelten Naturdiskurses in Richtung des heutigen Knappheitsdiskurses vergleichsweise abrupt aus.

Ähnlichkeiten zwischen den drei untersuchten Sprachgemeinschaften sind in wenigen, jedoch grundlegenden Verknüpfungen aufzufinden. Neben der allgegenwärtigen ästhetischen Dimension, die im Tessin ganz besonders ausgeprägt ist, wird die Verbindung von Natur, Unberührtheit und zeitlicher Ausdehnung überall hergestellt. Ein wilder ‚Urwald' heisst auf Französisch und Italienisch ‚forêt vierge' bzw. ‚foresta vergine' (wörtlich: jungfräulicher Wald), und die ‚unberührte Natur' ist in allen Sprachen Synonym der schönen Natur. Dabei zeichnet sich die deutsche Sprachgemeinschaft durch eine besonders hohe Wertschätzung für das Unberührte und Alte aus. Die Vorliebe für das Althergebrachte äussert sich nicht nur in der Auseinandersetzung mit dem Schlüsselwort ‚Natur', sondern auch in den konnotativen Verknüpfungen zu ‚Heimat'.

Die idealisierende Tendenz der deutschen Sprachgemeinschaft widerspiegelt sich auch in den personifizierenden Metaphern. Natur erscheint hier oft in Bildern einer Frau, die gütig schenkt (Mutter), verführt und lockt (Geliebte) oder gar göttliche Züge aufweist. Diese Metaphern sind zwar auch im lateinischen Sprachraum anzutreffen, aber, wie sich empirisch belegen lässt, sind sie – insbesondere im französischen Sprachraum – nicht immer positiv bewertet: So kann die Natur hier als kokettierende und unberechenbare Partnerin in Erscheinung treten, und auch die Überhöhung ins Göttliche und Sakrale entfällt weitgehend. Der oft religiös anmutende Naturzugang der Deutschsprachigen äussert sich auch im Wortschatz: Die Fügung ‚Naturwunder' übersetzen die Romands bzw. die Tessiner mit ‚merveille de la nature' (bzw. ‚meraviglia della natura') und nicht mit dem im religiösen Gesprächszusammenhang geläufigen ‚miracle'/‚miracolo'.

Die Weite des deutschschweizerischen Naturkonzeptes kommt schliesslich auch in den neueren Wortfügungen zum Tragen. Betrachtet man Wortneuschöpfungen wie ‚umweltfreundlich', ‚Umweltverantwortung', ‚Umweltbelastung', ‚umweltverträglich', ‚umweltgerecht' und andere, wird deutlich, dass diese Komposita auf ein breites Spektrum unterschiedlicher Sozialbeziehungen verweisen. Sie reichen von freundschaftlicher Bindung (‚umwelt*freundlich*', ‚umwelt*verträglich*') über die formalisierten Kontakte des Handels und der Rechtsprechung (‚Umwelt*schaden*', ‚Umwelt*prozess*', ‚Umwelt*politik*', ‚Umwelt*verbrauch*', ‚Umwelt*güter*') bis zu den ethisch-religiösen Beziehungen (‚Umwelt*sünder*', ‚Umwelt*gewissen*'). Dass die meisten dieser Wortfügungen äusserst widersprüchlich sind, wird klar, wenn wir uns vor Augen halten, dass der Ausdruck ‚Umwelt' nahezu ausschliesslich auf unpersönliche Weise und in weitgehend anonymen Gesprächszusammenhängen Verwendung findet. Ein konsistenter Gebrauch des Ausdruckes liesse also allenfalls Verbindungen mit Wörtern zu, die der sprachlichen Domäne formalisierter (und so gesehen: unpersönlicher) Sozialbeziehungen entstammen. Verknüpfungen von ‚Umwelt' mit Ausdrücken aus der Domäne familiärer, freundschaftlicher und religiöser Beziehungen hingegen sind mit dem Gebrauch von ‚Umwelt‚ nicht kohärent.

Die Widersprüchlichkeit der Deutschschweizer Vorstellung von Natur tritt nirgends so deutlich zutage wie in der leitenden Idee des „Natur-" bzw. „Umweltschutzes". Die Vorstellung, jemanden oder etwas zu schützen, impliziert ein Machtgefälle: die Schützenden sind stärker beziehungsweise mächtiger als die Schützlinge. Zudem entspricht die Gebärde des Schützens einer umfassenden und relativ unspezifischen Geste: dasjenige, *wogegen* etwas oder jemand geschützt werden soll, wird oft nicht benannt, wodurch die Bedrohung einen numinosen Charakter erhält. Schliesslich bedingt die schützende Gebärde einen gefühlsmässigen Antrieb bzw. eine emotionale Bindung an das Schutzbedürftige.

Indessen ist die Natur, wie sie im deutschen Sprachraum dargestellt wird, weit davon entfernt, den Eindruck des Schutzbedürftigen zu wecken. Sie ist im Gegenteil grandios, und weist über die ihr zugeschriebenen menschlichen Merkmale ins Mystische hinaus. Damit erweist sich die Vorstellung, der Mensch könne sich schützend über eine göttliche Natur stellen, als paradox.

Vom sprachwissenschaftlichen Standpunkt aus betrachtet, wirkt die Konstruktion des Umweltschutzes kaum haltbarer als jene des Naturschutzes: Zwar tritt Umwelt in den von uns erhobenen Artikeln ausschliesslich als passive Entität auf, die schädigende Eingriffe zu erleiden hat. Hebt man diesen Aspekt hervor, ist zumindest das Machtgefälle zwischen (leidender) Umwelt und (aktiv eingreifendem) Menschen realisiert. Die unpersönliche, weitgehend anonymisierte Verwendung des Ausdruckes belegt indessen, dass eine emotionale Beziehung zur Umwelt, wie sie ein schützendes Eingreifen voraussetzen würde, nicht besteht. Der Schluss ist nicht von der Hand zu weisen, dass die deutsche Vorstellung von Natur und Umwelt nur als Widerspruch verstanden werden kann.

7.2.2 Das lateinische Konzept: Kohärenz und Menschennähe

Weder im französischen noch im italienischen Sprachraum wird die Natur mit übergeordneten Wertekomplexen wie Freiheit, Heimat oder Göttlichkeit verbunden. Vielmehr herrscht eine Betrachtung vor, welche die Natur (und ihre Ressourcen) auf die gleiche Stufe mit dem Menschen stellt. Einzelne Komponenten der Natur (wie etwa Bäche, Wälder, Tiere) tragen ebenso menschliche Züge wie die Natur als ganze: so zeigen Wendungen wie „les fleurs riantes", „il sorriso del cielo", „le grondement de la rivière", dass die Zuschreibung menschlicher Eigenschaften und Tätigkeiten im lateinischen Sprachraum vielfältiger und weniger stereotyp ausfällt als im deutschen.

Gleichzeitig fällt auf, dass die verklärte Sicht einer gütig spendenden Natur weniger gegenwärtig ist als im deutschen Sprachraum, ja, dass sie von der widerspenstigen, gefährlichen Natur oft in den Hintergrund gedrängt wird. Die Rechts- und Kriegsmetaphorik fällt namentlich im französischen Sprachraum reich aus. Konsequenterweise dominieren Ausdrücke aus der Rechtssprache und aus anderen formalisierten Sozialbeziehungen auch bei den Entsprechungen der deutschen Komposita: Ausdrücke wie ‚umweltfreundlich', ‚naturschonend', ‚umweltverträglich' usw. werden oft im Rückgriff auf ‚respect' bzw. ‚rispetto' übersetzt (*dans le respect de la nature, rispettando l'ambiente* etc.); statt auf Freundschaft beruft man sich im lateinischen Sprachraum auf Respekt oder allenfalls auf Vernunft (vgl. ‚écologiquement raisonnable' für ‚umweltfreundlich').

Dass sich die lateinische Sprachgemeinschaft gemässigter und weniger emphatisch über die Natur äussert als die deutsche, zeigt sich nicht nur in den vergleichsweise distanzierten Übersetzungen der oben genannten Wortfügungen, sondern auch an den neutraleren, weniger moralisierenden Wertungen, die mit Blick auf die menschlichen Eingriffe in die Natur gefällt werden. Dies belegen insbesondere die Auseinandersetzungen mit ‚béton' und die Analyse des Naturdiskurses im frühen 20. Jahrhundert.

Die im Französischen und Italienischen verwendeten Metaphern sprechen ebenfalls für die Neigung, die Natur als ein dem Menschen gleichgestelltes Gegenüber zu betrachten: wie erwähnt, entfällt die Überhöhung der Natur ins Göttliche weitgehend.

Vor diesem Hintergrund mutet das Konzept von Natur- und Umweltschutz im lateinischen Sprachraum zumindest aus sprachwissenschaftlicher Perspektive folgerichtiger an als im deutschen: Eine dem Menschen ebenbürtige Natur kann sowohl beschützt als auch bekämpft werden. Interessant ist, dass die vor allem im welschen Naturdiskurs zahlreich vertretene Rechts- und Kriegsmetaphorik auch im Zusammenhang mit der Konzeption von Naturschutz hervortritt: man spricht nämlich nicht nur von ‚protection de l'environnement', sondern auch von ‚défense de la nature' (d. h. von Natur- oder Umweltverteidigung). Im Unterschied zur schützenden Geste, die etwas oder jemanden vor unspezifischen, übermächtigen Bedrohungen abschirmen will, richtet sich die Verteidigung gegen einen benennbaren Gegner, der ungefähr über die gleichen Kräfte verfügt wie der Verteidigungswillige: „gegenüber *beschirmen* und *beschützen* enthält *vertheidigen* den begriff der abwehr lebender wesen durch lebende wesen. [...] Es widerspricht also dem sprachgebrauch, wenn *vertheidigen* statt *schützen* im sinne der abwehr unpersönlicher widerwärtigkeiten gebraucht wird" (Grimm et al., 1956: 118).

Damit wird nicht nur die Vorstellung eines egalitären Verhältnisses zwischen Mensch und Natur bekräftigt, sondern auch die Kohärenz des „lateinischen" Naturkonzeptes bestätigt: Es zeichnet sich durch eine nüchterne Sicht auf die Natur aus, die tendenziell dem Menschen gleichgesetzt ist, während im Konzept der deutschen Schweiz göttliche Überhöhung mit gleichzeitiger Verniedlichung und moralisierende Werturteile zusammenfallen.

7.3 Plädoyer für die Widersprüchlichkeit

In (natur)wissenschaftlichen Auseinandersetzungen wird Logik und Kohärenz gemeinhin positiver bewertet als Widersprüchlichkeit. So gesehen müsste das Naturkonzept der lateinischen Schweiz dem widersprüchlichen Naturkonzept der deutschen Schweiz vorgezogen werden.

Indessen sei hier eine abweichende Lesart logischer Folgerichtigkeit vorgeschlagen.

Konsistente Systeme neigen zu einer Enge und Begrenztheit, die es ihnen verwehrt, flexibel auf neue Zustände zu reagieren. Widersprüchlichkeit birgt dagegen die Möglichkeit, Anknüpfungspunkte für alternative Handlungsstrategien zu entwickeln, und kann daher als günstigere Voraussetzung für die Entwicklung anpassungsfähiger Lösungsstragien verstanden werden.

In diesem Sinne könnte es gerade das diffuse Deutschschweizer Konzept sein, das – wenn wir den Befragungen zum Umweltverhalten der verschiedenen Sprachgemeinschaften Glauben schenken wollen – den Einzelnen eher zum Handeln anspornt: Widersprüchlichkeit erscheint vor diesem Hintergrund als Ermutigung zur grösseren Fehlerfreundlichkeit und Lernfähigkeit, denn sie bietet Anknüpfungspunkte für gegenläufige Vorstellungen und Assoziationen. Möglich ist, dass dem unbestritten komplexen Betrachtungsobjekt Natur ohnehin nur ein vielschichtiges und zur Gegensätzlichkeit neigendes Konzept entsprechen kann: „Ein System heisst komplex, wenn es nicht mehr von einem einzigen Standpunkt beschrieben werden kann, sondern von einer Vielheit von sich gegenseitig ergänzenden (komplementären) und sich gegenseitig ausschliessenden (supplementären) Standpunkten, die miteinander vermittelt werden müssen", meint Eva Meyer (zitiert in Reichert und Zierhofer, 1993: 4).

Wenn sich hier im Hinblick auf die ökologische Bedrohung die Angemessenheit des Deutschschweizer Konzeptes zu bestätigen scheint, darf die Deutschschweiz daraus aber kein Recht ableiten, abweichende Betrachtungsweisen zu verneinen: Denn damit würde auf politischer Ebene gerade das zunichte gemacht, was eine konstruktive Auseinandersetzung mit vielschichtigen Gegenständen und Problemen sicherstellt: die „Vielheit von sich gegenseitig ergänzenden (komplementären) und sich gegenseitig ausschliessenden (supplementären) Standpunkten" (ebd.).

7.4 „Miteinander statt Nebeneinander"

Auch aus einer vertieften Analyse sprachspezifischer Meinungsunterschiede können keine unmittelbaren Handlungsdirektiven und -rezepte abgeleitet werden, die einen reibungslosen Umgang zwischen den Sprachgruppen garantieren. Immerhin stellt aber der unvoreingenommene Vergleich der verschiedenen Standpunkte einen ersten Schritt zur Verständigung und zur Wahrung des nationalen Zusammenhalts dar: Die vorliegende Arbeit ist als Beitrag zum bundesrätlichen Motto „Miteinander statt nebeneinander" zu verstehen, wie es anlässlich der Abstimmung über den neuen Sprachenartikel formuliert wurde (Erläuterungen des Schweizerischen Bundesrates, 1996: 4).

Die empirische Analyse liefert genügend Hinweise, welche dazu anhalten, sollten, die deutsche Schweiz in bezug auf ihre Neigung zum deutschsprachigen Imperialismus Zurückhaltung walten zu lassen: Dehnbare Ausdrücke und Worthülsen etwa, die über neu auftretende Probleme gestülpt werden, stellen noch lange kein brauchbares Konzept zu deren Bewältigung dar. Vielmehr täuschen die im Deutschen spontan gebildeten neuen Problembenennungen oftmals über die herrschende Hilf- und Ratlosigkeit hinweg und verschleiern dadurch, dass die Suche nach Lösungen bei weitem noch nicht abgeschlossen ist. Die mit der hochtrabenden Terminologie gelegentlich einhergehende Überheblichkeit erschwert zudem die Einsicht, dass sich aus dem pragmatischen Naturverhältnis der Lateiner Lösungen gewinnen lassen, denen bessere Realisierungschancen beschieden sein dürften als den oft überhöhten Grundsatzpostulaten nach Deutschschweizer Art. In bezug auf die deutsche Sprachgemeinschaft ist die vorliegende Arbeit also in erster Linie als Ansporn zur kritischen Selbstreflexion zu werten.

Mit Blick auf die lateinische Sprachgemeinschaft hoffen wir, dass unsere Analyse dazu beiträgt, das Vertrauen in den guten Willen der Deutschschweizer zu stärken, sich vorurteilslos mit den Ansichten und Weltbildern der sprachlichen Minderheiten auseinanderzusetzen – und damit von der bisher vorherrschenden Haltung abzurücken, „die Schweiz" stillschweigend mit der „deutschen Schweiz" gleichzusetzen und über die sprachlichen Minoritäten hinwegzusehen.

Gewinnen könnten aus einer gegenseitigen Annäherung alle – nicht zuletzt die Umwelt: Während die verklärende Sicht der Deutschschweizer und das Schönheitsempfinden der Tessiner vor allem die Gefühle ansprechen und so die Handlungsbereitschaft stärken dürften, könnten aus der nüchtern-pragmatischen Sicht der Romands praktikable Umsetzungsvorschläge erwachsen. Das Verschmelzen dieser verschiedenen Perspektiven erhöhte die Chancen für eine aktive Vorwärtsstragie. So könnte etwa die vorsichtige Förderung von neuen Technologien und Prozessinnovationen einen aktiven Beitrag zum Umweltschutz darstellen und zugleich die gegensätzlichen Tendenzen von Technikskepsis auf der Deutschschweizer und von Technophilie auf der Welschschweizer Seite miteinander versöhnen: Entwicklung und Produktion schadstoffarmer Automobile oder der Einsatz der Telekommunikation in der Zusammenarbeit zwischen räumlich entfernten Betrieben würden sich unter Umständen mindestens ebenso günstig auf Schadstoff- und (Pendel)Verkehrsbilanz auswirken wie Appelle an das Gewissen oder Verbote. „Miteinander statt nebeneinander" – die bundesrätliche Devise verdient es, im Hinblick auf die anstehenden wirtschaftlichen, ökologischen und soziokulturellen Schwierigkeiten beherzigt zu werden.

Literatur

Aebli Fritz, 1968: Schweiz – meine Heimat. Zürich: Schweizerisches Jugendschriftenwerk.

Aebli Fritz, 1968: La Suisse – ma patrie. Zurich: Oeuvre suisse des Lectures pour la Jeunesse.

Aebli Fritz, 1968: La Svizzera – mia patria. Zurigo: Edizioni Svizzere per la Gioventù.

Bachmann Stefan, 1992a: Die Anfänge des Naturschutzes in der Schweiz. Teil I: Die Gründung der Schweizerischen Naturschutzkommission (1906). Seminararbeit Universität Bern.

Bachmann Stefan, 1992b: Die Anfänge des Naturschutzes in der Schweiz. Teil II: Die Geschichte der Schweizerischen Naturschutzkommission (1906–1938). Lizentiatsarbeit Universität Bern.

Barthes Roland, 1985: Die Sprache der Mode. Frankfurt a.M.: Suhrkamp.

Bally Charles, 1963: Linguistica generale e linguistica francese. Introduzione e appendice di Cesare Segre. Milano: Il Saggiatore.

Bally Charles, 1965: Linguistique générale et linguistique française. Bern: Francke.

Beck Ulrich, 1988: Gegengifte: die organisierte Unverantwortlichkeit. Frankfurt a.M.: Suhrkamp.

Beglinger Martin, 1995: Heimat/Jenseits von Blut und Boden. In: FACTS. Das Schweizer Nachrichtenmagazin. 27. Juli 1995, Nr. 30, S. 14–19. Zürich: TA-Media AG.

Blumenthal Peter, 1987: Sprachvergleich Deutsch-Französisch. Tübingen: Max Niemeyer.

Bolliger Ernst, 1986: La presse suisse, les faits et les opinions. Lausanne: Payot.

Bundesamt für Umwelt, Wald und Landschaft (BUWAL) 1994: Natur und Landschaft. In der Landschaft ... mit der Natur. Bern: BUWAL. (Office fédéral de l'environnement, des forêts et du paysage 1994: Protection de la nature et du paysage. La nature et ses paysages. Berne: OFEFP; Ufficio federale dell'ambiente, delle foreste e del paesaggio. Armonia tra paesaggio e natura. Berna: UFAFP.)

Bundesamt für Umwelt, Wald und Landschaft (BUWAL) 1995: Naturnahe Gestaltung im Siedlungsraum. Leitfaden Umwelt. Nr. 5. Bern: BUWAL.

Busse Dietrich, 1987: Historische Semantik. Analyse eines Programms. Stuttgart: Klett-Cotta.

Bussmann Hadumod, 1990 [1. Aufl. 1983]: Lexikon der Sprachwissenschaft. Stuttgart: Alfred Kröner.

Cortelazzo Manlio, Zolli Paolo 1991: Dizionario etimologico della lingua italiana. Bologna: Zanichelli.

Couchepin Pascal, 1995: La Suisse romande coule-t-elle? Les essais du Nouveau Quotidien. Lausanne: Le Nouveau Quotidien.

Dann Otto, 1991: Begriffe und Typen des Nationalen in der frühen Neuzeit. In: Giesen Bernhard (Hrsg.), 1991: Nationale und kulturelle Identität. Studien zur Entwicklung des kollektiven Bewusstseins in der Neuzeit. Frankfurt a.M.: Suhrkamp.

Du Bois Pierre, 1983: Mythe et réalité du fossé pendant la Première Guerre mondiale. In: Du Bois Pierre (dir.), 1983: Union et division des Suisses. Les relations entre Alémaniques, Romands et Tessinois aux XIXe et XXe siècle. Lausanne: Editions de l'Aire.

Duden 1983: Deutsches Universal Wörterbuch. Mannheim: Bibliographisches Institut.

Duden 1985: Der Duden in 10 Bänden. Band 10. Bedeutungswörterbuch. Mannheim: Bibliographisches Institut.

Duden 1989: Der Duden in 10 Bänden. Band 7. Etymologie. Mannheim: Bibliographisches Institut.

Duden 1993: Das grosse Wörterbuch der deutschen Sprache, Mannheim: Bibliographisches Institut.

Eco Umberto, 1972/1991: Einführung in die Semiotik. München: Wilhelm Fink.

Eidg. Departement des Innern [Hrsg.], 1989: Zustand und Zukunft der viersprachigen Schweiz. Abklärungen, Vorschläge und Empfehlungen einer Arbeitsgruppe des Eidgenössischen Departementes des Innern. Bern: Schweizerische Bundeskanzlei.

Fasani Remo, 1982: La Svizzera plurilingue. Lugano: Edizioni Cenobio.

Frank Felix 1991: Die Alpen. Eine Welt in Menschenhand. Bern: Geographisches Institut der Universität Bern.

Gammillscheg Ernst, (1966) 1969: Etymologisches Wörterbuch der französischen Sprache. Heidelberg: Carl Winter Universitätsverlag.

Gauger Hans-Martin, 1971: Durchsichtige Wörter. Zur Theorie der Wortbildung. Heidelberg: Carl Winter Universitätsverlag.

Gislimberti Silvio, 1993: Deutsch-Italienisch: Syntaktische und semantische Untersuchungen. Wilhelmsfeld: Gottfried Egert.

Grimm Jacob und Grimm Wilhelm, 1888/1956: Deutsches Wörterbuch. Zwölfter Band, 1. Abteilung. Leipzig: S. Hirzel.

Hard Gerhard, 1969: Die Diffusion der „Idee der Landschaft". Erdkunde, Band 23, Heft 4, S. 249–264.

Habermas Jürgen, 1962/1990: Strukturwandel der Öffentlichkeit. Frankfurt a.M.: Suhrkamp.

Hartig Matthias, 1980: Soziolinguistik für Anfänger. Hamburg: Hoffmann und Campe.

Heiland Stefan, 1992: Naturverständnis. Dimensionen des menschlichen Naturbezugs. Darmstadt: Wissenschaftliche Buchgesellschaft.

Henckmann Wolfhart und Notter Konrad, 1992: Lexikon der Ästhetik. München: Beck.

Kant Immanuel, 1802/1968: Physische Geographie. Aus: Kants Werke. Akademie Textausgabe. Band IX: Logik, Physische Geographie, Pädagogik. Berlin: De Gruyter.

Knecht Pierre, 1990: La Suisse et la francophonie de demain. In: Vouga Jean-Pierre (Red.), 1990: La Suisse face à ses langues. Die Schweiz im Spiegel ihrer Sprachen. Aarau, Frankfurt a.M.: Sauerländer.

Kriesi Hanspeter et al., 1995: Le clivage linguistique: problèmes de compréhension entre les communautés linguistiques en Suisse. Rapport pour la Chancellerie fédérale, l'Office fédéral de la statistique et l'Office fédéral de la culture. Genève: Département de science politique de l'Université de Genève.

Lakoff George, Johnson Mark, 1980: Metaphors We Live By. Chicago: The University of Chicago Press.

Lakoff George, 1987: Women, fire, and dangerous things. What Categories Reveal about Mind. Chicago: The University of Chicago Press.

Larousse, 1959/1963: Le petit Larousse. Paris: Librairie Larousse.

Lurati Ottavio, 1980: La lingua italiana in Svizzera. Milano: Istituto Lombardo di Scienze e Lettere.

Istituto Editoriale Ticinese, 1942: La mia Patria. Un libro per gli Svizzeri all'estero. Pubblicato dall'Opera per gli Svizzeri all'estero della Nuova Società Elvetica, e dalla Fondazione „Soccorso Svizzero". Bellinzona: Istituto Editoriale Ticinese.

Le Dinh Diane, 1992: Le Heimatschutz, une ligue pour la beauté. Esthétique et conscience culturelle au début du siècle en Suisse. Université de Lausanne: Histoire et société contemporaines, Tome 12/92.

Lévi-Strauss Claude, 1985: Der Blick aus der Ferne. München: Wilhelm Fink.

Lyons John, 1980: Semantik. Band I. München: C.H. Beck.

Lyons John, 1983: Semantik. Band II. München: C.H. Beck.

Macchi Vladimiro (Dir.), 1985: I grandi Dizionari Sansoni. Dizionario delle lingue italiana e tedesca. Firenze, Roma: Edizione Sansoni.

Meier-Dallach Hans-Peter, Nef Rolf, 1995: Risiko und innere Sicherheit in der Wahrnehmung der Bevölkerung. Eine Gesamtsicht für die Schweiz. Bern: Schweizerischer Wissenschaftsrat. Publikation FER 154/1995.

Merten Klaus, Schmidt Siegfried J., Weischenberg Siegfried (Hrsg)., 1994: Die Wirklichkeit der Medien. Eine Einführung in die Kommunikationswissenschaft. Opladen: Westdeutscher Verlag.

Migliorini Bruno, 1983: Storia della lingua italiana. Firenze: Sansoni.

Mittelstrass Jürgen (Hrsg.), 1984: Enzyklopädie, Philosophie und Wissenschaftstheorie. Mannheim: Bibliographisches Institut.

Mittler Max (Hrsg.), 1993: Einheit Schweiz. Reflexionen über den Zustand des Landes. Zürich: Orell Füssli.

Müller Hans-Peter, 1977: Die schweizerische Sprachenfrage vor 1914. Eine historische Untersuchung über das Verhältnis zwischen Deutsch und Welsch bis zum Ersten Weltkrieg. Wiesbaden: Franz Steiner.

Müller Werner, 1988: Vernetzte Lebensräume. Auf dem Weg zum Lebensraum-Verbundsystem. Zürich: Schweizer Vogelschutz (SVS). (Réseaux biologiques. En route vers des biotopes interconnectés. Zurich: Association suisse pour la protection des oiseaux (ASPO); Una rete di biotopi. Verso l'integrazione ecologica del paesaggio. Zurigo: Associazione svizzera per la protezione degli uccelli (ASPU).

Muschg Adolf, 1990: Die Schweiz am Ende. Am Ende die Schweiz. Erinnerungen an mein Land vor 1991. Frankfurt a. Main: Suhrkamp.

Neue Helvetische Gesellschaft und Auslandschweizer-Kommission (Hrsg.), 1935: Unsere Schweizer Heimat. Ein Buch für unsere Landsleute im Ausland. (Schriftleitung: Lätt Arnold). Zürich: Orell Füssli.

Nouvelle Société Helvétique et la Commission des Suisses à l'étranger (Ed.), 1935: Mon Pays. Le livre des Suisses à l'étranger. (Rédaction: Lätt Arnold) Zurich: Orell Füssli.

Neue Zürcher Zeitung NZZ 1993: Romandie. NZZ Folio Nr. 8, August 1993. Zürich: Verlag NZZ.

Neue Zürcher Zeitung NZZ, 26.6.1995: Nach dem Entscheid zur Lex Friedrich. Ein Nein, das Konsequenzen haben muss. Zürich: Verlag NZZ.

Neumeyer Michael, 1992: Heimat. Zu Geschichte und Begriff eines Phänomens. Universität Kiel: Kieler Geographische Schriften, Band 84.

Perregaux Béatrice, 1996: Ne dites plus jamais Romandie! In: L'Hebdo Nr. 21, 23. mai 1996, S. 9–11.

Petrus Klaus, 1994: Metapher, Verständlichkeit, Wissenschaft. In: Danneberg Lutz, Graeser Andreas, Petrus Klaus (Hrsg.) 1995: Metapher und Innovation. Die Rolle der Metapher im Wandel von Sprache und Wissenschaft. Bern, Stuttgart, Wien: Haupt.

Pfeifer Wolfgang (Hrsg.), 1989: Etymologisches Wörterbuch des Deutschen. Berlin: Akademie-Verlag.

Pichard Alain, 1978: La Romandie n'existe pas. Lausanne: 24 Heures Imprimeries Réunies S.A.

Reichert Dagmar, Zierhofer Wolfgang, 1993: Umwelt zur Sprache bringen. Über umweltverantwortliches Handeln, die Wahrnehmung der Waldsterbensdiskussion und den Umgang mit Unsicherheit. Opladen: Westdeutscher Verlag.

Rey Lucienne, 1995: Umwelt im Spiegel der öffentlichen Meinung. Grenzlinien inner-schweizerischer Uneinigkeit. Zürich: Seismo.

Sachs Karl, Villatte Césaire, 1880/1979: Langenscheidts Grosswörterbuch Französisch. Zürich: Langenscheidt.

Sansoni, 1985: I grandi Dizionari Sansoni. Dizionario delle lingue italiana e tedesca. Firenze, Roma: Edizione Sansoni.

Saussure Ferdinand de, 1915/1985: Cours de linguistique générale. Paris: Payot.

Schäfer Robert (Hrsg.), 1993: Was heisst denn schon Natur? Ein Essaywettbewerb. München: Georg D.W. Callwey.

Schischkoff Georgi (Hrsg.), 1991: Philosophisches Wörterbuch. Stuttgart: Alfred Kröner Verlag.

Schläpfer Robert (Hrsg.), 1984: Die viersprachige Schweiz. Zürich: Buchclub Ex Libris.

Schweizerischer Bundesrat 1996: Volksabstimmung vom 10. März 1996. Erläuterungen des Bundesrates. Bern: Bundeskanzlei.

Schweizerisches Bauernsekretariat 1947: Mitteilungen des Schweizerischen Bauernsekretariates Nr. 140. 1897–1947: 50 Jahre Schweizerischer Bauernverband. Brugg: Verlag des schweizerischen Bauernverbandes.

Schwengeler Arnold Hans (Red.), 1948: Schweizerische Demokratie 1848–1948. Ein Jubiläumswerk zum hundertjährigen Bestehen des eidgenössischen Bundesstaates. Murten: Vaterländischer Verlag.

Schwengeler Arnold Hans, Grellet Pierre et Jordan Joseph, 1948: La démocratie Suisse 1848–1948. Centenaire de l'état fédératif. Ouvrage commémoratif publié à l'occasion du centenaire de la Constitution fédérale. Morat: Editions patriotiques S.A.

Seiler Daniel-Louis, Knüsel René, 1989: Vous avez dit Suisse Romande? Une identité contestée: 29 personnalités s'interrogent. Lausanne: Editions 24 heures.

Sieferle Rolf Peter, 1984: Fortschrittsfeinde? Opposition gegen Technik und Industrie von der Romantik bis zur Gegenwart. München: C.H. Beck.

Stauffer Pierre-André, 1996: L'histoire cahotante de l'esprit romand. In: L'Hebdo N° 21, 23. mai 1996, S. 7–9.

Stepanowa Marija D., 1973: Methoden der synchronen Wortschatzanalyse. München: Max Huber.

Tagesanzeiger, 27.6.1995: Alleingang nach innen. Heftige welsche Pressereaktionen. Zürich: Verlag Tagesanzeiger.

Union internationale pour la conservation de la nature et de ses ressources, 1958: Dixième anniversaire 1948–1958. De Fontainebleau a Athènes et Delphes. Bruxelles.

Verständigungskommissionen des National- und Ständerates, 1993: „... das Missverhältnis soll uns bekümmern". Bericht der Kommissionen. Bern: Eidgenössische Druck- und Materialzentrale: 92.083.

Vouga Jean Pierre, 1978: Romands, alémaniques, tessinois. Mieux nous écouter pour mieux nous comprendre. Neuchâtel: Editions de la Baconnière.

Vouga Jean Pierre, 1980: Westschweizer Deutschschweizer Tessiner. Besser aufeinander hören, um einander besser zu verstehen. Zürich: HeCHt Verlag.

Walter François, 1990: Les Suisses et l'environnement: une histoire du rapport à la nature du XVIIIe siècle à nos jours. Genève: Editions Zoé.

Wandruszka Mario, 1990: Die europäische Sprachengemeinschaft: Deutsch – Französisch – Englisch – Italienisch – Spanisch im Vergleich. Tübingen: A. Francke. (UTB für Wissenschaft; Band Nr. 1588).

Wartburg Walther von, 1928–1967: Französisches Etymologisches Wörterbuch. Eine Darstellung des galloromanischen Sprachschatzes. Basel: R.G. Zbinden und Col.

Weber Johann, 1927: Deine Heimat. Das Auslandschweizer Buch. Herausgegeben von der Neuen Helvetischen Gesellschaft und der Auslandschweizer Kommission. Genf: Verlag's Sadag A.G.

Weber Johann, 1927: La patria tua. Il libro degli Svizzeri all'estero. Pubblicato dalla Nuova Società Elvetica e dalla Commissione degli Svizzeri all' Estero. Ginevra: Casa Editrice Sadag S.A.

Weber Johann, 1927: Ta patrie. Le livre des Suisses à l'étranger. Publié par la Nouvelle société Helvétique et la Commission des Suisses à l'étranger. Lausanne, Genève, Neuchâtel, Vevey, Montreux, Berne: Librairie Payot & Cie.

Zbinden Hans, 1957: Der Schweizer Naturschutz vor erweiterten Aufgaben. In: Schweizer Naturschutz. Zeitschrift des Schweizerischen Bundes für Naturschutz. XXII – Nr. 2. 1957, S. 33–40.